जंगल डायरी

जंगल डायरी

डॉ. सुलभा कोरे

वाणी प्रकाशन ग्रुप
भारतीय ज्ञानपीठ
वाणी प्रकाशन : भारतीय ज्ञानपीठ की पुस्तकों के एकमात्र प्रकाशक एवं वितरक

पहला संस्करण : 2026

वाणी प्रकाशन : भारतीय ज्ञानपीठ की पुस्तकों के एकमात्र प्रकाशक एवं वितरक

वाणी प्रकाशन

4695, 21-ए, दरियागंज, नयी दिल्ली-110 002
दूरभाष : 011-23273167, 23275710
ईमेल : sales@vaniprakashan.in
www.vaniprakashan.com

ISBN : 978-93-7348-116-6

मूल्य : ₹ 425

जंगल डायरी
(डायरी)
डॉ. सुलभा कोरे

JUNGLE DIARY
(Dairy)
by Dr. Sulabha Kore

मुद्रक : आर. टेक ऑफ़सेट, दिल्ली-110 032

मुझे जंगल जाने हेतु उकसाने वाला, संगीत और जंगल से समान रूप से प्रेम करनेवाला और हाल ही में अचानक और आकस्मिक रूप से दूसरी दुनिया के जंगल में अपने गीत गुनगुनाने के लिए प्रस्थान करनेवाला हम सबका साथी और मित्र, स्वर्गीय एस. बालसुब्रमण्यम् के लिए...

अनुक्रम

अपनी बात...जंगल की बात

जंगल यानी हरियाली, जंगल यानी खुली हवाएँ, जंगल यानी बहता पानी, जंगल यानी पंछियों का मधुर संगीत, जंगल यानी सभी प्रकार के जानवरों-पंछियों का निवास स्थान, जंगल यानी एक गूढ़ता और रहस्यमयी दुनिया की यात्रा। यह यात्रा जब आपको जंगल में विचरण करने के लिए अपने साथ लेकर जाती है, तब एक नई दुनिया धीरे-धीरे ही सही आपके समक्ष खुलने लगती हैं।

जंगल की मिट्टी, पत्थर, कंकड़ बोलने लगते हैं, अनजान दिशाएँ आवाज़ देने लगती हैं, वृक्षों के पत्ते अपनी बोली का संगीत सुनाने लगते हैं, घास अपनी स्वर्णिम या हरी आभा लेकर डोलने लगती है। कभी शेर की दहाड़, कभी मोर का केकारव, कभी भैंसे की आवाज़ तो कभी हिरण की मिमियाती आवाज़। हर सूर, हर आवाज़ आपसे बातें करने लगता है। और आप सिर्फ़ सुकून से बैठ जाओ, शान्ति से सुनते जाओ, जंगल आपसे अपने दिल की बात कहने लगता है। धीरे-धीरे ही सही, अपने राज आपके कानों में कहने लगता है।

जंगल को उसके निवासियों की आवाज़ों के अलावा और किसी की आवाज़ शायद पसन्द नहीं है। उसे बहती हवाओं, सरसराते पत्तों, डोलने वाली घास की सीत्कार, पंछियों का कलरव, पानी के लहरों की आवाज़ों के अलावा और कोई आवाज़ शायद भाती नहीं है, इसलिए जब भी हम गाड़ी लेकर जंगल में प्रवेश करते हैं, सिर्फ़ जंगल को देखने, महसूस करने हेतु ही सही! अपने पूर्वानुभव के मद्देनज़र जंगल के रोंगटे खड़े हो जाते हैं। वह बहुत डरता है, वह आतंकित है, वह आशंकित है मानव नामक प्राणी के प्रति! क्योंकि यहीं वह प्राणी है जो पूर्व में उसी का निवासी था, उसकी गोद में खाता-पिता-जीवन

यापन करता था। जंगल को बहुत प्यार था, इस दो पैरों पर चलते-फिरते प्राणी के प्रति! उसने स्वयं को तकलीफ़ देकर उसके लिए बहुत सारी चीज़ें आसान करने का प्रयास किया। उसने अपने पेड़ दिये, घास दी, पानी, हवाएँ, खाना सबकुछ दिया और कहा, 'शान्ति और सन्तुष्टि से जी लो।' लेकिन यह सम्भव नहीं हो पाया। सबकुछ लेकर भी आदमी की प्यास नहीं बुझी। वह जंगल से और...और चाहता गया। जब आसानी से सबकुछ प्राप्त होता रहा, तब तक ठीक था। फिर आदमी की ज़रूरतें, आवश्यकताएँ और लालच बढ़ता गया। वह जंगल को नोंचने- खसोटने लगा, उसे लूटने लगा।

जंगल रोता रहा, उसके आँसू टपकते रहें लेकिन आदमी पर कोई असर नहीं हुआ। स्वार्थ और लालच से अंधे आदमी ने फिर तो जंगल पर हमला बोल दिया और फिर...जंगल ने स्वयं को समेट लिया। जंगल के पास आदमी के विरोध में लड़ने-झगड़ने के बहुत विकल्प थे, लेकिन जंगल, आदमी की तरह नहीं बन सकता था। इसलिए फिर जंगल ने स्वयं को लपेट दिया रहस्य और गूढता के साथ! उसने उलझनों का ऐसा जाल बुना कि आदमी न चाहते हुए उसमें उलझता गया। विज्ञान और तकनीक का हवाला देने वाले, सीमेंट कंक्रीट के साथ खेलने वाले, जंगल को आये दिन नष्ट करने वाले आदमी को फिर अपने अस्तित्व के लिए उसी जंगल का सहारा, समर्थन लेना अनिवार्य हो गया। अपना अस्तित्व मिट न जाये, इसी दहशत के साथ फिर आदमी ने जंगल के संवर्धन, उसके फूड चेन का उचित प्रयोग करने हेतु जंगल को आरक्षित, सुरक्षित रखने के लिए विभिन्न प्रयास शुरू किये।

भारत की बात की जायें तो भारत ने विभिन्न वन्य जीव परियोजनाएँ इसी के तहत शुरू की। वर्ष 1970 में भारत में सिर्फ़ पाँच राष्ट्रीय उद्यान थें। वर्ष 1972 में भारत ने वन्य जीव सुरक्षा क़ानून लागू किया और वर्ष 1973 में बाघों की सुरक्षा हेतु व्याघ्र परियोजनाएँ शुरू की गयी। वर्ष 1980 में वन्यजीवों की सुरक्षा को और मज़बूत करने हेतु विभिन्न क़ानून बनाये गये। वर्तमान में भारत में कुल 106 राष्ट्रीय उद्यान हैं जिनके तहत 17144.07 मील के क्षेत्र को कवर किया जाता है। दुनिया भी अब जंगल की महत्ता और उपयोगिता को समझ रही है और यही वजह है कि विश्व की भूमि का लगभग 31% हिस्सा जंगलों

द्वारा कवर किया जाता है। जो कि 4.06 बिलियन एकड़ का है, यानी लगभग 70% भूमि का उपयोग समुद्रों, पहाड़ों के साथ मानव द्वारा किया जाता है और यह प्रतिशत बहुत ज़्यादा है, सन्तुलन के हिसाब से सही नहीं है।

आदमी भूमि से बहुत कुछ छीन लेता है। उसकी छीना झपटी हरदम चलती रहती है। कुछ भी कम पड़ जाता है, किसी भी बात पर उसका दिल आ जाता है, वह उसे अपने क़ब्ज़े में कर लेने का प्रयास करता है। यही बात उसने जंगल के साथ भी आजमायी। लेकिन, उसके परिणामों-दुष्परिणामों को भी उसे बहुत बुरी तरह से भुगतना पड़ा और फिर जंगल की सुरक्षा के क़ानून बनाये गये।

आदमी द्वारा बनाये गये इन क़ानूनों का उल्लंघन करने का काम भी आदमी ही करता रहता है, लेकिन फिर उसे भुगतना भी ज़्यादा पड़ता है।

वर्तमान में बढ़ती गर्मी, पिघलती बर्फ़ की वजह से आने वाली बाढ़, सूखा, जंगली जानवरों द्वारा रिहायशी बस्तियों में घुसकर किये जाने वाले आक्रमण, जैव विविधता के खतरों के मद्देनज़र आदमी को अपना जीवन और भविष्य दोनों खतरे में दिखाई देने लगा और आदमी ने जंगल संरक्षण की बात को आगे बढ़ाया, लेकिन कुछ लोग इसमें भी अपने निजी स्वार्थ हेतु उपाय ढूँढ़ लेते हैं।

पेड़ों को अनधिकृत रूप से काटना, हाथी दाँत के लिए हाथियों को मारना, बाघों की पोचिंग, वन्य प्राणियों के शिकार, पंछियों को फाँसना आदि अनेक उपायों से आदमी अपना स्वार्थ साध लेता है।

लेकिन सभी इन्सान एक जैसे नहीं होते हैं, जंगल से प्यार करने वालों की भी कमी नहीं है। वे जुनूनी हद तक जंगल से प्यार करते हैं।

इसलिए जब भी जंगल की बात होती है, जंगल जाने का मौक़ा मिलता है, वे जंगल की ओर दौड़ पड़ते हैं। जंगल उनका पूर्वज है, जंगल उनका वर्तमान साथी है, वे जंगल से प्यार भी करते हैं इसलिए वे जंगल घूमने जाते हैं, अपने कैमरों के ज़रिये जंगल को फ़ोटो में क़ैद कर लेते हैं, जंगल के संवर्धन और सुरक्षा हेतु सहायक भी बनते हैं। इन्हीं कुछ जंगल प्रेमियों की वजह से जंगल टिके हैं, सरकारी नीति के तहत अपनी आन, बान, शान को लेकर अपने

प्रेमियों को पुकारते रहते हैं और वे प्रेमी भी अपनी नौकरियाँ, जीवन यापन को सम्भालकर तो कभी अपनी नौकरियों, व्यवसायों को त्यागकर भी जंगल में जंगल प्रेमी के रूप में रच बस जाते हैं।

हमारी आदिमता, हमारे भूतकाल की पहचान हैं, ये जंगल! यदि ये जंगल रहेंगे तो हमारा हरदम मंगल होता रहा रहेगा, पर्याप्त बारिश होगी, उचित ठण्ड रहेगी, गर्मी जलायेगी नहीं और हमारा भविष्य उज्ज्वल होगा। क्योंकि जंगल हमारे साथ होगा और जंगल का साथ ही हमारे उज्ज्वल भविष्य की पहचान होगी।

जंगल ने मुझे बहुत कुछ दिया, जिसे मैं पूरी तरह से शब्दों में बयाँ नहीं कर पा रही हूँ। जंगल का साथ मुझे हरदम भाता रहा, अपना-सा लगता रहा। मुझे याद है गाँव का बचपन। मिट्टी में खेलना, घर के पीछे जो छोटा सा जंगल था, वहाँ जाकर नये-नये पौधों को ढूँढ़ना मेरा शगल था। जंगल ने मुझे शान्ति-सुकून दिया, जंगल ने मुझे जीवन की ओर देखने का अलग नज़रिया दिया। साथ-साथ जीने का, सबको साथ लेकर चलने का उदार दृष्टिकोण दिया। जंगल ने अपने क़ानून से मुझे अवगत कराया, उसके रहस्य को अलग नज़र से देखने का आत्मज्ञान दिया और क्या क्या बयाँ करूँ? लेकिन एक बात उतनी ही सत्य और ईमानदार है, जिसका एहसास मुझे जंगल में हुआ कि जंगल है, इसलिए हम हैं। उसके अस्तित्व के साथ हमारा अस्तित्व जुड़ा हुआ है और उसे कायम रखने, बढ़ाने का जिम्मा भी हमारा है। जंगल को साथी के रूप में यदि आप स्वीकार करते हैं...तो आपकी जीवन यात्रा निश्चित रूप से सार्थक होगी यह विश्वास है मेरा! जंगल के साथ अपने जीवन को बदलते हुए, सार्थक होते हुए मैंने देखा, महसूस और अनुभव भी किया। इसलिए मेरा विनम्र अनुरोध रहेगा, जब भी सम्भव होगा, जब भी दिल करेगा...जंगल में जाइए और अपने जीवन को हरियाली की संपृक्ति से भर दीजिए।

यह 'जंगल डायरी' लिखना मुझे मेरी ज़रूरत लगी और इस 'जंगल डायरी' से आपको रूबरू करवाना मुझे अपने कर्तव्य-सा लगा। यह एक नया प्रयास है। जिसे मैंने अन्जाम देने की कोशिश की है। इसमें मैं कितनी, कहाँ तक सफल हुई हूँ, यह आप सुधी पाठक ही बतायेंगे। यदि यह जंगल आपको

भायेगा तो इन्सानी दिल के जंगलों में विचरण करने की बात भी आयेगी। वैसे भी हर एक इन्सान के भीतर एक जंगल हरदम उमड़ता घुमड़ता रहता है।

यह 'जंगल डायरी' आपको कैसी लगी, यह जानना मेरी उत्सुकता है और आप सुधी पाठक इस उत्सुकता को निश्चित रूप से पूरा करेंगे, इसका मुझे विश्वास है।

'जंगल डायरी' पढ़ने की आपकी यह यात्रा जंगलमय हो, इन्हीं शुभकामनाओं के साथ...

पन्ना, सतना, मध्य प्रदेश

23-6-2023 (शाम)

मैं उत्साहित थी, भीतर ही भीतर उछल रही थी। ख़ुशी इतनी हो रही थी कि मैं शब्दों में बयाँ नहीं कर पा रही थी। एक नये ग्रुप से मेरा परिचय चार छह महीनों पहले हो गया था, मेरे एक सहयोगी के ज़रिये, और वह पूरा ग्रुप 'पागल' था, जंगल के पीछे, नहीं नहीं बाघों के पीछे! बहुत सारी जंगल सफारियाँ उन्होंने की थी। उनमें से 3-4 लोग जंगल जीवन के उत्कृष्ट फ़ोटोग्राफ़र थे, जबकि अन्य 4-5 लोगों में से कोई वीडियोग्राफ़र, कोई बर्ड वॉचर तो कोई जंगल प्रेमी। जंगल तो मुझे बचपन से पसन्द था और आज भी है। पूरा बचपन पेड़-पौधों के साथ, गाँव में बीत जाने की वजह से हरियाली मुझे हरदम पुकारती रहती है। यहीं वजह है कि मुम्बई के मेरे घर की बालकनी भी गमलों से भरी रहती है, जिनमें हरे पत्ते, पौधें और उन पर खिलती कलियाँ, फूल पूरी बालकनी को एक नये रंग रूप में ढाल देती है।

तो इस बार मैंने अपना नाम पन्ना, मध्य प्रदेश की जंगल सफारी के लिए तीन महीने पहले ही दर्ज कर दिया था। ग्रुप अच्छा था और समर्पित था, जंगल के लिए।

पन्ना नेशनल पार्क, वैसे तो 30 सालों पूर्व बाघों के लिए आरक्षित किया गया था, लेकिन 40 बाघों से सजा यह पार्क बाद में 2 बाघिनों तक सीमित रह गया। मध्य प्रदेश के उत्तरी इलाके में विन्ध्य की पर्वत श्रृंखलाओं में पन्ना बसता है। केन नदी के तट पर बसा पन्ना विविधताओं से भरा जंगल है और व्याघ्र परियोजना सुरक्षा योजना के तहत आता है। वर्ष 2012 में यहाँ एक भी बाघ नहीं है, ऐसा घोषित किया गया था।

लेकिन पर्यावरण एवं जंगल मन्त्रालय ने यहाँ बाघों को फिर से लाने का प्रस्ताव अनुमोदित किया। बाँधवगढ़ और कान्हा नेशनल पार्क से एक एक मादा और पेंच से एक नर बाघ लाया गया, जिससे बाघों की उत्पत्ति हो, लेकिन पेंच का वह बाघ 'होम सिक' होकर फिर से पेंच की ओर जाने लगा। उसे अपने घर जाना था लेकिन जंगल विभाग, उसका पीछा कर उसे फिर से पन्ना ले आया। उसके बाद वह पन्ना में ही रच बस गया। यहाँ उसने अपनी टेरिटरी बनायीं। बाँधवगढ़ की बाघिन के साथ वह चार बच्चों का बाप बन गया। धीरे धीरे पन्ना में बाघों की संख्या फिर से बढ़ने लगी जो कि 80 तक गयी। यह बात चमत्कार से कम नहीं थी, लेकिन उतनी ही सत्य भी! आप पन्ना में इस बात को देख सकते हैं। वर्ष 2009 में शून्य से होकर चली पन्ना की यात्रा आज सबसे सफल व्याघ्र बहाली को लेकर जानी जाती है और मेरा पहला जंगल दर्शन इसी सकारात्मक और विभिन्न रंगों और परिवेश के जंगल से होने वाला था, इसलिए मैं बेहद ख़ुश, उत्साहित और प्रसन्न थी।

यहीं वजह थी कि लोकमान्य तिलक टर्मिनस से सतना के लिए शाम पाँच बजे निकलने वाली गाड़ी के लिए मैं शाम 4 बजे ही स्टेशन पहुँच गयी थी। इतना तो मैं हवाई जहाज़ की यात्रा के लिए भी नहीं करती थी, लेकिन यहाँ आकर्षण का केन्द्र बिन्दु था, 'जंगल, 'जंगल' जिसे मैं भेंट देने वाली थी। जो मेरी पसन्द और जुनून का क्षेत्र था। वैसे जंगल तो बहुत होते हैं, जंगलों की बहुतायत होती है, हम में भी कई जंगल मौजूद होते हैं, जिनसे हम वाकिफ़ नहीं होते हैं। लेकिन उन सबके बारे में बात करने का यह समय नहीं है। फ़िलहाल मैं अपने पन्ना जाने की यात्रा पर हूँ और उसके बारे में ही बात करूँगी।

हम प्लेटफ़ॉर्म पर बैठे थे, धीरे-धीरे ग्रुप के अन्य लोग भी आते गये। सबसे परिचय होता गया। हम दस लोग थे, पूरी सफारी में! जिनमें से आठ लोग मुम्बई से जा रहे थे, जिसमें हमारा ग्रुप लीडर करण और दो अन्य लड़कियाँ भी शामिल थी। लेकिन गाड़ी छूटने का समय आया, तब भी हमारा ग्रुप लीडर मुम्बई की ट्रैफिक में फँस जाने की वजह से नहीं पहुँच पाया था। सब लोग फ़ोन पर फ़ोन कर रहे थें, कुछ बातें हो रही थी और मेरा दिमाग़ थोड़ा-थोड़ा हट रहा था। जो ग्रुप लीडर समय पर आकर ट्रेन नहीं पकड़ सकता, वह हमारी ट्रीप कैसे सुनियोजित ढंग से सम्पन्न करायेगा, मेरी सोच कुछ अलग दिशा में

चल रही थी। फिर कभी मैं इन बेतरतीब, बेढंगे लोगों के साथ नहीं आऊँगी, मैंने तय कर लिया और तब तक गाड़ी ने भी प्लेटफ़ॉर्म छोड़ दिया था। करण गाड़ी नहीं पकड़ पाया था।

गाड़ी चलने लगी, कम्पार्टमेंट में फैले हुए हमारे ग्रुप के लोग आकर मिलते गये और हम तीनों भद्र महिलाओं से बाते करते रहे, समय बीतता रहा। ख़ुशबू, भावना, शिवांग, बाला, संजय दादा, कौस्तुभ, धीमनदा, चिराग सभी बड़े अच्छे जंगलप्रेमी थें। बातों ही बातों में खाना खाकर गप्पे हाँकने के बाद हम सोने गये, आराम से। लेकिन मेरे मन में एक कील चुभ रही थी। यह सब तो ठीक है लेकिन क्या वहाँ व्यवस्था ठीक रहेगी? एक ही सवाल बार-बार कुरेदता रहा और पता नहीं, कब यह सोचते सोचते मैं सो गयी। कितनी देर हुई पता नहीं, लेकिन हड़बड़ाकर आँख अचानक-सी खुल गयी। सेकंड एसी कम्पार्टमेंट में ये आवाज़ें कहाँ से आ रही हैं? मैं उठ तो गयी और सोचने लगी। सामने सोयी हुई भावना और ख़ुशबू भी जाग गयी थी। मेरा सवालिया चेहरा देखकर भावना ने कहा, "पीछे वाली सीट पर बैठे लोगों की ओर से ये आवाज़ें आ रही हैं।" मैंने घड़ी देखी, रात के ग्यारह बज रहे थे, हालाँकि उस ओर से आवाज़ें आने का सिलसिला जब से हम ट्रेन पर सवार हुए थे, तब से चल रहा था। नौ बजे के आसपास भावना ने हमसे बात भी की थी, उनके यहाँ जाकर उन्हें समझाने की! लेकिन हम सबने उसे रोक दिया था। यूँ ही झँझट क्यों पालना या फिर झगड़ा क्यों करना?

लेकिन अब तो बर्तनों के टकराव, कूकर खोलने, डिब्बों के पटकने की आवाज़ें आ रही थीं। और रात के पूरे शान्त माहौल में खरौंचे पैदा कर रही थी, शान्ति को हिला रही थी। पाँच मिनट तक हम यूँ ही बैठे रहे। उन आवाज़ों और हमारे बीच सिर्फ़ एक पार्टीशन का मामला था, इसलिए आवाज़ें हमें ज़्यादा तीव्रता से सुनायी दे रही थी।

पाँच मिनटों के बाद हम सब का सब्र जवाब दे गया, तब सबसे पहले भावना उठी और पर्दे को खिसकाकर वह उस ओर चली गयी।

"आप इतनी आवाज़ क्यों कर रहे हो? रात का समय है और हम सबको सोना है। आवाज़ कम कीजिए।" भावना ने कहा।

"हम लोग खाना खा रहे हैं, बर्तनों की आवाज़ तो होगी ही!"

"खाना तो हम लोगों ने भी खाया, लेकिन इतनी आवाज़ तो नहीं हुई।"

"आपकी नहीं हुई होगी, हमारा पूरा परिवार है। आवाज़ तो होगी ही।" वह आदमी वैसे ही तना हुआ था और तनकर ही बात कर रहा था। उसका पूरा परिवार था, 'निकाह' के लिए वे लोग जा रहे थे। बच्चे, छोटे बच्चे, युवा, बूढ़े सभी तरह के लोग उनके परिवार में शामिल थे।

लेकिन अब भावना का पारा चढ़ गया था, अनुरोध करने पर भी वे लोग बाज नहीं आ रहे थे।

"आपको आवाज़ें कम करनी होगी।" भावना ने हिदायत दी लेकिन उस बन्दे के कानों पर जूँ तक नहीं रेंगी, वहाँ की एक जनानी (शायद वह उसकी बीवी थी) भी भावना के साथ ऊँची आवाज़ में बात करने लगी। मैंने भी उन्हें समझाने की कोशिश की लेकिन वे सुनने के 'मूड' में नहीं थे, दूसरी ओर बैठे उनके कुछ लोग भी वहाँ आ गये और हमें ही समझाने लगे, "बड़ा परिवार है, आवाज़ें तो होगी ही"

मैंने भावना को जैसे तैसे लौटाया. लेकिन वह अब भी ग़ुस्से से फट पड़ रही थी। "ये लोग ख़ुद को ज़्यादा सयाने समझते हैं, कुछ सुनना ही नहीं चाहते हैं। अब तो मैं उन्हें छोड़ूँगी नहीं।" कहते हुए भावना वहाँ से पीछे की ओर डिब्बों को पार कर जाने लगी।

"उसे मत रोकना, उसे जाने दो, अब वह इन लोगों को चुप किये बगैर मानेगी नहीं।" ख़ुशबू ने मुझे बताया, मैं चुपचाप अपनी जगह पर बैठी रही। आवाज़ें अब भी आ रही थी, बर्तन एक-दूसरे से टकरा रहे थे, थालियों की आवाज़ें आ रही थी और बातचीत की भी!

दस-पन्द्रह मिनटों के बाद भावना लौटी। उसके साथ गाड़ी का सुपरीटेंडेंट और रेलवे पुलिस इन्स्पेक्टर भी था। सुपरीटेंडेंट ने आते ही उस बन्दे को हिदायत दी। वह सुनने के मूड में अब भी नहीं था। "हम सब लोग एक साथ है, तो आवाज़ें होगी ही।"

"ठीक है, आपको आवाज़ें करनी है, तो अगले स्टेशन पर हमें आपको ज़बरदस्ती उतारना पड़ेगा, क्योंकि आप गाड़ी में सवार अन्य लोगों को तकलीफ़ दे रहे हो।"

यह बात सुनकर शायद उस बन्दे को थोड़ा धक्का-सा लगा। अब तक पूरा कम्पार्टमेंट वहाँ आ गया था। शायद लोगों की इकठ्ठा हुई भीड़ और सुपरीटेंडेंट की बात तथा वर्दी का कुछ परिणाम हो गया होगा, उसने आवाज़ न करने का आश्वासन दिया। सुपरीटेंडेंट ने भावना से क्षमा मांगी और कुछ भी तकलीफ़ होगी, तो अपना मोबाइल नम्बर देकर कॉल करने के लिए कहा, वे दोनों चले गये। अब उस ओर धीरे धीरे शान्ति छाने लगी थी, धीमी आवाज़ में बातचीत हो रही थी लेकिन वह सहने लायक थी, सहनीय थी। वैसे भी ट्रेन में न चाहते हुए सोये हुए सहयात्री के खर्राटे भी तो सुनने पड़ते हैं।

अब माहौल में शान्ति थी, सब अपनी अपनी जगह पर जाकर सोने की कोशिश कर रहे थे, मैं भी अपनी जगह पर आयी। भावना और ख़ुशबू अपनी अपनी जगह पर सोने का प्रयास करने लगी।

मेरी नींद उचट चुकी थी। एक बार नींद उचट जाने के बाद मुझे जल्दी नींद नहीं आती लेकिन बैठकर क्या करती? मैं बिस्तर पर लेट गयी थी। भावना का आज का यह अन्दाज़ सही था? मैं यूँ ही सोच रही थी। वैसे देखा जायें तो भावना ने बिल्कुल सही मुद्दा उठाया था। सार्वजनिक स्थल के कुछ अपने उसूल या नियम होते हैं और आप जब सार्वजनिक स्थलों पर होते हो, या पब्लिक ट्रान्सपोर्ट से यात्रा करते हो तब आपको इन सब बातों का ख़याल रखना पड़ता है। हमारा बर्ताव, हमारी भंगिमाएँ, आवाज़ें दूसरों के लिए तकलीफ़देह न बने, इसकी सावधानी हमें बरतनी पड़ती है, बरतनी होगी। पब्लिक प्रॉपर्टी, अपनी ही है, इस अन्दाज़ से बर्ताव करने वाले लोगों को भावना ने एक तमाचा जड़ दिया था।

क्या, यह मैं कर सकती थी? मैंने स्वयं से प्रश्न किया। "बिल्कुल कर सकती थी, शायद भावना के तीखे तेवर की तरह नहीं लेकिन देर से ही सही, असहनीय होने पर उस बात को लेकर आवाज़ उठाना ज़रूरी हो जाता मेरे लिए!" यह मेरी सांत्वना अपने लिए थी? मुझे सर्वेश्वरदयाल सक्सेना जी की काव्य पंक्तियाँ याद आयी,

किसी नागवार गुज़रती चीज़ पर
मेरा यूँ फट पड़ना, उबलना
मेरे ज़िन्दा होने की निशानी है।

भावना द्वारा इस तरह यूँ उबलना, फट पड़ना, उसके ज़िन्दा होने की निशानी थी लेकिन पूरा कम्पार्टमेंट जो इस बात को सह रहा था, झेल रहा था, क्या वे सब अपने ज़िन्दा होने को महसूस नहीं कर पाये थे? या फिर क्यों इस पचड़े में पड़े, यह रवैय्या हरदम हमारे साथ रहता है? हम हर जगह शान्ति चाहते है, लेकिन आवाज़ या शोरगुल होने पर आवाज़ नहीं उठाते, क्यों? शोरगुल को शान्ति में तब्दील करने वाला दूसरा कोई होना चाहिए, मैं नहीं, यह भावना उसके पीछे रहती होगी।

मेरा दिमाग़ यूँ ही उलझा हुआ था। अब दूसरी ओर बिल्कुल शान्ति छा गयी थी, एक छोटी बच्ची जो अब तक ज़ोर-ज़ोर से आवाज़ कर रही थी, रो रही थी, वह भी अब चुप हो गयी थी।

गाड़ी चलने की एक लय के अलावा अब वहाँ और कोई आवाज़ नहीं आ रही थी, उस खड़खड़ाहट का भी अपना एक रिदम था। मैंने घड़ी देखी, बारह बज चुके थे, इस खिटपिट में तकरीबन एक घण्टे से ज़्यादा समय बीत चुका था।

मैंने खिड़की से पर्दा हटाया। गाड़ी किसी स्टेशन से गुजर रही थी। स्टेशन की बत्तियाँ जगमगा रही थी, लेकिन गाड़ी की तेज़ गति की वजह से मैं स्टेशन का नाम भी पढ़ नहीं पायी।

अब स्टेशन पीछे छूट गया था, बाहर अँधेरा ही अँधेरा था। कुछ भी दिखाई नहीं दे रहा था। सामने वाला, ऊपर बर्थ पर सोया हुआ बन्दा खर्राटे भरने लगा था। भावना भी धीरे से आवाज़ कर रही थी, वह भी सो गयी थी।

सब सो गये थे और मैं अपनी नींद का इन्तज़ार कर रही थी, कब आयेगी वह?

मुझे चलती गाड़ी में वैसे भी नींद नहीं आती हैं, जबकि अनेक लोग गाड़ी के ताल के साथ आराम से सो जाते हैं। मेरी सहेली मधु को मैंने गाड़ी के रिदम के साथ ख़ूब मजे से सोते हुए देखा था। मैंने स्वयं को समेटने की कोशिश की। शान्ति से तकिये पर सर धर दिया और गाड़ी की आवाज़ के साथ स्वयं को जोड़ दिया। फिर पता नहीं, मैं कब सो गयी।

24-6-2023 (सुबह)

सुबह जब आँख खुली, छह बज रहे थे। कोई जगा हुआ, दिखाई नहीं दे रहा था, मैंने खिड़की से बाहर झाँका। पहाड़, पेड़, पौधे ऐसा ही माहौल था। आसमान में बादल घिर आये, दिखाई दे रहे थे। अब फिर से नींद आना सम्भव नहीं था। मैंने ब्रश-वश किया और खिड़की से बाहर झाँकती रही। मन में बहुत कुछ उमड़ घुमड़ रहा था। क्या, कुछ समझ में नहीं आ रहा था, लेकिन निश्चित रूप से एक नयी दुनिया मेरे सामने खुलने वाली थी और शायद उसे महसूस करने की उत्सुकता मुझ में कुलांचे मार रही थी।

सदियों से आदमी ने जंगल पर अतिक्रमण ही किया है। वह जंगल को तोड़कर, नष्ट कर अपनी दुनिया बसाता रहा, जंगल को निर्वासित कर, खुद बसता रहा, अपनी सुख-सुविधाएँ जुटाता रहा, लेकिन जहाँ मैं जा रही थी, वहाँ की बात अलग होगी। वहाँ जंगल में जंगल का राज होगा, प्राणियों, पंछियों का अपना राज चलेगा, पौधों, पेड़ों का साम्राज्य होगा और किसी मेहमान की तरह आदमी वहाँ जाकर सिर्फ़ उन सबको देख पायेगा, दूर से! उसे वहाँ कोई गतिविधि, अतिक्रमण करने की इज़ाज़त नहीं होगी, कितना अलग-थलग माहौल होगा? मैं अभिभूत थी और जंगल पहुँचने के लिए उत्सुक! अब धीरे धीरे हमारे ग्रुप वाले भी जागने लगे थे। साढ़े सात बज रहे थे। गाड़ी आठ बजे सतना स्टेशन पहुँचने वाली थी। हम सब अपना अपना सामान, बैग्ज समेटने लगे थे, मेरा एक बैग धीमनदा ने उठा लिया। "आप चलिये, वह छोटा बैग लेकर," उसने कहा और मैं निश्चित होकर गाड़ी जब सतना स्टेशन पर रुकी तब आराम से प्लेटफ़ॉर्म पर उतर आयी।

प्लेटफ़ॉर्म से बाहर आते आते 15-20 मिनट हो गये। बाहर दो गाड़ियाँ हमारा इन्तज़ार कर रही थी। बाला ने सबको अपनी अपनी गाड़ी में बैठने के लिए कहा, सामान जाँचा गया। 8.30-9.00 बजे तक हमारी गाड़ियाँ पन्ना की दिशा में दौड़ने लगी थी।

मध्य प्रदेश की सड़के बहुत अच्छी थी, हमारी गाड़ियाँ फ़र्राटे से दौड़ रही थी। सतना रेलवे स्टेशन से वैसे हमारा निवास स्थान यानी ग्रिटो रिसॉर्ट 2-2½ घण्टों की दूरी पर था। आसपास की पहाड़ियाँ, उन पर मौजूद मन्दिर या रास्ते

में दिखाई देने वाले गाँव वालों के साथ गाड़ी में बैठे हुए हम लोगों की गप्पें हाँकने की होड़ में समय कब बीत गया, कुछ पता ही नहीं चला। सतना वैसे ऐतिहासिकता और पुराण को साथ लेकर चलने वाला शहर है, लेकिन उससे शहर कम और गाँव का ज़्यादा एहसास होता है। वैसे हम मुम्बई वालों या मेट्रो शहरों में रहने वाले लोगों के लिए हर शहर, शहर जैसा नहीं लगता। पूरे रास्ते में सतना एक आधे शहर का एहसास दे रहा था। हालाँकि मुख्य सड़क से जब हमने दाहिनी ओर मुड़कर रास्ता ले लिया तब एक दो गाँवों को पार करते ही बिल्कुल खेती बाड़ी का मामला दिखाई दिया। उस क्षेत्र में जहाँ तक नज़र घुमाओ, कहीं भी बस्ती का नामोनिशान नहीं दिखाई दे रहा था। 'यह कहाँ आ गये हम?' यही एक सवाल मुझे बार बार परेशान कर रहा था। शेष लोगों में से कोई ना कोई एक-दो बार ग्रुप के साथ आया हुआ था, मैं अकेली थी, जो उनमें नयी शामिल हुई शख्सियत थी। वैसे भी ग्रुप लीडर के ना होने की वजह से ये लोग क्या करेंगे, किस तरह से सबकुछ सुव्यवस्थित ढंग से आयोजित कर पायेंगे या नहीं, कुछ संदिग्ध-सी स्थिति थी मेरी! मैं चुपचाप थी लेकिन आशंकाएँ बार-बार मेरे मन को कुरेद रही थी।

हमारी गाड़ी दौड़ रही थी। रास्ता बिल्कुल संकरा सा था, जिस पर एक समय में एक ही गाड़ी पार हो सकती थी, लेकिन वैसे भी वहाँ दूर तक कुछ भी दिखाई नहीं दे रहा था। अत: दूसरी गाड़ी का क्रॉस करना या आना सम्भव भी नहीं था।

इतने में दूर एक पेड़ों का झुरमट-सा दिखाई दिया और झुरमुट से झाँकता छत नुमा एहसास, 'क्या बात है, यहाँ भी लोग रहते हैं?' मैंने मन ही मन ख़ुश होकर स्वयं से कहा, हमारी गाड़ी मोड़ों से होते हुए अब उसी झुरमुट की दिशा में दौड़ रही थी। बाला ने कहा, "यही हमारा रिसॉर्ट है।"

मेरी हालत थोड़ी पतली-सी हो गयी, 'हम, यहाँ इस सुनसान रिसॉर्ट में रहने वाले हैं?' लेकिन अपने भय को मैं क्यों और किसलिए अभिव्यक्त करती? क्योंकि मेरे सभी सहयात्री बिल्कुल ख़ुश और तनाव रहित थे, चन्द मिनटों में ही हम रिसॉर्ट में दाखिल हो गये, तब सुबह के 11.00 बज रहे थे। हमारे आते ही शरबत से हमारा स्वागत किया गया और रिसॉर्ट के सभी स्टाफ़

ने बिल्कुल प्यार और गर्मजोशी से हमारा सामान आदि उठाने में सहायता की। नीचे 4-5 कॉटेजेस और सामने ही एक मंज़िला इमारत, हमारे पूरे ग्रुप को एक एक कमरे में दो-दो लोगों को समाया गया। अकेली होने की वजह से मुझे नीचे वाला इकलौता कॉटेज मिल गया। बिल्कुल मिट्टी और लकड़ी से बना कॉटेज! मैं ख़ुश थी।

अब हमारे पास समय कम था। अपना अपना सामान आवंटित किये गये कमरों में डालकर, कपड़े बदलकर, खाना खाकर हमें एक बजे पन्ना की पहली सफारी हेतु निकलना था।

उससे पूर्व मैंने पूरे रिसॉर्ट का जायज़ा लिया था। मेरे कॉटेज के सामने ही, दो जगह बैठने की व्यवस्था की गयी थी, वहाँ बैठकर दस-बारह लोगों का ग्रुप आराम से गप्पे हाँक सकता था। वहीं से नीचे केन नदी का प्रवाह था, हालाँकि वहाँ से नीचे उतरना उतना आसान नहीं था। फिसलनभरा रास्ता था लेकिन नीचे उतरने के पश्चात् वहाँ के जंगली फूलों पर मँडराने वाली रंगबिरंगी तितलियाँ, 'टि टि' करती टिहरियाँ, चहकती चिड़ियाँ और वहाँ आकर उस खोल में ठहरा हुआ नदी का पानी। उस पानी में इतना ठहराव था कि उस पर तरंगे भी नहीं उठ रही थी। पानी जैसे सिर्फ़ किसी समाधि में लीन था। पानी के दूसरी ओर एक ज़जीरा जैसा परिवेश था, जिस पर पहाड़ी बनी हुई थी। हमारी ओर के किनारे पर झाड़झंखाड़ और बड़े बड़े पत्थर भी थे। उन पत्थरों पर बैठकर हम तीन-चार लोगों ने उस पानी के साथ खुद को जोड़ लिया। पूरा परिवेश अब अपना-सा लग रहा था। सुकून भरा माहौल था। तेज़ धूप थी, चुभ भी रही थी लेकिन बीच बीच में बादल भी छा रहे थे, हवाएँ चल रही थी।

"आज शायद बारिश होगी।" संजय दादा कहने लगे, संजय दादा यानी पंछियों का एन्साइक्लोपीडिया। कौन-सा पंछी कैसे दिखता है, वह किस नाम से जाना जाता है, उसकी विशिष्टता, सुन्दरता सबकुछ संजय दादा जानते थे। आवाज़ से वे पंछी का नाम बता सकते थे। संजय दादा के साथ हम यूँ ही वहीं पर उलझे रह जाते यदि धीमनदा ऊपर से हमें नहीं पुकारता। धीमनदा यानी बंगाली व्याघ्र प्रेमी, यह बन्दा बाघ प्रजाति के पीछे इस क़दर पागल है कि हर सफारी में उसे बाघ अवश्य दिखाई देना चाहिए। धीमनदा की आवाज़ सुनकर फिसलन भरे रास्ते से होकर हम डायनिंग हॉल में आ गये, तब साढ़े

बारह बज रहे थे। आधे घण्टे में खाना खाकर बिल्कुल एक बजे हमारी गाड़ी (जिप्सी) रिसॉर्ट से निकलने वाली थी। खाना अच्छा था, सेवा और तैयारी भी बढ़िया थी।

24-6-2023 (शाम)

एक बजे हमारी तीनों गाड़ियाँ (जिप्सी) पन्ना की दिशा में दौड़ने लगी। जिप्सी खुली थी, धूप से बचने हेतु सिर पर मैंने जो टोपी पहनी थी, वह खुली जीप की वजह से और तेज़ बहती हवाओं के साथ कब उड़कर रास्ते पर गिर गयी, कुछ समझ में नहीं आया। फिर मैंने चुपचाप स्कार्फ़ को सिर पर बाँध दिया। डेढ़ बजे तक हम वैसी ही तेज़ी से, सरपट दौड़ती हुई जिप्सी में बैठकर पन्ना के दरवाज़े पर पहुँचकर गाड़ियों की कतार में लग गये। बहुत-सी गाड़ियाँ, वहाँ पन्ना के प्रवेशद्वार पर अपनी बारी का इन्तज़ार कर रही थी। जंगल अधिकारी द्वारा परमिट, अनुमति, यात्रियों की सूची तथा उनकी जाँच पड़ताल करने के पश्चात् गाईड तथा ड्राइवर के साथ सबको प्रवेशद्वार से भीतर जाने की अनुमति दी जा रही थी। अपरान्ह 2.00 बजे तक यह सिलसिला चलता रहा, उचित जाँच पड़ताल के बाद एक-एक गाड़ी गेट से अन्दर दाखिल होते हुए जंगल में घूम रही थी। पूरे भारत भर से अपने अपने जंगल प्रेम को लेकर लोग वहाँ आये थे। उनके अलावा कुछ विदेशी सैलानी भी थे, उनके कैमरे देखते ही बनते थे। कोई विडियो फिल्मवाले भी थे, कोई अन्तरराष्ट्रीय स्तर के फ़ोटोग्राफ़र थे। सबके कैमरे तो मुझे लड़ाई पर जाने वाले सैनिकों की मशीनगन्स की तरह लग रहे थे। सबकी बातों का विषय शेर, बाघ, तेन्दुआ या किसी अन्य जंगली जानवर या पंछी के साथ साथ कोई यादगार जंगली पल होता था। विभिन्न घटनाओं, बातचीत को मैं सुन रही थी। किसी ज्यूनिअर केजी के शिशु की तरह! जंगल के बारे में मैंने काफ़ी सुना, पढ़ा था। जंगल को लेकर एक अज़ीब-सी उत्सुकता थी, मेरे मन में! लेकिन सिर्फ़ उत्सुकता से काम नहीं चलता ना? जंगल के साथ स्वयं को जोड़ना बहुत आवश्यक और ज़रूरी हो जाता है, जो मुझसे अब तक नहीं हो पाया था। वैसे किसी भी स्थिति या परिवेश में आप जब तक स्वयं नहीं उतरते, तब तक उस स्थिति या परिवेश से आपका जुड़ना कैसे सम्भव होगा?

बिल्कुल 2.00 बजे हमारी गाड़ी (जिप्सी) को पन्ना के मांडला गेट से जंगल में प्रवेश दिया गया। बाहर अब तक जो धूप चुभ रही थी, जैसे जैसे हम जंगल में प्रवेश करते जा रहे थे, धीरे धीरे शान्त होती हुई दिखाई दे रही थी और पेड़ों की छाँव की वजह से सुकून और शान्ति महसूस हो रही थी।

इस साल बारिश की शुरुआत होते होते जून माह का अन्तिम सप्ताह शुरू हो गया था। पसीना, उमस और आर्द्रता से पूरी मुम्बई तरबतर हो रही थी। पानी की किल्लत और सूरज की गरमी को झेलकर पूरी मुम्बई परेशान हो रही थी। इसी बारिश के इन्तज़ार में मुम्बई में मेरे दिन, सप्ताह बीत गये थे, लेकिन उस गर्मी से निजात पाकर आज से मेरी जंगल सफारी की शुरुआत हो गयी थी, इस तरह से! वैसे बारिश का इन्तज़ार यहाँ, मध्य प्रदेश में भी था। हम यहाँ जून के अन्तिम सप्ताह के प्रारम्भ में पहुँचे थे, लेकिन यहाँ भी उमस और झुलसती हुई लू ने हमारा पीछा नहीं छोड़ा था।

उसी उमस और धूप को लेकर हमने पन्ना के जंगल में प्रवेश किया था, लेकिन जैसे जैसे हमारी जीप जंगल में अन्दर घुस रही थी, धूप धीरे धीरे हमारा साथ छोड़ती जा रही थी।

मैं तो पगलायी सी तेज़ी से पीछे छूट जाते पेड़ों को देखने में व्यस्त थी। पेड़ों की विविधता, उनका घनापन, हरियाली सबकुछ! मेरे साथ जो जंगलप्रेमी साथी बैठे थें, वे अधिकतर ड्राइवर या गाईड से पूर्व परिचित थे. उनकी चर्चाएँ शुरू हो गयी थी। वे विभिन्न विषयों को लेकर बातें कर रहे थे. जंगल, जंगल की आबोहवा, पेड़, पौधे, पंछी, वहाँ के प्राणी, उनकी आदतें, क्या दिखाई दे सकता है, क्या नहीं, आदि आदि। हम आगे बढ़ते जा रहे थे।

वैसे पन्ना का जंगल, प्रवेश करते ही उतना घना महसूस नहीं होता है। यहाँ रास्ते के दोनों ओर पेड़ कतार से खड़े दिखाई देते हैं, लेकिन यह कतई नहीं लगता कि यह जंगल बाघ, सिंह, चीतों को सँभालने वाला घना जंगल होगा। लेकिन जैसे जैसे हम भीतर जाते रहे, पेड़ों का घनापन बढ़ता गया। पेड़ों की विविधता, लम्बाई, घनाई सब बढ़ती हुई दिखाई देने लगी। यहाँ का जंगल विभिन्न तथा विविध वृक्षों से भरपूर दिखाई देता है, विन्ध्य पर्वत शृंखलाओं में स्थित पन्ना व्याघ्र नेशनल पार्क मध्य प्रदेश के छतरपुर ज़िले में है, जिसे वर्ष

1994 में भारत के 22 वें व्याघ्र आरक्षित स्थान के रूप में घोषित किया गया। इसका जंगल बहुत बड़ा यानी 542.67 वर्ग किमी की भूमि को समाहित करता है और इसकी विशिष्टता यह है कि यह तकरीबन सभी तरह के जंगलों से हमारा परिचय करवाता है। यहाँ ज्वालामुखी फटने से पैदा हुए अलग से पत्थर भी है। बारिश में पानी के स्तर के बढ़ जाने की वजह से कटे हुए पहाड़ और पर्वत मालाएँ है। एक जगह आप घने वृक्षों से भरा जंगल पायेंगे तो एक जगह बाँबू का बन देखेंगे। एक जगह आप मीलों फैली हुई पत्थर की उबड़खाबड़, प्रस्तरों में बँटी भूमि देखेंगे तो दूसरी ओर घास का लम्बा फैला हुआ मैदान पायेंगे। गर्मी के दिनों में (अभी तक वहाँ बारिश शुरू नहीं हुई थी इसलिए गर्मी का माहौल था।) अपनी पतली कायाएँ लेकर वृक्षों के खड़े तनों को आप देख सकते हैं। हमारे जंगल मित्र ने कहा, "यदि आप नवम्बर-दिसम्बर में आते हो तो ये वृक्ष आपको हरे पत्तों, शाखाओं से इतने लदे फदे दिखाई देंगे कि आप अपनी आँखों पर यकीन नहीं करेंगी।"

सागौन, (यहाँ सागौन का पूरा जंगल है, अलग-से) अकाशिया–अका–कत्था, कवठा, बेलफल, पीपल, जामुन, बरगद, भूतहा पेड़, तेन्दुपत्ता, महुआ, करधई, बाँबू, कितने नाम गिनाये जायें? हम जितने जंगल के अन्दर प्रवेश कर रहे थे, विभिन्न प्रकार के पेड़ हमारा जैसे स्वागत कर रहे थे। उनके पत्ते, शाखाएँ ताज़ी हवाओं के साथ अपनी ही धुन में लहरा रही थी।

'घोस्ट ट्री' या फिर 'भूतहा पेड़' के नाम से यहाँ का वह सफ़ेद तने वाला वृक्ष, पूरे जंगल के वृक्षों की कतार में अपनी अलग पहचान लेकर खड़ा दिखाई देता है। आमतौर पर आपने वृक्षों के काले, स्याह या भूरे रंगों के तनों को देखा होगा, लेकिन यह भूतहा वृक्ष पन्ना के पूरे जंगल में अपने सफ़ेद तने को लेकर अलग-सा दिखाई देता है। गर्मियों में सफ़ेद और ठण्ड में गुलाबी रंग को अपने तने से लपेटकर एक अलग-सी आभा लेकर यह वृक्ष आपके समक्ष आता है। यदि आप रात को जंगल में जायेंगे या फिर अँधेरे में इस वृक्ष को देखेंगे तो इस वृक्ष का यह अलग-सा तना कुछ अलग ही रंगरूप में दिखाई देता है और रात के अँधेरे में चमकता रहता हैं। चाँदनी रात में यदि आप इसे देखेंगे तो इसका सौन्दर्य और दृश्यमानता कुछ और ही होती है। शायद उसके इसी बदलते रंग रूप की वजह से इसे 'भूतहा' वृक्ष कहा जाता है।

इस जंगल में कितने ही तरह के जंगल और कितने ही तरह के वृक्ष दिखाई देते हैं। जंगल में हमारा वह पहला दिन था और अब तक किसी जानवर ने हमें दर्शन नहीं दिया था। लेकिन मैं बेहद ख़ुश थी क्योंकि इसी बहाने मैं पूरे जंगल की परिक्रमा कर पा रही थी। एक ही जंगल में कितने प्रकार के जंगल हो सकते हैं, इन जंगलों के पत्थर, मिट्टी, पानी की बातें यदि की जायें तो अनुसंधान को कुछ ज़्यादा ही विस्तृत करना पड़ेगा, इसका अन्देशा मुझे हुआ था। मेरी जिप्सी में सवार ग्रुप के अन्य साथी जैसे-जैसे वक़्त बीत रहा था, बाघ या शेर के दिखाई न देने की वजह से नाराज़ हो रहे थे। बहुत कुछ बातें हुई, फ़ोन पर बातें की गयी लेकिन पेड़ पर बैठा हुआ मोर और मोरनी, पानी पीने वाली नीलगाय, चित्तेदार हिरणों (स्पॉटेड डिअर्स) का समूह, बार्किंग डिअर, पेड़ के सिरे पर बड़ी शान से बैठा चील, इनके अलावा कुछ अन्य छोटे-मोटे पंछी भी दिखाई दिये। लंगूरों की आवाज़ें, उनकी उछलकूद भी दिखाई दी लेकिन अन्य कोई विशिष्ट, विशेष या अपेक्षित या वांछित प्राणी नहीं दिखाई दिया। चार घण्टो की जंगल यात्रा समाप्त होने की कगार पर थी। यह हमारी 4 घण्टों की सफारी थी जो कि शाम के 6 बजे ख़त्म होती थी और यहाँ समय की पाबन्दी का बड़ी कठोरता से अनुपालन किया जाता है और अनिवार्य रूप से उसका पालन भी करना पड़ता है। बिल्कुल छह बजे हम पन्ना के दरवाज़े पर खड़े थे। उचित नोटिंग कर हमें गेट से बाहर भेज दिया गया।

मैं ख़ुश थी, एक नयी दुनिया मेरे समक्ष आज पहली बार खुल गयी थी। हालाँकि बचपन गाँव में बीतने की वजह से मैं जंगल से भलीभाँति वाकिफ़ थी लेकिन उस जंगल में और इस जंगल में ज़मीन-आसमान का अन्तर था। जंगली जानवरों के लिए ही बनाये गये या इस तरह से आरक्षित, सुरक्षित जंगल को मैं पहली बार देख रही थी और अनुभव भी कर रही थी। यह दुनिया विशाल, विविधता से भरपूर, प्राकृतिक और अद्भुत थी। मैंने महसूस किया, अब माहौल में ठण्डापन बढ़ गया था। आसमान बादलों से अंटा पडा था। हमारी जिप्सी ग्रिटो रिसॉर्ट की दिशा में दौड़ रही थी। हम जब रिसॉर्ट में पहुँचे तो मैंने देखा एक लम्बा-चौड़ा शख़्स ग्रुप के सभी साथियों से बड़े प्यार से और सहजता से मिल रहा था, सबके गले लग रहा था। यह कौन है? मेरी समझ में नहीं आ रहा था। इतने में भावना और ख़ुशबू

भी 'करण भाई' कहते हुए उससे बड़े प्यार से मिली और मेरे दिमाग़ की बत्ती जल उठी। यहीं वह हमारा ग्रुप लीडर करण था, लेकिन उसकी तो ट्रेन छूट गयी थी फिर यह यहाँ आया कैसे?

मैंने कुछ ज़्यादा पूछताछ नहीं की, लेकिन उससे मेरा औपचारिकतावश परिचय करवाया गया। तब ज्ञात हुआ कि बन्दा मुम्बई–खजुराहो फ्लाइट से तीन-चार गुना ज़्यादा पैसा देकर आया था और खजुराहो से पन्ना तक कार से आया था। ग्रुप के प्रति अपनी ज़िम्मेदारियों को लेकर वह ज़्यादा गम्भीर, सजग दिखाई दे रहा था, सिर्फ़ पैसा कमाना, उसका लक्ष्य नहीं था, यह बात मेरी समझ में आयी। अन्यथा उसके बिना भी यह ग्रुप सफारी सम्पन्न हो जाती थी। सबकुछ तय था, पूर्व निर्धारित था। यह बात मुझे अन्य सदस्यों ने भी बतायी थी। उसे इतना पैसा ख़र्च कर आने की ज़रूरत नहीं थी। फिर भी वह आया था। मन ही मन मैंने उसकी ज़िम्मेदाराना हरकत के लिए उसे सैल्यूट किया।

सब थके हारे थे। कल रात का ट्रेन का सफ़र, आने के बाद तुरन्त सफारी पर जाना और बदन को ढिला करने वाली सफारी की जंगल यात्रा, सभी थके हुए थे।

"कल शाम को हम गप्पे हाँकने का कार्यक्रम रखेंगे और आज सबके लिए शुभरात्रि! मिलते हैं, सुबह 4.30 बजे." कहते हुए करण ने हम सबको डायनिंग हॉल से विदा किया तब रात के 9.30 बजे थे। मैं अपने कॉटेज में आयी, 'सबकुछ ठीक है' यह देखने के लिए रिसॉर्ट के एक बन्दे के साथ धीमनदा और बाला के साथ करण भी आ गया। मैंने उसे 'धन्यवाद' देकर उसके आने पर सन्तुष्टि व्यक्त की।

"अरे मैडम, कैसे नहीं आता? आप पहली बार हमारे साथ आयी हो और बाला सर ने मुझे कहा था कि मैडम बड़ी स्ट्रिक्ट है। लेकिन आप तो वैसी दिखती नहीं हो।"

मैं मन ही मन मुस्कुरा दी। यह मेरी तारीफ़ थी या और कुछ! छोटी-सी बातचीत के बाद उन चारों के चले जाने के बाद मैंने कॉटेज का दरवाज़ा बन्द कर दिया। जंगल का प्रदेश और बारिश का मौसम, छोटे बड़े कीड़े मकौड़े दरवाज़ा खुलने पर अन्दर आ जाते थे। नयी जगह, नया परिवेश और माहौल,

मैं बैठी थी, उसे महसूस करते हुए। इतने में कुछ टपकने जैसी, गिरने जैसी आवाज़ आयी, हालाँकि आवाज़ बड़ी धीमी-सी थी, लेकिन पूरी शान्ति और ख़ामोशी की वजह से वह मुझे सुनायी दी थी। मैंने सभी दिये जला दिये और देखने लगी। देखा तो क्या, दरवाज़े के पास एक बिच्छू गिर गया था। लकड़ी और मिट्टी का कॉटेज, जब दरवाज़ा खोला होगा, तब कहीं से अन्दर घुस गया होगा। अब क्या किया जाये? मेरे पास रिसॉर्ट के अटेंडेंट का नम्बर था, मैंने उसे घुमाया। दो मिनटों में अटेंडेंट आ गया। मैंने जैसे तैसे दरवाज़ा खोल (बिच्छू दरवाज़े के पास ही था, शान्ति से बैठा था) दिया। अटेंडेंट ने अब हरकत में आये बिच्छू को छोटे से टॉवेल के ज़रिये लपेट लिया और वह उसे बाहर ले गया। मैंने अब बड़ी सावधानी से तुरन्त दरवाज़ा बन्द कर दिया। थोड़ा डर भी लगा, इस जंगल में ऐसे कुछ भी अन्दर आ सकता है, यह सोचकर! लेकिन डर के आगे जीत है, यह सोचकर मैंने अपनी डायरी निकाली और डायरी में कुछ नोटिंग की। तब तक बादलों की गड़गड़ाहट शुरू हो चुकी थी। साढ़े दस-ग्यारह बजे घर पर फ़ोन कर जब मैं बिस्तर में घुस गयी तब बारिश गिरने लगी थी। धीमे धीमे से होकर रात में तेज़ बारिश की शुरुआत हो गयी थी। बिजली के दीयों की वजह से बारिश के छोटे छोटे कीड़े कमरे में तथा दीयों की रोशनी की वजह से दीयों के आसपास मँडरा रहे थे। बारिश इसी तेज़ी से गिरती रही तो सुबह जंगल में जाना सम्भव होगा या नहीं, इसी उधेड़बुन में मैं कब सो गयी, पता ही नहीं चला। रात में बीच में जब जाग गयी, तब भी बारिश के गिरने की आवाज़ आ रही थी। वैसे बारिश मुझे बेहद पसन्द है, बारिश का लगातार गिरना, उसकी निरन्तर बहती पानी की रेखाएँ, ज़मीन पर गिरा बारिश का वह मटमैला, गंदला पानी, ज़ोरदार हवाओं से अभी अभी बारिश से भीगकर निथरते हुए, झूमते पेड़, हाथ में चाय की प्याली हो, साथ में जगजीत सिंह की गजल बज रही हो या कोई साथी, दोस्त, अपना भी चल सकता है या फिर सामने निरन्तर गिरती बारिश हो, प्रकृति के गीले अन्दाज़ हो और आप बारिश का आनन्द उठाते हुए खुली बालकनी में बैठे हो, नीचे छोटे छोटे बच्चे बारिश में भीगते हुए जमे हुए पानी में 'छपाक छपाक' करते हो और सामने बैठकर आप भी उनकी उस मासूम ख़ुशी में शामिल होते हो... बारिश एक भीगा ख्वाब लेकर मेरे अन्दर बाहर उमड़ती रहती है। मैं बारिश

में भीगकर सराबोर होना चाहती हूँ, जबकि बारिश मुझ में उतरकर निथरना चाहती है। मेरे लिए बारिश यही सौगात लेकर आती है। हमारी यह सदियों से बारिश के साथ चलती होड़, अर्थात् बारिश मुझे ज़्यादा भीगोती है या मैं बारिश में ज़्यादा भीगती हूँ या भीगना चाहती हूँ—हर साल बारिश के आने के साथ ताज़ी हो जाती है, लेकिन इस बार या यूँ कहिये उस रात मैं तनाव में रही, बारिश को निरन्तर गिरते हुए देखकर! रात में दो-तीन बार उठकर देखा, बारिश गिर रही थी। शायद कल की सफारी हम कर नहीं पायेंगे, यह सोचकर मैं चुपचाप सो गयी।

25-6-2023 (सुबह)

बिल्कुल अलस्सुबह 4 बजे रिसॉर्ट के बन्दे ने मुझे जगाने के लिए दरवाज़ा खटखटाया और दरवाज़ा खटखटाने में शायद कमी रह गयी थी कि मेरा अलार्म भी बज उठा। हड़बड़ाकर जब मैं उठ गयी तब मैंने पहले खिड़की पर से पर्दा खिसकाकर बाहर देखा। अब बारिश नहीं हो रही थी, माहौल में ठण्डापन आ गया था और आसमान भी स्याह नहीं था। उजला, उजला भीगा भीगा-सा माहौल था। मैं भी उत्साह से उठकर अपने प्रात:कर्मों से निजात पाने लगी।

जब पूरी तैयारी के साथ 4.45 बजे कॉटेज से बाहर आयी तब हमारी गाड़ियाँ निकलने की तैयारी में थी। अपनी गाड़ी में चढ़कर मैंने भी सभी गाड़ियों के पीछे-पीछे अपनी हाज़िरी लगा दी। हवाओं में ठण्डापन आया था, खुली जिप्सी में तेज़ हवाओं के साथ बड़ा अच्छा लग रहा था। बारिश की अकस्मात् गिरने की सम्भावना से बचने के लिए जिप्सी का छत भी फैलाने की तैयारी चल रही थी लेकिन जिप्सी को इस तरह छत फैलाकर बन्द करने की हमें इच्छा नहीं हो रही थी।

हम जब जंगल में प्रवेश करने हेतु जंगल के प्रवेशद्वार पर पहुँचे तब 5.15 बजे थे। थोड़ी सी बूँदाबूँदी हो रही थी लेकिन इसके बावजूद छत फैलाकर गाड़ी बन्द करने की किसी की ईच्छा नहीं थी, अत: ज़िप्सी को यूँ ही खुला रखा गया।

ठीक 5.30 बजे उचित जाँच पड़ताल के बाद एक एक गाड़ी अन्दर जाने लगी। हमने भी प्रवेशद्वार से अन्दर प्रवेश किया, जिप्सी अपनी एक गति लेकर

दौड़ रही थी। कल रात की बारिश का असर था कि सभी पेड़ पौधे हरे भरे, साफ़ सुथरे दिखाई दे रहे थे, हवाओं के साथ लहरा रहे थे, बड़ा सुकून दे रहा था, उनका वह लहराना! रात की बारिश ने सबसे ज़्यादा ख़ुशी मोरों को दी थी। वे तो हर एक-दो कि.मी. पर, रास्ते पर, खुली जगह पर अपने पंख फैलाकर नाचते हुए दिखाई दे रहे थे। 'म्याँऊ' करके उनकी पुकार पूरे जंगल में गूँज रही थी। मोरनियाँ यूँ ही यहाँ वहाँ दौड़ती हुई दिखाई दे रही थी। मोर अपने मोरपंखी पंख और परों से अपने रंगों की रंगीनियों की वजह से हमारी आँखों और दिल को भी ठण्डक दे रहे थे। बीच बीच में अनेक पंछियों को हमने देखा, भारद्वाज, फ्लाई कैचर, बुलबुल आदि। इस बार इस जिप्सी में करण (हमारा ग्रुप लीडर) भी हमारे साथ था। हमारा ड्राइवर खजुराहो से आया था. गाईड बीच बीच में जानकारी दे रहा था। हम यूँ हवाओं के साथ लहराते हुए जंगल के अन्दर जा रहे थे। ख़ुशनुमा माहौल और हरे रंगों की छटाएँ बिखरते पेड़, लाल, भीगी मिट्टी से सना रास्ता और जंगल की कहानियों से भरी गप्पें, करण को जंगल का ज़बरदस्त अनुभव है। हम कानों से जंगल की कहानियाँ सुन रहे थे और आँखों से जंगल को निहार रहे थे। अचानक कहीं से बन्दर की आवाज़ आयी और फिर एक अलग ढंग से आती रही। करण ने हम सबसे कहा, कि यह बन्दरों द्वारा दिया गया सिग्नल है कि बाघ कहीं आसपास है, शान्ति बनाये रखें, बीच में सांभर की आवाज़ भी आयी। हम चुप हो गये। अब हम सिर्फ़ अपनी आँखें गड़ाकर जंगल को गहराई से देखने लगे थे। बाघ कहाँ से निकलेगा, इसका अनुमान लगाने लगे थे। धीरे धीरे आवाज़ें तेज़ होती गयी। करण ने ड्राइवर से एक जगह रुकने के लिए कहा, गाड़ी रुक गयी। 10-15 मिनटों तक आवाज़ें आती रही। फिर अचानक रुक-सी गयी। करण ने ड्राइवर से आगे बढ़ने के लिए कहा, हमसे कहा, "शायद बाघ ने अपनी दिशा बदल दी होगी।" हम नाराज हो गये, बाघ के दर्शन होने वाले थे लेकिन शायद अब नहीं होंगे।

गाड़ी अब आगे बढ़ने लगी, अब हम बाँबू के जंगल से गुज़र रहे थे कि अचानक करण ने फिर हम सब से चुप रहने के लिए कहा, वह सुनता रहा और उसने फिर से ड्राइवर को गाड़ी रोकने के लिए कहा, ड्राइवर शायद

जल्दी में था, उसे हमें जंगल में घुमाकर खजुराहो लौटने की जल्दी थी। वह आनाकानी कर रहा था लेकिन उसे रुकना पडा। हम अब रुक गये थे, गाड़ी का इंजन बन्द हो गया था, पूरे माहौल में शान्ति थी। हम एक-दूसरे की ओर देख रहे थे, जंगल को ताक रहे थे कि अचानक कहीं दूर से आती हुई शेर के गुर्राने की आवाज़ हमारे कानों से टकरायी। फिर से बन्दरों के सावधानी, सतर्कता के इशारे शुरू हुए। "बाघ है, यहीं कहीं है, नज़दीक है।" करण ने बताया। हम अपनी साँसे रोककर इन्तज़ार करने लगें। आवाज़ें आती रही, इशारे होते रहें। यह सिलसिला लम्बी देर तक चलता रहा। हम वहीं पर रुके हुए थे। पंछियों और बाँबू के पत्तों की सरसराहट के अलावा और कोई आवाज़ नहीं थी। अब तो बैठे बैठे ड्राइवर के साथ करण भी ऊँघने लगा था। 30-35 मिनट हो गये थे और अचानक आवाज़ें आना बन्द हो गया। "साब, लगता है, बाघ पहाड़ी की दूसरी ओर चला गया है" ड्राइवर ने कहा, "नहीं, बाघ ज़रूर आयेगा, हमें रुकना होगा।" करण ने कहा, ड्राइवर की नाराज़गी उसके चेहरे से साफ़ झलक रही थी, लेकिन कोई विकल्प नहीं था। यह उसका काम था, वह हाथ मलते हुए रुका रहा, हम भी रुके थे। इन्तज़ार कर रहे थे कि बाघ आये और हमें दर्शन देकर हमारी जंगल यात्रा को सार्थक बनाये। इन्तज़ार जारी था, हवाएँ साथ दे रही थी। धूप तेज़ होती जा रही थी। हम बाँबू के घने जंगल में थे, लेकिन धूप फिर भी लग रही थी। सीधे नहीं लेकिन अप्रत्यक्ष रूप से गर्मी और उमस तकलीफ़ देने लगी थी। 40 मिनट हो चुके थे लेकिन अब कोई और आवाज़ सुनायी नहीं दे रही थी। चारों और शान्ति...शान्ति और सिर्फ़ शान्ति...करण भी अब खर्राटे भरने लगा था। वह भी थका हुआ होगा, उल्टी सीधी यात्रा से, बैठे बैठे...उमस और गर्मी से हम भी परेशान हो रहे थे, ड्राइवर की भुनभुनाहट बढ़ने लगी थी। उसे शायद खजुराहो लौटना था, एक घण्टे से ज़्यादा समय हो गया था। अब हमारा धैर्य भी जवाब देने लगा था, रुकी हुई गाड़ी में गर्मी हमें आजमा रही थी। क्या चला जायें? और कितना इन्तज़ार करना होगा? क्या सचमुच बाघ आ रहा है या फिर उसकी झलक पाकर बन्दरों ने यूँ ही शोर मचाया होगा? "चलते हैं, लौटते हैं," जिप्सी के एक और सदस्य ने कहा, शायद करण भी अब उब चुका था। "वापस चलते हैं।" करण ने ड्राइवर से कहा, वह भी ड्राइवर की भुनभुनाहट से परेशान हो

चूका होगा। ड्राइवर जैसे उसी बात का इन्तज़ार कर रहा था। बिना कुछ कहे, उसने गाड़ी गियर में डाल दी और गाड़ी दौड़ने लगी, वापस लौटने के लिए! सफारी का समय पूरा होने के लिए एक घण्टे की देरी थी, लेकिन ड्राइवर ने गाड़ी मोड़ दी थी। मेरी कुछ समझ में नहीं आ रहा था लेकिन मैं वैसे भी इस ग्रुप में और जंगल के लिए भी नयी थी। यहाँ के क़ायदे–क़ानूनों से अनभिज्ञ थी, अत; चुपचाप बैठी रही। अन्य सदस्यों ने भी कुछ कहा नहीं। 20-25 मिनटों में हम पन्ना के गेट से बाहर आ गये थे। लगभग 40-45 मिनट पहले, मुझे ग़ुस्सा भी आ रहा था और समय से पूर्व लौटने का विषाद भी था। गाड़ी ने हमें रिसॉर्ट के दरवाज़े पर आकर छोड़ दिया।

शायद सभी सदस्यों का मूड ख़राब था। सब ने गाड़ी से उतरकर अपने अपने कमरे/कॉटेज का रुख किया, चुपचाप! मेरा भी मूड ख़राब था, लेकिन कुछ कर नहीं सकते थे। स्नान आदि निपटकर बाहर आयी तब तक हमारे अन्य साथी लौट आये थे और ज्ञात हुआ कि हमारे पीछे से वहीं पर आयी हमारे अन्य सदस्यों की जिप्सी को वहाँ बाघ दिखाई दिया था, जो आराम से उनके समक्ष पहाड़ी से नीचे उतरकर रास्ता पार कर सामने वाली घनी झाड़ी में निकल गया था। हमारी मायूसी और बढ़ गयी, आज हमारा दिन नहीं था। हम बाघ को देखने का मौक़ा छोड़कर निकल आये थे। मुझे बहुत बुरा लगा। इसलिए नहीं कि बाघ देखने के अवसर से हम चूक गये थे बल्कि इसलिए कि वह अवसर हमने खो दिया था, हमारी हिम्मत-इन्तज़ार करने की शक्ति जवाब दे गयी थी। लेकिन यह बात उतनी ही सच थी कि हम में वह इन्तज़ार का माद्दा नहीं था। शायद हम थक गये थे, गरमी और उमस से! शायद वह ड्राइवर खजुराहो लौटने की जल्दी में था, वजह कुछ भी हो, डेढ़-दो घण्टों के लिए वहाँ पर किये गये बाघ के इन्तज़ार ने हमें धता बता दिया था।

हम चुपचाप अपने अपने कमरों में लौट गये, मेरी मायूसी इसलिए बढ़ गयी थी कि हमने हाथ आया मौक़ा खो दिया था। थोड़ा और इन्तज़ार करना चाहिए था, मैं स्वयं को समझा रही थी लेकिन अब क्या...जब चिड़िया चुग गयी खेत? हम मौके से चूक गये थे।

अब खाना खाने के बाद शाम की सफारी की तैयारी के साथ थोड़ा आराम भी करना था।

25-6-2023 (शाम)

अपरान्ह ठीक 1.30 बजे हमारी जिप्सी पन्ना के जंगल की दिशा में दौड़ने लगी। हालाँकि सुबह जिस बाघ को देखने के लिए हमने दो-ढाई घण्टे यहाँ वहाँ बिताये थे, उसकी ताक में-उसी बाघ ने हमारे बाद वहाँ आयी हुई जिप्सी को अपने दर्शन दिये थे और हमें अपने दर्शन से वंचित रखा था। हालाँकि इसमें गलती हमारी ही थी। हमें वहाँ और थोड़ा इन्तज़ार करना चाहिए था। लेकिन कुछ चीज़ें या बातें आपके हक में नहीं होती है। वे हाथों में आते आते छूट जाती है और हमेशा के लिए एक टीस छोड़ देती है। सुबह ऐसा ही कुछ हुआ था और हमारे धैर्य ने जवाब देने से तथा ड्राइवर की उतावली की वजह से हमारे हाथ से एक बेहतरीन मौक़ा छूट गया था और उसकी टीस खाना खाकर सुस्ताने के बाद भी हम पर हावी थी।

हमारी जिप्सी का पूरा ग्रुप एक अज़ीब-सी नाराज़गी लेकर फिर पन्ना के जंगल की दिशा में दौड़ रहा था। हालाँकि खाने पर, बातों के दौरान इस विषय पर काफ़ी बातें, चर्चाएँ हो चुकी थी। "बाघ की क्या बात, बाघिन भी दिखाई देगी, हमारी सफारियाँ अभी शेष है और इसमें कहीं न कहीं बाघ के दर्शन अवश्य होंगे।" करण ढाढस बँधा रहा था, हमारा मनोबल ऊँचा रखने की भरसक कोशिश कर रहा था, लेकिन शायद वह भी सुबह की उस बात को लेकर ख़ुद से नाराज़ लग रहा था। पर अब ये बात कोई मायने नहीं रखती थी। हम मौके से चूक गये थे और कहते हैं कि गुज़रा हुआ वक्त फिर से आपके हाथ नहीं आता। एक बार जब वह हाथ से फिसल जाता है, चला ही जाता है।

लेकिन इस बार हमारा ड्राइवर भी बदल गया था। वह सुबह का, हड़बड़ी वाला, खजुराहो पहुँचने के लिए हम लोगों को पन्ना के जंगल से जितनी जल्दी हो सके, बाहर लाने हेतु जल्दबाज़ी मचाने वाला ड्राइवर शायद हमें पन्ना के गेट पर सुबह छोड़ देने के पश्चात खजुराहो चला गया होगा।

नया ड्राइवर पन्ना का ही था। उसके साथ जो गाईड था, वह भी पन्ना की रग रग से वाकिफ़ था, शायद! उसने हमसे कहा, "जाने दीजिए... आपकी और सफारियाँ शेष है और आपको इससे भी बेहतर बाघ के दर्शन होंगे क्योंकि पन्ना में तकरीबन 80 बाघ/बाघिनें हैं, इसमें उनके छोटे-बड़े बच्चे भी शामिल हैं, आप चिन्ता मत कीजिए, आज-कल में आपको

अवश्य व्याघ्र दर्शन होंगे।" उसकी बातों ने हमारी आशाएँ पल्लवित की, पन्ना में 80 बाघ-बाघिनें हैं; यह बात हमारे लिए आशादायी थी, लेकिन दूसरे मन ने यह भी कहा, 'अरी, लगभग 548 से अधिक वर्ग किमी में फैला हुआ यह पन्ना व्याघ्र प्रकल्प और उसकी यह आर्द्रभूमि [wetland], जंगल भूमि [woodland] तथा खेती को समाहित करने वाली विस्तृत भूमि में ये 80 बाघ या बाघिनें, क्या हमें दर्शन देने के लिए ही आ जायेंगे?' लेकिन उसकी बातों से सुबह से मन में जो टीस बार बार उठ रही थी, उसे थोड़ा-सा सुकून मिल गया, चुभन थोड़ी कम हो गयी और अब तक जो नाराज़गी, मायूसी दिल पर पसर गयी थी, वह धीरे धीरे उतरने लगी। जिप्सी दौड़ रही थी...ढलते दिन के बावजूद भी धूप तेज़ थी। खुली जिप्सी में यह धूप कुछ ज़्यादा ही चुभ रही थी। हैट या गॉगल्स से भी कुछ ज़्यादा सुकून नहीं मिल पा रहा था, लेकिन घनी छाँव के दरख्तों के दोनों ओर होने की वजह से धूप छनकर भी आ रही थी। कभी कभार जब खुली या कम पेड़ों वाली जगह से गुज़रना होता था, तब धूप जैसे हम पर सवार हो जाती थी।

घड़ियाल रिज़र्व से जुड़ा या फिर उसे साथ लेकर चलने वाला पन्ना का जंगल बंगाल बाघ, भारतीय चिता, चितल, चिंकारा, नीलगाय, सांभर, हिरण, आलसी भालू, एशियन पाम सिवेट या चित्तेदार बिल्ली के लिए भी जाना जाता है। यहाँ प्रचुर मात्रा में पंछियों की विभिन्न जातियाँ, प्रजातियाँ भी दिखाई देती है। टकलू हंस, कलगीदार बजर्ड, लाल सिर वाला गिद्ध, तोता, रंग बदलने वाला बाज, गरुड़, भारतीय गिद्ध और कितने नाम गिनाये जायें? पन्ना के पानीवाले क्षेत्र में क्रेन पंछी भी बड़ी संख्या में पाये जाते हैं।

पन्ना का जंगल, प्राणियों और पंछियों से सम्पन्न है और अपनी इस सम्पन्न वन सम्पदा का मध्य प्रदेश के लोग और सरकार बहुत ख़याल रखते हैं।

हम पन्ना के जंगल में घूम रहे थें, अब तक डेढ़-दो घण्टे होने आये थे लेकिन चित्तेदार हिरणों, मोर या बन्दरों के अलावा कुछ भी दिखाई नहीं दिया था। अब हम ऐसे क्षेत्र से गुज़र रहे थे, जहाँ पेड़ों का घना अस्तित्व नहीं था।

वैसे पेड़ तो थे, लेकिन वे भी दूरी पर। जैसे कोई आबदार व्यक्तित्व अपना आब, सम्मान बरकरार रखते हुए अन्य लोगों से दूरी बनाये रखता है, यहाँ पन्ना के इस क्षेत्र में भी ऐसी ही स्थिति थी। पेड़ थे, लेकिन दूरी पर थे। पूरी

ज़मीन घास से ढँकी हुई थी लेकिन घास भी लम्बी लम्बी नहीं थी बल्कि छोटी छोटी थी। रास्ते से दोनों ओर इस घास की एक लम्बी-सी धारी रास्ते के साथ साथ आगे बढ़ रही थी, जैसे हरीभरी साड़ी को बुनकर उसे मिट्टी के रास्ते का बॉर्डर बना दिया हो।

बारिश अपने अन्तिम छोर पर थी और अपने पानी से जंगल को जितना सींचना था, उतना सींचने का काम बारिश ने किया था।

पन्ना में एक ओर जहाँ हमने घना जंगल देखा था, तो यहाँ हम पठार जैसी भूमि भी देख रहे थे। यहाँ बीच-बीच में जो पेड़ थे, वे भी बहुत लम्बे या घने नहीं थे बल्कि आमतौर पर 8-10 फ़ीट ऊँचे या वैसे ही पतले से थे। जैसे वे अपने आहार, खानपान का ध्यान रखते हुए 'फिट' रहने के लिए कसरत भी करते हो।

एक खुली जगह पर आकर ड्राइवर ने जिप्सी रोक दी, अब यहाँ देखने लायक क्या होगा? हम इसी सोच में पड़ गये थे और आसपास देखने भी लगे। गाईड ने बायीं ओर खड़े एक वृक्ष की और ऊँगली दिखाते हुए कहा, "आप जानते है, यह गुदगुदी पेड़ है।" 'गुदगुदी पेड़', यह नाम तो हम पहली बार सुन रहे थे, हमारी उत्सुकता बढ़ गयी क्योंकि पेड़ का नाम भी गुद्गुदाने वाला, थोड़ा अलग था।

हमने ध्यानपूर्वक उस पेड़ को देखा। आमतौर के वृक्षों की तरह ही वह छोटा-सा पेड़ था। सिर्फ़ उसका तना सफ़ेद-सा, मुलायम-सा दिखाई दे रहा था। "क्या है, इस गुदगुदी पेड़ में?" मैंने पूछा।

गाईड ने कहा, "यदि इस पेड़ के तने को आप गुदगुदी करते हो, तो इस पेड़ का पूरा पर्णसंभार, शाखाएँ थरथराती है। जैसे हमें जब कोई गुदगुदी करता है, तब हम हँसते, लोटपोट होते हुए थरथराते हैं, ठीक उसी तरह से यह पेड़ भी थरथराता है।" अब तो हमारी उत्सुकता और आश्चर्य दोनों अपनी चरम सीमा पर पहुँच गया था। हम उस पेड़ को गुदगुदाना चाहते थे, लेकिन सुरक्षा और नियमों के मद्देनज़र यह सम्भव नहीं था। वहाँ जंगल में गाड़ी से नीचे उतरने की मनाही थी, लेकिन हम अपनी उत्सुकता को नज़रअन्दाज़ भी नहीं कर पा रहे थे। क्या गुदगुदी करने पर सचमुच यह तकरीबन 8 फीट का वृक्ष थराथरायेगा? हम देखना चाहते थे, हालाँकि ड्राइवर या गाईड भी नीचे नहीं

उतर सकते थे। अतः ड्राइवर ने एक उपाय सुझाया। उसने कहा, "मैं गाड़ी को बिल्कुल उस पेड़ के पास लेकर जाता हूँ और गाईड उसके तने को गुदगुदी करेगा और आप देख लीजिए।" हमें तो मन माँगी मुराद मिल गयी। वैसे वह पेड़ भी रास्ते से सटकर था। बिल्कुल जहाँ हरियाली घास शुरू होती है और मटमैला रास्ता ख़त्म होता है, वहीं पर पेड़ खड़ा था। ड्राइवर ने गाड़ी को पेड़ के नज़दीक लाकर रोक दिया। बीच बीच के ऐसे ही कुछ वृक्षों के अलावा, पूरा मैदान खुला था। गाईड गाड़ी में ही खड़ा हो गया और उसने उस पेड़ के तने को दोनों हाथों से गुदगुदी करना शुरू किया और हमारे आश्चर्य का कोई ठिकाना नहीं रहा, उसके गुदगुदाने पर वह पूरा वृक्ष थरथरा रहा था। अधिकतर उसका पर्णसंभार और शाखाएँ थरथराने लगी थी, गाईड द्वारा गुदगुदाना बन्द करने पर पेड़ के पत्ते और शाखाएँ भी थरथराने से रुक जाती थी। हमें यकीन नहीं हो रहा था, लेकिन वास्तविकता हमारे समक्ष थी। वृक्षों को भी भाव भावनाएँ, संवेदनाएँ होती है, इस बात को हम प्रत्यक्ष रूप से देख रहे थे। गाईड ने थोड़ी देर रुककर फिर एक बार वृक्ष के तने को गुदगुदाया, फिर से पेड़ के सभी पत्ते, शाखाएँ थरथराने लगी। वाह प्रकृति! तेरे चमत्कार का क्या कहना?

हम अवाक् थे, प्रकृति के चमत्कार के आगे झुक गये थे। हमारा यह खेल थोड़ा लम्बा खींच भी जाता लेकिन इतने में गाईड के मोबाइल पर सन्देश आया कि नीचे खाई में अर्थात् हिनोटा क्लिफ्ट में बाघ बैठा है। अतः ड्राइवर ने तुरन्त गाड़ी को हिनोटा क्लिफ्ट की दिशा में मोड़ दिया, वह जिप्सी को तेज़ी से दौड़ाने लगा था। हम जिप्सी के आगे वाले डंडे को पकड़कर स्वयं को नियन्त्रित कर रहे थे, जिप्सी की गति के साथ शरीर को भी नियन्त्रित, सन्तुलित कर रहे थे।

तकरीबन 20-25 मिनटों की तेज़ यात्रा कर हम हिनोटा क्लिफ्ट के पास आ गये थे। क्लिफ्ट काफ़ी गहरा था और चौड़ा भी था। कुछ लोग नीचे क्लिफ्ट में उतर भी गये थे या नीचे वाले रास्ते से शायद वहाँ पहुँच भी गये थे। क्लिफ्ट के एक ओर हम खड़े थे और वहीं पर एक निगरानी पॉइंट वन विभाग द्वारा बनाया गया था। वहाँ ऊपर चढ़कर आप पन्ना के अलग अलग कोणों के नज़ारों को देख सकते है, हालाँकि हम खाई में बैठे हुए बाघ को

देखने आये थे लेकिन वैसे देखा जायें तो बाघ निश्चित रूप से कहाँ, किस ओर या किस पत्थर या प्रस्तर के पीछे बैठा है, यह कोई नहीं जानता था। शायद यह अफ़वाह भी हो सकती थी। गाईड ने उस बन्दे को भी पूछा, जिसने सन्देश भेजा था लेकिन वह भी ठोस रूप से बता नहीं पाया। बाघ खाई में है, लेकिन निश्चित रूप से कहाँ, यह उसे भी पता नहीं था। बाघ जब उस प्रस्तरनुमा खाई से उठेगा, चलने लगेगा, तभी हम उसे देख सकते थे। अन्तत: थोड़ी देर के इन्तज़ार के बाद हमने वन विभाग द्वारा बनाये गये उस निगरानी पॉइंट पर जाकर वहाँ से उस खाई को देखने का मन बनाया। जिप्सी पार्किंग की खुली जगह पर, क्लिफ्ट के मुहाने ही पार्क की गयी और हम क्लिफ्ट के किनारे किनारे से निगरानी पॉइंट की दिशा में चलने लगे। क्लिफ्ट बहुत गहरी थी लेकिन उतनी ही चौड़ी भी थी। मटमैले, काले पत्थरों की तहों से बनी यह क्लिफ्ट प्रकृति का एक अज़ीबोगरीब निर्माण था। कहते है, बारिश में क्लिफ्ट में पानी भी भरा रहता है। लेकिन ये बारिश के शुरू होने के दिन थे और खाई में कुछ जलप्रवाह या स्रोत दिखाई नहीं दे रहा था, वहाँ सिर्फ़ तेज़ हवाएँ बह रही थी जो कि कंदराओं में गूँजने से कुछ अलग-सी गहरी ध्वनि को जन्म दे रही थी। खाई में उतरे हुए लोग नीचे पत्थरों पर खड़े दिखाई दे रहे थे लेकिन ऊपर से देखने से वे बहुत छोटे छोटे दिखाई दे रहे थे, काले, भूरे, मटमैले प्रस्तरों पर खड़े वे रंगबिरंगी कपड़े पहने हुए लोग और पत्थरों के बीच बीच से झाँकती हरियाली और पेड़ों का हरा रंग, एक अलग माहौल था, खाई में! "यहाँ हवाएँ इतनी तेज़ी से चलती है कि खाई के मुहाने खड़ा होना, जोख़िम से कम नहीं है, हवा का तेज़ बहाव, आपको बहाकर ले जा सकता है," गाईड बता रहा था। हमने खाई के विराट और अनूठे सौंदर्य को देखते हुए निगरानी पॉइंट की ओर क़दम बढ़ाये। यहाँ निगरानी पॉइंट यानी लकड़ियों के इस्तेमाल से बनाया गया मचान ही था। वहाँ ऊपर चढ़कर हमने खाई की गहराई को गहराई से देखा और पन्ना के विभिन्न रंगों को भी देखने का प्रयास किया। बहुत ही लुभावना दृश्य था, वह! खाई किसी बड़ी-सी गुफा की तरह दिखाई दे रही थी। बाघ यहाँ भी दिखाई देने की सम्भावना कम थी क्योंकि हमसे पहले वहाँ पहुँचे लोगों को भी वह दिखाई नहीं दिया था।

अब घड़ी की सुइयाँ सफारी का समय ख़त्म होने की दिशा में बढ़ रही थी। हमें वहाँ से मुख्य द्वार तक आने में 30-40 मिनट लगने वाले थे। हम निगरानी पॉइंट से नीचे उतरकर जिप्सी में सवार हो गये। बारिश में बने जलप्रवाह और गीली मिट्टी के साथ हम मुख्य गेट की दिशा में बढ़ रहे थे।

शाम की ठण्डी हवाएँ चलने लगी थी। रास्ते में हमें चित्तेदार हिरणों का एक छोटा-सा समूह दिखाई दिया, वे भी शायद अपने घरों की ओर जाने के 'मूड' में दिखाई दे रहे थे।

पानी के स्रोत के पास एक पेड़ पर, पेड़ बिल्कुल तीन-चार फ़ीट का था, एक मोर अपने सुन्दर और रंगीन मोरपंखों को लेकर बैठा था। उसकी रंगीन और सुन्दर मोर पंखों वाली पूँछ नीचे ज़मीन पर आयी थी और यह महोदय वहीं, उस छोटे से पेड़ पर बैठकर 'केकारव' कर रहे थे, शायद अपनी जीवनसंगिनी को–मोरनी को बुला रहे थे। पूरे भीगे माहौल की पृष्ठभूमि में मोर का यूँ पेड़ पर बैठना और हरे रंग में घुल जाना, उसकी प्रकृति के साथ निकटता को ही बयाँ कर रहा था। हमने फ़ोटो लिये लेकिन वे भी जल्दी जल्दी में! हमें लौटना था, निर्धारित समय से पहले, पन्ना के गेट पर!

जिप्सी दौड़ रही थी और घने जंगल को पार कर फिर एक बार खुले प्रदेश में आ गयी थी, हालाँकि यह प्रदेश गुदगुदी पेड़ वाले प्रदेश जितना खुला तो नहीं था लेकिन फिर भी खुला था।

और हमने देखा, एक ऊँचे से पेड़ के शिखर पर से एक गरुड़ ने ऊँची उड़ान भर दी है। उसके दोनों पंख फैले हुए थे, लम्बी चोंच साफ़ साफ़ दिखाई दे रही थी और उसने वहाँ से उड़ान भरी! पंखों को फैलाकर फिर वह उड़ने लगा, शान्ति और सुकून से उस उड़ान में विश्वास था, स्वयं पर। उस उड़ान में सम्मान था, स्वयं के प्रति और गुमान था, अपने होने का! वह गरुड़ था, जिसे विष्णु देव के वाहन के रूप में हमारा धार्मिक परिप्रेक्ष्य जानता है। गरुड़ की उड़ान में जो ताक़त होती है, जो आत्मविश्वास होता है, उसे आप उसकी स्थिर उड़ान के ज़रिये देख सकते है, महसूस कर सकते है। गरुड़ उड़ता है, आसमान नापता है। उसकी उड़ान यानी सामर्थ्य और ताक़त का समन्वय है और वह उड़ान यह भी बताती है कि पंखों में ताक़त, बल हो तो आसमान नापना कोई बड़ी बात नहीं है। गरुड़ की उड़ान को देखना, एक अभूतपूर्व

अनुभव था। खुले आसमान में अपने पंख फैलाकर उसका उड़ना, आसमान में उड़ते हवाई जहाज़ का एहसास दिला रहा था। एक स्थिर गति से पंखों को सीधे रखकर उड़ना, गरुड़ ही कर सकता है।

हमने मन ही मन उसकी शानो शौकत को सराहते हुए उससे विदा ली, लेकिन काफ़ी देर तक हम उसे आसमान की ऊँचाइयों को नापते हुए, आसमान में उड़ते हुए देख पा रहे थे।

अब सूरज भी ढलने की कगार पर था, क्षितिज के पास का आसमान केसरिया और स्वर्णिम रंग से अटा हुआ था। ढलता सूरज अपनी स्वर्णिम आभा बिखेरते हुए पेड़ों के पूरे झुरमुट को जैसे स्वर्ण का मुकुट पहना रहा था। हम अब ठण्डी हवाओं के साथ जिप्सी में बैठकर तेज़ी से दौड़ते हुए पन्ना के गेट तक पहुँच गये थे। ढलते सूरज के गोले से नज़र हट नहीं पा रही थी, जैसे सूरज ने हमारी आँखों को अपनी आभा से क़ैद कर लिया हो।

गेट से बाहर आकर जिप्सी रुक गयी और हमारा सोने का सूरज भी हमारी नज़रों से ओझल हो गया। जैसे कि पन्ना के बन्द हुए दरवाज़े की तरह सूरज ने भी अपनी किरणों को समेट लिया हो।

करण ने गेट पर ही हमारे पूरे ग्रुप को इकट्ठा कर एक ग्रुप फ़ोटो खींच ली। यह यादों का, इतने 10-12 लोगों का एक गुलदस्ता था, जो कि भविष्य में यहाँ आने पर अपनी ख़ुशबू बिखेरने वाला था। अब रिसॉर्ट की और लौटने का समय था, रिसॉर्ट तक पहुँचना भी आधे घण्टे का समय लेने वाला था।

हमारी जिप्सी अब हमारे रिहायश की ओर बढ़ रही थी लेकिन सफारी पर जाते समय की हमारी मानसिकता का कहीं नामोनिशान नहीं था। हिनोटा क्लिफ्ट का दर्शन हमें एक अलग सा एहसास दे गया था। प्रकृति की विशालता से तो हमारा साक्षात्कार जंगल की वजह से आये दिन हो रहा था, लेकिन 'हिनोटा' एक अलग अनुभव था। विशालता, गहराई, गूढता, रम्यता और सौंदर्य के साथ वहाँ एक जोख़िमभरा एहसास था, लेकिन उस एहसास में डर शामिल नहीं था बल्कि आश्चर्य था, नतमस्तक होना था, प्रकृति के निर्माण के प्रति, उसकी क्षमता के प्रति!

स्नान करने के पश्चात खाना वाना खाकर जब मैं अपने कॉटेज़ में लौटी तब बारिश शुरू हो गयी थी। धीरे धीरे बारिश के गिरने की आवाज़ और उसकी

गति बढ़ती गयी। मैंने स्वयं को बिस्तर पर लोट दिया और चद्दर ओढ़कर बारिश का गीत-संगीत सुनते हुए नींद ने मुझे कब अपनी आगोश में भर लिया, इसका पता ही नहीं चला, बाहर बारिश का संगीत बज रहा था, जो पलकों के ज़रिये नींद में समाँ गया था।

26-6-2023 (सुबह)

बाघ या बाघिन या फिर बाघिन के शावकों को नज़दीक से देखने की आंतरिक इच्छा और तमन्ना लेकर ही मैं जंगल सफारी में शामिल हुई थी लेकिन कल से दो सफारियों के साथ वांछित कुछ भी दिखाई नहीं दिया था। हिरण, चिंकारा, नीलगायें, सांभर, मोर, मोरनी, भारद्वाज जैसे अनेक पशु-पक्षियों को कल से मैं देख रही हूँ लेकिन बाघ को नहीं देखा तो कुछ भी नहीं देखा, ऐसा मुझे लग रहा था। यह भी इसलिए क्योंकि सभी साथियों की वैसी मानसिकता थी और वे ऐसी ही बातें कर रहे थे, और मेरी मानसिकता भी उनकी तरह चलने लगी थी।

सुबह 5.30 बजे हमारी सफारी शुरू हो गयी। आज कुछ—यानी बाघ या चिता, कुछ तो दिखाई दे, यह मेरी प्रार्थना थी। आज मेरे साथ का ग्रुप भी बदल गया था। भावना, ख़ुश्बू मेरे साथ नहीं थी, बल्कि चिराग, शिवांश और करण मेरे साथ थे। माहौल ख़ुशनुमा था। जंगल की सुबह वैसे भी कुछ गूढ़ता लेकर चलती है, उस गूढ़ता को महसूस करते हुए हम जंगल के हर एक कोने से गुज़रने की ईच्छा लेकर चल पड़े थे। बाघ या बाघिन को देखना, वह भी नज़दीक से...मेरी ईच्छा, मैंने करण को बतायी, उसने भी आश्वस्त किया कि आज बाघ या बाघिन निश्चित रूप से दिखाई देगी।

हम चले जा रहे थे, इतने में पास से गुज़रने वाली दूसरी गाड़ी के ड्राइवर ने कुछ तो कानाफूसी की और उसने कुछ समाचार दिया। करण ने ड्राइवर को कुछ कहा और गाड़ी ने वहीं से रास्ता बदल दिया। हम तेज़ी से जा रहे थे।

हम तेज़ी से उस तालाब के पास पहुँच गये और हमने उस तालाब के पास और दो-तीन गाड़ियों को, जिसमें हमारे साथियों की दो गाड़ियाँ भी शामिल थी, रास्ते पर डेरा डालकर इन्तज़ार करते देखा, हमने भी उन्हीं के बीच हमारी गाड़ी को डालकर अपनी 'पोजिशन' निर्धारित की।

हमने पहले यूँ ही और बाद में दूरबीन के ज़रिये देखा, बहुत दूरी पर, लम्बी घास के पीछे कुछ हलचल हो रही थी। घास लुढ़क रही थी, फिर खड़ी हो रही थी। "वहाँ बाघिन के दो बच्चे खेलते हुए दिखाई दे रहे हैं।" चिराग ने कहा, मैंने उसकी दूरबीन लेकर देखने की पूरी कोशिश की लेकिन कुछ दिखाई नहीं दिया। घास का रंग भी पीला था, शायद इसलिए कुछ समझ में नहीं आ रहा था।

मैं यूँ ही जिप्सी में बैठकर इन्तज़ार करते हुए दूरबीन आँखों से लगाकर देखने लगी और मैंने उन दोनों को देखा...और दूरबीन से सटी मेरी आँखें जैसे फ़ैल गयी, वे दोनों एक-दूसरे के साथ खेल रहे थे, गुर्रा रहे थे, एक-दूसरे पर सवार हो रहे थे। एक बहुत लुभावना दृश्य मेरे सामने खुल गया था। मैं अवाक् थी, अचम्भित थी और अभिभूत भी थी। पहली बार मैं 'बाघ' को देख रही थी। बचपन में गाँव में बाघ को लेकर काफ़ी कहानियाँ सुनी थीं, नानाजी से! बाघ के हमले में मारी गयी गाय को भी देखा था। लेकिन प्रत्यक्ष रूप से बाघ देखने का यह मेरा पहला मौक़ा था। उत्सुकतावश मैं कुछ पूछने जा रहीं थी कि करण ने मुझे आवाज़ न करते हुए शान्ति से बैठने के लिए कहा, लेकिन मेरी उत्सुकता अपनी चरम सीमा पर थी। खड़े होने पर दुखने वाले पैर की परवाह किये बिना मैं जिप्सी में खड़ी होकर आँखों से दूरबीन सटाकर अपलक उनकी मासूम 'केलि' को निहार रही थी।

समय बीतता गया, इन्तज़ार ख़त्म नहीं हो रहा था और न ही उनका खेल या यूँ कहिये–हुड़दंग!

हम डेढ़ घण्टे से इन्तज़ार कर रहे थे। कोई आवाज़ नहीं, कोई बेचैनी नहीं, सिर्फ़ इन्तज़ार! सबकी नज़रें उस दिशा में लगी थी, जहाँ 'वे' दोनों खेल रहे थे। हमारे और उनके बीच काफ़ी अन्तर था। पेड़ों का झुरमुट था, लम्बी घास का मजमा था और बाँबू का वन भी था और वे दोनों इन सबके पीछे एक-दूसरे के साथ खेल रहे थे। मस्ती में उन दोनों की एक-दूसरे के साथ हाथापाई भी हो रही थी और अचानक...उनके साथ और दो जुड़ गये, अर्थात् और दो शावक उनके साथ आ गये थे। उनमें से एक थोड़ा शान्ति से एक ओर बैठकर, आराम से लेटकर देखने के मूड में था। वह थोड़ा ऊपरी ओर के पौधों के झुरमुट के पीछे जाकर लेट गया, दूसरा अभी अभी वहाँ आया था, उसने उन दोनों के

साथ खेलना शुरू किया। एक से भले दो, दो से भले तीन...अब तो मस्ती का माहौल बढ़ गया था, चौथा वाला घास में लेटकर उन तीनों की ओर ही देख रहा था। हम उनकी बालसुलभ लीलाओं का लुत्फ़ उठा रहे थे। उस चौथे आलसी बच्चे के बारे में भी हम सोच रहे थे। हमें बड़ा मज़ा आ रहा था लेकिन फिर भी इन्तज़ार था, बेसब्री से इन्तज़ार था, उस पाँचवें का, उनकी माँ का! यह पन्ना का जंगल था, हम जिन्हें देख रहे थे, वे बाघिन के चार शावक थे, जो कि हमसे काफ़ी दूरी पर थे लेकिन हमें दिखाई भी दे रहे थे।

यूँ ही समय बीत रहा था...वैसे बाघिन अपने शावकों के प्रति बहुत सतर्क होती है। उसका उनके आस-पास होना, अनिवार्य था, होना ही था लेकिन शायद वह अपने शावकों के आसपास होने के बावजूद भी हमें दिखाई नहीं दे रही थी, उन पाँचों का पानी के पास आना भी अनिवार्य था, निश्चित था। क्योंकि हम ही 1.30-2.00 घण्टों से जिप्सी में बैठकर धूप में तप रहे थे। यहाँ तो ये शावक खेल रहे थे। उन्हें प्यास लगना, अनिवार्य था और उसके पश्चात उनका हम जहाँ खड़े थे, वहाँ तक आना सुनिश्चित था क्योंकि वहीं पर एक छोटा-सा पानी का प्रकृति निर्मित तालाब था, जहाँ वे पानी के लिए आया करते थे और अब भी आने वाले थे।

हमारा तपना जारी था लेकिन आस का पंछी भी अपने पंख फैलाकर हमारे साथ उड़ रहा था।

इतने में अचानक दूसरी ओर शान्ति छा गयी। अब तक दिखाई देने वाले शावक भी जैसे अचानक गायब हो गये, जैसे वें कहीं जाकर छुप गये हो। हमने दूरबीन लगाकर देखने की कोशिश की लेकिन वहाँ परम शान्ति थी। कहीं भी कुछ दिखाई नहीं दे रहा था।

अरे, ये चारों बच्चे अचानक कहाँ गुम हो गये? शायद डेढ़-दो घण्टों के इन्तज़ार में एक दो पलों के लिए हमारी नज़र उनसे हट गयी होगी और वे पीछे की ओर और घनी घास में घुस गये होंगे?

अब परेशान होने की बारी हमारी थी। आज भी इनका नज़दीक से दर्शन नहीं होगा? हमें अपना पन्ना का वह पहला दिन याद आया, जब हम जंगल से निकल गये थे और वहीं पर बाघ ने अपनी नक्काशी बनायी थी, हमारी दूसरी जिप्सी को दर्शन दिये थे।

हम मायूस हो गये थे, अब यहाँ से निकल लिया जाये या रुका जाये, कुछ समझ में नहीं आ रहा था। आपस में कुछ कानाफूसी होने लगी। हम यूँ ही इस मायूसी में चुपचाप खड़े थे। कुछ लोग पीछे भी हटने लगे थे। हमने थोड़ा आगे बढ़कर खाली स्थान पर तथा उस छोटे-से तालाब के नज़दीक अपनी जगह बना लीं, जो कुछ गाड़ियों के हटने से खाली हो गयी थी।

और अचानक फिर वहाँ शान्ति छा गयी। बिल्कुल शान्ति, सिर्फ़ जंगल की हवाएँ और पत्तों के खड़कने की आवाज़ों के अलावा वहाँ कुछ भी सुनायी नहीं दे रहा था। अब तक जो कानाफूसी हो रही थी, वहाँ भी 'पिनड्रॉप साइलेंस' हो गया था और हमने देखा, सबकी नज़रें एक ही दिशा में जैसे बंध गयी थी। सब जिस ओर देख रहे थे, वहाँ हमारी नज़र गयी और हमारा मुँह खुला का खुला रह गया, कुछ समझ में नहीं आ रहा था। यह क्या हो रहा है, अचानक? सामने से 'वह' अर्थात शेरनी आ रही थी। बिल्कुल किसी महारानी की तरह, नपे-तुले क़दम रखते हुए उसका वह सुनहरा, काली पट्टियों से सजा बदन और चलने का वह अलग-थलग सा जोश और शान। वह आगे, हमारी ओर बढ़ती आ रही थी, हम देख रहे हैं, हम सब वहाँ खड़े हैं, इस बात का उसे कोई गुमान नहीं था। वह हर क़दम के साथ हमारे करीब आ रही थी और उसके पीछे पीछे आ रहे थे, उसके वे चार शावक, बच्चे! एक के पीछे एक! वे अपनी माँ के नक़्शे क़दम पर चलते हुए, आपस में मस्ती करते हुए हमारी दिशा में ही बढ़ते आ रहे थे, हम जैसे काठ बन गये थे। तीनों एक के पीछे एक आ रहे थे जबकि एक थोड़ी दूरी रखकर चला आ रहा था। यानी वह अपनी विशिष्टता को बरकरार रखे हुए था। वे पाँचों हमारी दिशा में ही बढ़ रहे थे। दोनों ओर गाड़ियाँ खड़ी थी, उनमें लोग खड़े, बैठे थे लेकिन उस बाघिन महारानी को उससे कोई सरोकार नहीं था और उस पर निर्भर उसके बच्चों को भी कोई फ़र्क़ नहीं पड़ रहा था। बिल्कुल रास्ता पार करते हुए वह इस ओर आयी, जहाँ वह छोटा-सा पानी का तालाब था।

रास्ता पार करते हुए उसने हमारी ओर बिल्कुल ध्यान नहीं दिया। उसके लिए जैसे हमारा कोई अस्तित्व ही नहीं था, लेकिन रास्ते के दूसरी ओर जाकर वह रुक गयी, उसने पीछे मुड़कर देखा, उसके बच्चे आ रहे थे, उसने उनका इन्तज़ार किया। जैसे ही वे चारों इस ओर उसके पीछे पीछे आयें, वे फिर से

अपनी शान, बान और अकड़ के साथ तालाब के पास आयी। वे चारों उसके पीछे पीछे आकर रुक गये। 'महारानी' ने पानी में उतरकर बच्चों की ओर देखा, चारों ओर नज़र घुमायी और वह पानी में बैठ गयी। उसके लिए हमारा कोई अस्तित्व ही नहीं था। वह उस जंगल की महारानी थी और यह उसका साम्राज्य था, यहाँ उसके अलावा किसी को भी महत्त्व नहीं था। जैसे ही वह पानी में बैठी, उसके वे तीनों शावक, उससे कुछ दूरी पर उसके पीछे पीछे पानी में घुस गये, लेकिन वहाँ भी वह चौथा बच्चा, थोड़ा अलग ही बर्ताव कर रहा था। वे तीनों तो पानी में खेलने लगे, एक-दूसरे पर पानी उछालते हुए, कीचड़ के अन्दर धँसते हुए वे मस्ती करने लगे जबकि वह चौथा, वहाँ से, उनसे दूर होकर तालाब के बाहर चला आया और फिर किनारे पर लेटकर उनकी ओर देखने लगा। पाँच-सात मिनट उनकी वह 'जलक्रीड़ा' चल रही थीं, अचानक किसी ने अपनी गाड़ी को अपनी वर्तमान जगह से हटाकर नज़दीक लाने की कोशिश की। अचानक 'महारानी' के कान खड़े हो गये। उसने उस ओर देखा। उसकी नज़र में बहुत कुछ था, ग़ुस्सा...शायद थोडा-सा, सावधानता और सतर्कता। अचानक वह पानी में ही खड़ी हो गयी, कुछ एक आवाज़-जो उसने गले में ही निकाली, जिसे सुनकर वे चारों भी सतर्क हो गये। जो किनारे पर बैठा था, वह उठ गया लेकिन वहीं पर खड़ा रहा, चारों ओर देखने लगा, पानी और किचड़ में खेलने वाले वे तीनों भी अपनी अपनी जगह पर खड़े हो गये। 'महारानी' ने फिर से चारों ओर नज़र घुमायी, जायजा लिया और वह पानी से बाहर आ गयी, फिर से उसने चारों ओर नज़र घुमायी और पीछे मुड़कर वह पीछे की ओर आने लगी, उसके वहाँ से हटते ही वे तीनों और वह चौथा, फिर से उसकी दिशा में चलने लगे। वह रास्ते की इस ओर आयी। अब वह बिल्कुल हमारी जिप्सी के क़रीब थी, और हम उसे छू सकते थे, लेकिन उसका हमारी ओर बिल्कुल ध्यान नहीं था। वह अपने में ही, अपने बच्चों में ही मगन थी, उसने फिर एक बार अन्दाज़ा लिया। चारों ओर देखा और वह रास्ता पार करने हेतु आगे बढ़ी। अब तो वह बिल्कुल नज़दीक थी. उसके आँखों में कुछ अलग सा दबदबा था, माथे पर एक काला टीका-सा था, वह चल रही थी, उसने पीछे मुड़कर नहीं देखा। वह चल रही थी, और उसी शान से चलते हुए वह पेड़ों और घास की गहनता में चली गयी। ये चारों अब

रास्ता पार कर उसके पीछे पीछे जाने लगे थे। एक–दो–तीन और बहुत देर बाद वह चौथा, वे पाँचों भी उस जंगल की गहराई में घुस गये। जैसे हमें अपना दर्शन करवाने हेतु ही वे आये थे और दर्शन करवाने के पश्चात वे चले गये थे।

मुझे ग़ुस्सा उस बन्दे पर भी आ रहा था, जिसने बाघिन के साथ 'सेल्फी' लेने हेतु, उसके और करीब आने हेतु अपना स्थान छोड़कर जिप्सी को तालाब के नज़दीक लाया था। सेल्फी लेने का इतना ही शौक़ था, तो बन्दे को गाड़ी से उतरकर शेरनी के साथ खड़े होकर सेल्फी लेनी चाहिए थी, लेकिन उतनी हिम्मत कहाँ? लेकिन अपनी इस हरकत से उसने 'बाघिन' और उसके चारों बच्चों को अशान्त कर दिया था और हम सबको उनकी 'जलक्रीड़ा' और अधिक समय के लिए देखने से वंचित कर दिया था। लेकिन यह सब हो गया था। जो हानि होनी थी, वह हो गयी थी। बाघिन अपने बच्चों के साथ घनी झाड़ी, जंगल में चली गयी थी।

उसका रोब, उसका दबदबा, उसकी शानो-शौकत, सबकुछ देखने लायक था। दोनों कनपटियों पर सफ़ेद बड़ा-सा हिस्सा और उस पर दोनों ओर काली पट्टिकाएँ जो कि आँखों तक आकर रुकी थी और आँखों को समेटकर कनपटियों के पीछे जा रही थी। यह सफ़ेद और काले का खेल, वहीं तक, यानी सिर्फ़ चेहरे तक ही सीमित था। थोड़ा-सा यह हिस्सा पेट के पास भी था लेकिन शेष पूरे शरीर पर जो खेल था, वह गहरे पीले रंग का और उस पर काली पट्टिकाओं का था।

यह एक अद्भुत, अनूठा और अनोखा अनुभव था। जंगल की महारानी–बाघिन का वह दर्शन और वह भी उसके चार बच्चों के साथ! यानी कुल मिलाकर पाँच बाघों का! और हाँ! यहाँ एक बात बतानी रह गयी, उसके चार बच्चों में से जो सबसे दूर, अलग-थलग रहने वाला बच्चा था वह था, शेरनी का छोटा शेर और जो तीन अन्य बच्चे थे, वे छोटी शेरनियाँ थी। क्या पुरुषों की तरह वह बच्चा शेर भी अपना attitude दिखा रहा था? क्या अपने पुरुष होने का अहंकार या ज़िम्मेदारी उसे अलग-थलग रहने के लिए कह रही थी? हालाँकि शेरनी अपने बच्चों को 14-16 महीनों तक यानी उनके वयस्क होने तक ही सँभालती हैं, उनका पालन पोषण करती हैं, शिकार कर उन्हें खिलाती है, उन्हें प्रशिक्षित करती है। हालाँकि कभी कभार 14-16 महीनों से ज़्यादा

यानी 20-24 महीनों तक भी वह उन्हें सँभालती है। वे जब तक बड़े होकर स्वतन्त्र नहीं होते, तब तक वह उन्हें संभालती रहती है, बाद में उन्हें वह छोड़ देती है, मुक्त कर देती है, तब तक उन्हें साथ में रखना, उन्हें प्रशिक्षित करने का काम वह करती है। सबसे कमज़ोर बच्चा, जिसे शेरनी अपने मुँह में पकड़कर यहाँ वहाँ ले जाती है, उसी बच्चे को शायद वह अपनी टेरिटरी (मार्क किया हुआ क्षेत्र) दे जाती है। कभी कभार शेरनी के बच्चे ही उसके साथ प्रतिस्पर्धा कर उसे उसके क्षेत्र से खदेड़ देते है, वहाँ अपनी टेरिटरी मार्क करते है और बेचारी शेरनी को फिर दूसरी जगह जाकर अपनी टेरिटरी मार्क करनी पड़ती है।

बाघिन द्वारा अधिकतर सांभर, हिरण या चिंकारा का शिकार किया जाता है। सांभर का मांस खाने के बाद शेरनी को बारम्बार पानी पीना पड़ता है इसलिए बाघ हो या बाघिन जब वे सांभर का शिकार करते है, तब पानी के पास ही रुकते हैं।

मुझे शेरनी में और स्वतन्त्र, नौकरी या व्यवसायशुदा स्त्री में काफ़ी समानताएँ महसूस होती है।

स्त्री और शेरनी, कितनी समानताएँ, कितना साम्य! नौकरीपेशा, अकेली औरत, जिसके बच्चे हो, कितनी भूमिकाएँ उसे निभानी पड़ती है। कितने प्रयास, कितना परिश्रम उसे करना पड़ता है, और वे भी निरन्तर रूप से! कोई शिकायत किये बिना! स्थितियाँ, परिवेश कैसा भी हो, आँधी हो या तूफ़ान, बरसात हो या कड़कती ठण्ड या धूप, उसे कोई विकल्प नहीं मिलता, सिवाय अपने बच्चों की देखभाल के!

बाघिन या शेरनी जब गर्भवती हो जाती है, तब भी उसे शिकार करना पड़ता है, अपना ख़याल रखना पड़ता है। साथ में उसे अपने साथी शेर के लिए भी शिकार करना पड़ता है। ज़िम्मेदारियों का एक भरापूरा बोझ बाघिन पर रहता है और पूरे समय वह उसे बख़ूबी निभाती है।

प्रसूति के बाद तो बाघिन की ज़िम्मेदारियाँ और बढ़ जाती है। बाघ तो प्रसूति के बाद उसे छोड़ देता है, बच्चों के साथ! बच्चों का ख़याल रखना, उन्हें पाल पोसकर बड़ा करना, शेर के लिए भी शिकार करना...हाँ! कभी कभार कुछ शेर भी काम करते है लेकिन कभी कभार ही! बाघिन या शेरनी जब

शिकार करने जाती है तब कुछ शेर बच्चों का ख़याल रखते है, उनके साथ खेलते हैं, उन्हें खिलाते पिलाते हैं और हाँ! कभी-कभार शिकार भी करते है। बाघिन अपने बच्चों को बेहद चाहती है, जहाँ एक ओर बाघ बच्चों को छोड़ देता है, बाघिन उनकी पूरी ज़िम्मेदारी लेती है, वह तेन्दुए से बेहद नफ़रत करती है क्योंकि तेन्दुआ, उसके बच्चों का शिकार करने की ताक में रहता है। जबकि सांभर, हिरण बाघिन का पसन्दीदा खाना होता है या शिकार होता है और वह अपने बच्चों को शिकार किस तरह से किया जाये, इसका प्रशिक्षण भी देती है।

बाघिन माँ का अपना क्षेत्र, अपनी जिम्मेदारियाँ होती है, जिनसे वह बचना नहीं चाहती और वह उन्हें बख़ूबी निभाती है। शेरनी के बच्चे जब बड़े हो जाते हैं, वे शेर ही बन जाते हैं, उनकी भूख बढ़ती जाती है और उस बढ़ती भूख को मिटाने के लिए शेरनी को दिन में ज़्यादा शिकार करना पड़ता है और वह माँ, बिना कोई शिकायत के यह काम करती है। वैसे शिकायत भी वह किससे करे? कभी-कभार शिकार न मिलने पर माँ बाघिन तीन-तीन दिन भी बच्चों से दूर रहती है और शिकार लेकर ही लौटती है। बच्चें भी तीन-तीन दिन, उनकी माँ ने उन्हें जहाँ छोड़ा होता है, वहीं पर भूखे रहकर भी डटे रहते हैं। वहाँ से निकलते नहीं, क्योंकि उन्हें बाघिन माँ की हिदायत होती है कि वे वहाँ से, उस सुरक्षित स्थान से कहीं और नहीं जायें।

माँ फिर वह इन्सान की हो या जानवरों की। माँ तो माँ होती है। वह बच्चों के प्रति अपनी ज़िम्मेदारी को भलीभाँति जानती, पहचानती है और उसे निभाने की जी-जान से कोशिश करती है।

मैं सोचती हूँ, सोच रही हूँ, जब शेरनी गर्भवती हो जाती है, उसकी प्रसूति के दिन भरते हैं, तब भी अपने गर्भ में तीन-तीन/चार-चार बच्चों को लेकर उनका भार वहन करते हुए वह शिकार कैसे करती होगी? अपनी भूख कैसे मिटाती होगी?

शेर या बाघ, जहाँ तक ज्ञात या अवगत हो, वह तो बड़ी बदमाशी भी करता है। वह तो शेरनी द्वारा किया गया शिकार भी चुराकर लापता हो जाता है। न तो वह बच्चों के बारे में सोचता है, न तो शेरनी के बारे में, किसी ग़ैर ज़िम्मेदाराना मर्द की तरह!

मैं सोच रही थी और यह सोच मुझे बहुत दूर तक ले जा रही थी, हमारी जिप्सी इस दौरान वहाँ से निकलकर बाहर आ गयी थी। हम वहाँ से रिसॉर्ट भी पहुँच गये और मैं अपने कॉटेज में भी, लेकिन मेरा दिमाग़ उसी सोच के साथ चल रहा था। मैंने कॉटेज कब खोला और मैं कब अन्दर आकर बैठ गयी थी, इसका एहसास भी मुझे नहीं था।

इतने में दरवाज़ा खटखटाने की आवाज़ आयी, मैं चौंक गयी। मेरे कॉटेज का दरवाज़ा कोई खटखटा रहा था। मैंने दरवाज़ा खोला, देखा, अटेंडेंट खाना खाने के लिए मुझे बुलाने आया था। यानी मेरी सोच पन्ना से निकलकर रिसॉर्ट तक जारी रही थी और अब कॉटेज में बैठने के बाद भी मेरा साथ दे रही थी। मैंने देखा, मैं यूँ ही बैठी थी, कपड़े भी बदले नहीं थे और खाने का समय भी हो गया था। मैंने अटेंडेंट से कहा कि वह खाना लगाये, मैं आ रही हूँ। मैंने जल्दी जल्दी में हाथ पैर धो लिए। शाम की सफारी के लिए हमें ग्रिटो रिसॉर्ट से डेढ़ बजे निकलना होता था। मैं सबकुछ निपटाकर कॉटेज का दरवाज़ा लॉक कर उन्हीं कपड़ों में डायनिंग क्षेत्र में आ गयी। जैसे तैसे खाना खाकर मैं बाहर आयी, हमारी अन्य दो जिप्सी निकल चुकी थीं। मेरी जिप्सी और मेरे साथी मेरे इन्तज़ार में बैठे थे, मुझे बड़ी शर्मिंदगी महसूस हुई। क्षमा माँगते हुए मैं जिप्सी में चढ़ बैठी और जिप्सी हवा से बात करती हुई पन्ना की दिशा में दौड़ने लगी।

26-6-2023 (शाम)

आज हमारा पन्ना में यह दूसरा दिन था। सुबह की सफारी में हमने 'आलसी भालू (sloth Bear) को देखा था, लेकिन वह बहुत ही ढिलेढाले तरीके से दिखाई दिया। बड़े आराम से वह अपनी ही धुन में चला जा रहा था। मोटा-सा काला भालू किसी सेठ की तरह चला जा रहा था। वह कहीं कहीं किसी झुरमुट में अपना मुँह घुसेड़ रहा था। पता नहीं, वह क्या ढूँढ़ रहा था लेकिन शायद कुछ भी उसे मिल नहीं पा रहा था। बड़े आराम से वह यहाँ-वहाँ मुँह मारते हुए आगे बढ़ रहा था। एक बार उसने हमारी ओर मुड़कर भी देखा लेकिन यूँ ही! उसमें कोई ख़ास अर्थ या मायने नहीं था।

जैसे ही हम वहाँ से मुड़े, सामने अपने पंख फैलाये मोर खड़ा था, उसका केकारव कानों को बड़ा अच्छा लग रहा था और उसके फैले हुए पंख बड़े

ही आकर्षक ढंग से देखने वालों को बरबस अपनी ओर आकृष्ट कर रहे थे। सुन्दरता की एक अनोखी मिसाल हमारे सामने खड़ी थी, मोर के रूप में! पंखों में, रंगों की इतनी बड़ी बहार...उस बहार की एक अप्रतिम कहानी...उसके पंखों के रूप में हमारे समक्ष खुल रही थी। हरा, नीला, जामुनी, मोरपंखी... कितने रंग! प्रकृति ने बड़े शानदार तरीके से उसे अपने मनमुताबिक रंगा था, सजाया था और हम सम्मोहित होकर देख रहे थे। वैसे मोर को इस तरह पंख फैलाकर नाचते हुए मैंने पहली बार नहीं देखा था। इसके पहले भी मैंने मोर को पंख फैलाकर नाचते हुए एक-दो बार देखा था लेकिन पीछे की हरी पृष्ठभूमि पर उसका वह नृत्य और पंख फैलाना, अद्भुतता और सौन्दर्य की एक अनूठी मिसाल थी। हम बहुत देर तक यूँ ही सम्मोहित होकर उस अनूठे माहौल का रसपान कर रहे थे। इतने में ड्राइवर ने गाड़ी को आगे बढ़ाया और मोर को पीछे छोड़ते हुए हम आगे बढ़ गये।

सौन्दर्य और प्रकृति का अनूठा साथ जंगल में ही दिखाई देता है। रास्ते से आगे बढ़ते हुए मिट्टी और धूलभरी सड़क हमारा साथ दे रही थी, जबकि नज़र उठाकर देखेंगे तो सामने पेड़ों से अटा जंगल दिखाई दे रहा था। इस जंगल में पेड़ों की विभिन्न प्रजातियाँ दिखाई देती हैं। जंगल में प्रवेश करते ही जंगल इतना घना है, यह बात शिद्दत से महसूस नहीं होती। रास्ते से जाते समय तो बिल्कुल नहीं लगता कि यह जंगल बाघ, शेरों, चीतों को सँभालने वाला होगा। लेकिन जैसे जैसे जंगल के भीतर जाना होता है, पेड़ों का घनापन बढ़ता जाता है। उनकी विविधता, लम्बाई, घनाई सब बढ़ती हुई दिखाई देती है। तब यह जंगल कितना बड़ा, घना है, इस बात का एहसास होता है। पन्ना का जंगल विविध वृक्षों से भरपूर दिखाई देता है। 'भूतहा पेड़' (Ghost tree), जिसका तना सफ़ेद होता है और जो रात के अँधेरे में भी चमकता, दमकता रहता है, वह 'भूतहा पेड़' यहाँ जंगल में यत्र तत्र सर्वत्र दिखाई दे रहा था।

अब हम जैसे जैसे आगे बढ़ रहे थे, माहौल भी बदलता जा रहा था। अब हमारी जिप्सी को ले जाने वाला रास्ता केन बेतवा नदी के साथ साथ आगे बढ़ रहा था। एक ओर नदी थी और दूसरी ओर प्रस्तरों से बनी स्तरीय ऊँचाईयाँ थीं। यह बसाल्ट पत्थर था, जो कि ज्वालामुखी से उपजता है और पानी के

बहाव से आकार लेता है। यहाँ का हर पत्थर एक-दूसरे से इस तरह सटा हुआ था कि जैसे एक पत्थर दूसरे पत्थर में समा गया हो। नदी की ओर से ठण्डी हवाएँ आ रही थी लेकिन माहौल में तल्खी भी थी। जिप्सी एक जगह रुकने पर पसीना छूटने लगता था। लेकिन पत्थरों का वह दृश्य बड़ा ही लुभावना था। मुझे लग रहा था कि इन प्रस्तर वाले पत्थरों को यूँ ही काटकर उसी तरह 'ब्लॉक्स' के रूप में उठाकर एक शानदार दीवार सजायी जाये, जिसमें गहराई, घनत्व सबकुछ होगा। उन प्रस्तरों से नज़र नहीं हट रही थी, उनमें रंगों की विविधता भी देखने लायक थी। पीला, मिट्टी का रंग, भूरा, हरा, सफ़ेद, काला कितने रंग गिनायें जायें? उन प्रस्तरों के अनुसार मोड़ों को अपनाकर नदी का शीतल जल बह रहा था और अचानक एक पौधों के झुरमुट के पीछे कुछ हलचल-सी दिखाई दी। हम लोगों के बीच जो जंगल विशेषज्ञ थे, उनके कान खड़े हो गये। उन्होंने हमें चुप होने की हिदायत दी और जिप्सी को एक विशिष्ट कोण में खड़ी करने के पश्चात् हम देखने लगे।

वहीं पौधों के झुरमुट के पीछे एक शेरनी और उसका बच्चा दिखाई दे रहा था। वे दोनों वहाँ क्या कर रहे थे? यदि पानी पीने के लिए आये होंगे, तो उन्हें उस झुरमुट के पीछे खींचातानी करने की आवश्यकता नहीं थी। वे चुपचाप पानी पीकर चल देते थे। लेकिन वहाँ, उस पौधों के झुरमुट के पीछे कुछ तो था कि वे दोनों माँ-बेटे हलचल कर रहे थे, कुछ हद तक खींचातानी भी कर रहे थे। हमारे ड्राइवर ने जीप को और थोड़ा करीब लाया और एक विशिष्ट कोण लेकर वह रुक गया। अब दृश्य थोड़ा और साफ़ हो गया था।

वहाँ उस पौधों के झुरमुट के पीछे पत्थर पर एक हिरण पड़ा था। शायद शेरनी ने उसका शिकार किया हो, यह काम दो-चार घण्टे पहले हुआ होगा। क्योंकि पत्थर पर जो ख़ून रिसा था, वह अब भी पूरी तरह से सूखा नहीं था। मसलन शिकार ताज़ा था। उस शिकार का कुछ हिस्सा तोड़कर अपने बच्चे को खिलाने में शेरनी व्यस्त थी। बीच बीच में वह आसपास में अपनी नज़र भी घुमाया करती थी लेकिन वह भी पल-दो पल के लिए! अन्यथा वह अपने कार्य में व्यस्त थी। उसका बच्चा भी अपनी माँ से प्रशिक्षण पा रहा था। किस तरह हिरण के कौन-से अंग या हिस्से को तोड़ा जाये, कौन-सा हिस्सा पहले तोड़ सकते हैं, आदि आदि।

हमारे लिए यह दृश्य जितना अनूठा और भावभीना था, उतना ही अपनी माँओं को याद करने का था। हमारी माँयें भी इसी तरह हम लोगों को दुनियादारी से वाकिफ़ करती रहती हैं। अपने पैरों पर खड़ा होने की प्रेरणा देती है। साथ में उस हिरण को लेकर भी मन में अपार करुणा भर आयी। उस बेचारे ने कितना प्रयास किया होगा, स्वयं को इस जानलेवा आक्रमण से बचाने का! कितनी बार तड़पा होगा, कितनी बार उसने शेरनी के चंगुल से बचने की कोशिश की होगी, कितनी बार उसकी आँखें छलकी होगी, कितनी करुणा से उसने अपने जीवनसाथी, बच्चों या माँ-बाप को पुकारा होगा? कितनी, कितनी बार? या फिर एक ही झटके में यह सबकुछ इतने अप्रत्याशित ढंग से हुआ होगा कि उसे उसकी भनक तक नहीं लगी होगी?

मेरी सोच यूँ ही आड़ी तिरछी दौड़ रही थी, उसकी कोई सीमाएँ नहीं थी। सामने का दृश्य धीरे धीरे धूमिल होते हुए मुझे अपनी माँ का चेहरा दिखाई देने लगा। अनपढ़, घरेलू गृहिणी लेकिन उतनी ही आत्मसम्मान और स्वाभिमान से भरपूर! जिसने मुझमें अटूट आत्मविश्वास भर दिया और पढ़ने के लिए हरदम मेरा साथ निभाया। उसी आत्मविश्वास और समर्थन ने मेरी ज़िन्दगी की राह प्रशस्त की।

मैं यूँ ही सोच रही थी कि जीप ने गियर बदलकर गति पकड़ ली और उस धक्के से मैं अपने वास्तव में लौट आयी, फिर से जंगल की दिशा में हम दौड़ने लगे थे। सामने बायीं ओर खाली सी जगह दिखाई दे रही थी। अगल-बगल में कोई वृक्ष दिखाई नहीं दे रहा था और मैंने देखा एक बड़ा-सा गिद्ध हमारी गाड़ी की आहट पाकर ज़मीन से पंख फैलाकर उड़ान भरने की स्थिति में जमीन से कुछ ऊँचाई पर उड़ने लगा था। एक ही उड़ान में उसने सामने खड़े एक बड़े से ठूँठ के सिरे पर स्वयं को स्थापित कर लिया। अब वहाँ बैठकर वह अपनी दायीं बायीं ओर नज़र घुमाने लगा। इतना बड़ा गिद्ध मैं पहली बार देख रही थी। इसे रेड हेडेड गिद्ध (राज गिद्ध) कहते हैं, संजय दादा ने बताया, संजय दादा यानी हमारे ग्रुप का पंछी दादा। किसी भी पंछी के बारे में उसे पूछा जाये, उसका जवाब तैयार रहता है। पिछले 25 सालों से यह पंछी प्रेमी जंगलों में घूम-घूमकर वहाँ से पंछियों के बारे में जानकारी इकट्ठा करता रहता है और उसे अपने जेहन में रखता हैं। यह उसका केवल पंछी प्रेम हैं।

गिद्ध ने वहाँ से उड़कर उस ठूँठ पर स्वयं को स्थापित कर लिया था। आसमान की नीली पृष्ठभूमि में गहरे होते पेड़ों के तने, पत्तों तथा शाखाओं के बीच उभरता वह एक ही ठूँठ और उस पर बैठा हुआ वह गिद्ध...उसका वह मटमैला, भूरा रंग और फैले हुए पंख...एक पूरा लैण्डस्केप तैयार हो गया था। पीछे पूरा एक जलाशय भी था। लाल मिट्टी पर अपने हरे रंग के पानी से चित्र बनाता हुआ। वह दृश्य या यूँ कहिये वह चित्र, बड़ा ही सुन्दर और विशिष्ट था। हालाँकि जंगल में वह दृश्य आमतौर पर दिखाई देता होगा, लेकिन मुझ जैसी पहली बार जंगल देखने वाली के लिए यह दृश्य अद्भुत था, अलग था। उस दृश्य से नज़र नहीं हट रही थी लेकिन हमें और भी बहुत कुछ देखना था, जंगल की सुन्दरता का आनन्द उठाना था। हम आगे बढ़ गये।

जंगल में फ़ोटोग्राफ़रों की काफ़ी चलती है। वे ऐसी शख़्सियत होते हैं जो फ़ोटो लेने हेतु, विशिष्ठ फ़ोटो खींचने हेतु या जंगल में बाघ या बाघिन से सामना होने पर उनकी फ़ोटो लेने हेतु बड़े बड़े खेल खेलते हैं। फ़ोटो लेने हेतु वे किसी भी हद तक जा सकते हैं। वे कभी कोई कार्नर लेकर बैठ जायेंगे या खड़े रह जायेंगे। सामने कौन खड़ा है, कब से खड़ा है, यह भी नहीं देखेंगे और बाघ या बाघिन देखने की सम्भावना हो तो धक्का देकर उसे हटा भी देंगे। उनके लिए बाघ या बाघिन की फ़ोटोग्राफ़ी, विशिष्ट कोण से, विशिष्ट मूड की और वह भी सामने से की गयी फ़ोटोग्राफ़ी बड़े मायने रखती है। इस प्रतिस्पर्धा में वे अपने दोस्त या अपनों को भी नहीं छोड़ते। फ़ोटो लेकर उन्हें विभिन्न माध्यमों पर प्रदर्शित करना, इनका शगल और पागलपन होता है। उनके इस बर्ताव को मैं देख रही थी और उनके इस पागलपन को लेकर मैं परेशान भी थी। लेकिन मेरी परेशानी से किसी को क्या मतलब?

पन्ना का जंगल तो विविधता से भरपूर था लेकिन इन पागलों को सिर्फ़ बाघ, बाघिनों से सरोकार था, वे उसी में उलझे हुए थे। हम जैसे आम इन्सान जंगल की सुन्दरता, विविधता को अपनी आँखों के कैमरे और दिमाग़ की लेंस में क़ैद कर रहे थे। हमारे ग्रुप में सभी फ़ोटोग्राफ़र नहीं थे, यह हमारे लिए अच्छी बात थी। इसलिए हम हर सफारी का लुत्फ़ उठा रहे थे।

बाघों और फ़ोटोग्राफ़रों की बात यदि चली है तो एक बात मैं यहाँ अवश्य बताना चाहूँगी कि पन्ना में अब लगभग 80 बाघ हैं, लेकिन समय ऐसा भी था

कि पन्ना बिल्कुल बाघ विहीन होने को आया था और वह भी बाघों की पोचिंग की वजह से। बाघ तो तक़रीबन सभी जानवरों का शिकार करता है लेकिन उस बाघ का शिकार आदमी करता है, अपने निजी स्वार्थ के लिए, जिसे 'पोचिंग' (शिकार) कहा जाता है। बाघ के शरीर के हर हिस्से को बेचकर पैसा मिलता है और इसलिए आदमी उन पैसों हेतु बाघ का शिकार करता है, अनधिकृत रूप से और पैसा कमाता है। इस तरह से अपने निजी स्वार्थ हेतु बाघों की ग़ैर-क़ानूनी पोचिंग कर आदमी प्रकृति द्वारा निर्मित फ़ूड चेन को बिगाड़ने का काम करता है और बाद में प्रकृति के प्रकोप को लेकर रोता रहता है।

हम ग्रिटो पहुँच गये थे। आज ग्रिटो में हमारी यह आख़िरी शाम थी, इसलिए 'बॉन फाएर' का कार्यक्रम आयोजित किया गया था। रात को नौ बजे खाना खाने के पश्चात् हम सब बाहर आँगन में इकट्ठा हुए। तीन-चार लोगों ने खाना नहीं खाया था। वे अपने अपने 'पेग' लेकर बैठ गये थे। शेष सब गप्पें हाँकने में लगे थे। दो-तीन लोगों ने बढ़िया गीतों की महफ़िल सजा दी। कुछ लोगों ने आप-बीती (अर्थात् जंगल के बारे में) बताई और कुछ ने हास्य-व्यंग्य! एक अच्छा माहौल बन गया जो कि रात्रि के 11.00 बजे तक चला।

11.00 बजे के बाद कॉटेज में लौटकर मैंने बेटी को फ़ोन किया, उसे यहाँ के अपडेट्स दिये। बैग को थोड़ा बहुत समेट लिया और मैं सो गयी।

सुबह पन्ना की हमारी आख़िरी सफारी के लिए जल्दी उठना था।

27-06-2023 (सुबह)

आज हमारी पन्ना की अन्तिम सफारी थी। क्या दिखाई देगा, किससे मिलना होगा, कुछ कह नहीं सकते थे. लेकिन आज थोड़ी थकान भी महसूस हो रही थी। लगातार चार दिनों तक सुबह चार बजे उठकर तैयार होकर निकलना, नींद पूरी नहीं हो रही थी। मेरी आदत नहीं थी, दोपहर में सोने की! अत: दोपहर में जो भी समय मिलता था, मैं लिखने के लिए बैठ जाती थी या फिर यूँ ही बिस्तर पर लेटी रहती थी, कुछ पढ़ते हुए।

हर दिन की तरह बिलकुल साढ़े पाँच बजे हमने पन्ना के हिनोटा प्रवेशद्वार से पन्ना के जंगल में प्रवेश किया।

यात्रा शुरू हो गयी, लेकिन आज जंगल हर दिन की तरह सुबह भी शान्त नहीं लग रहा था, पता नहीं वह मेरी मानसिकता थी या और कुछ?

हालाँकि देखा जाये तो मोर अपनी मोरनियों के साथ घूम रहे थे, बीच बीच में अपने पंख खोलकर वे नाच भी रहे थे। उनका वह नृत्य बड़ा लुभावना था और उनके पंखों का वह सौन्दर्य–अद्वितीय! जैसे सौन्दर्य और रंगीनियाँ थिरक रही हो तितलियाँ। वहाँ के जंगली, लेकिन रंगबिरंगे फूलों पर अपने लाल, जामुनी, पीले और रंगीन पंख फैलाकर उड़ रही थीं। हवाओं की लहरों पर झूमती हुई घास, समुन्दर में उठने वाली लहरों की तरह लहरा रही थी।

भारद्वाज पंछी अपनी प्रिय साथिन के साथ नदी के पास मिट्‌टी में कुछ कर रहा है, नदी के उस पार टिटहरी कब से 'टिऽ टिऽ' कर रही है।

सबकुछ शान्ति से चल रहा है, सिवाय जंगल के! कल रात बारिश हुई थी। बारिश का गीलापन जंगल पर उतर आया था। सभी पेड़ पौधे स्नान कर जैसे कतार में खड़े थे, हमारा इन्तज़ार करते हुए! लेकिन मेरा मन कुछ नासाज़-सा, कुछ नाराज़-सा, कुछ थोड़ा गमगीन-सा था। मैं उसका कारण ढूँढ़ने की कोशिश कर रही थी। अपनी नाराज़गी को ढूँढ़ने का प्रयास भी कर रही थी। लेकिन कुछ समझ में नहीं आ रहा था। मैं गाड़ी में गुमसुम बैठी थी। नज़र पीछे जाने वाले पेड़ों पर थी। इन तीन-चार दिनों में लग रहा था, यहाँ के पेड़ भी परिचय के हो गये हैं। लग रहा था, इन पेड़ों को मैं जानती हूँ, इन्हें पहचानती हूँ। इतने में मेरी बगल में बैठे डॉ. इलांगो ने मुझे हिलाया, मैंने उनकी ओर देखा तब उन्होंने मुझे सामने देखने का इशारा किया, सामने हमारी गाड़ी के साथ लेकिन उल्टी दिशा में एक सियार जा रहा था। वैसे सियार जंगल का सबसे चालाक जानवर माना जाता है लेकिन यह बेचारा शायद ज़ख़्मी था। एक पैर खींचते हुए चलने की कोशिश कर रहा था। उसे देखकर हमारी गाड़ी अब रास्ते में ही रुक गयी थी। हम सब उस सियार की ओर देख रहे थे और अब अपना ज़ख़्मी पैर उठाकर, वहीं पर रुककर वह भी हमारी ओर देख रहा था। वह सिर्फ़ देख रहा था या कुछ कहानी बयाँ कर रहा था? हालाँकि जंगल में हर ज़ख़्म या हर ज़ख़्मी प्राणी या पंछी के पीछे कोई न कोई कहानी अवश्य होती है। कहीं आपसी लड़ाई की वजह, कभी शिकार करने की वजह, कभी जंगल के माहौल की वजह–वैसे वजह कुछ भी हो, या तो उन प्राणियों को अपने ज़ख़्मों का इलाज खुद करना होता है, या जंगल का माहौल उन्हें ठीक कर देता है।

बहुत देर तक हमारी और सियार की नज़रें एक-दूसरे से टकराती रही। इतने में एक बड़ा-सा गिद्ध ऊपर हवा में मँडराने लगा। सियार ने हमसे नज़र हटायी और वह अपने गन्तव्य की दिशा में सम्भवत: तेज़ी से बढ़ने लगा, हमारी सफारी भी अब आगे बढ़ गयी थी। गाईड बता रहा था कि सामने जो लम्बा-सा, बड़ा पेड़ दिखाई दे रहा है, उसे कुंकुम वृक्ष कहते हैं, यह पेड़ अपने लाल रंग के लिए जाना जाता है। वैसे उस पेड़ का तना, पत्ता, टहनियाँ आम वृक्षों की तरह ही दिखाई दे रही थी लेकिन उसके पत्तों से निकलने वाला लाल रंग उसे कुमकुम वृक्ष नाम दे रहा था। प्रकृति का आश्चर्य हर तरह से हम सबको घेर रहा था। पन्ना का वह हिस्सा, वैसे भी अपने सँड स्टोन पत्थरों के लिए जाना जाता हैं। यहाँ पत्थर तहों में मौजूद रहता है और बहुत बेहतरीन तरीके से अपने स्थापत्य का इज़हार करता है, पत्थरों का स्थापत्य! हमने घरों, इमारतों के स्थापत्य को देखा है, सुना है लेकिन यहाँ ये पत्थर अपना स्थापत्य लेकर खुद कार्यान्वित होते हैं। एक के ऊपर एक, स्वयं को स्थापित कर इतने मनोहारी आकारों को जन्म देते हैं कि उन आकारों की अद्‌भुतता आपको दाँतों तले ऊँगली दबाने के लिए मजबूर करती है, आप आश्चर्यचकित हो जाते हैं। इतनी अद्‌भुतता, किसकी बुद्धि, कल्पना का अविष्कार?

विविध रूपों से प्रकृति स्वयं से हमारा साक्षात्कार करवा रही थी और हम सिर्फ़ अपनी आँखों और दिल की सहायता से इस सुन्दरता को यादों में समेटने का प्रयास कर रहे थे। कैमरों का यहाँ कोई काम नहीं था, आप क्या क्या और कितना कवर करोगे? ऐसे में दो आँखों का कैमरा और दिल का खुला होना, बहुत मायने रखता है, नहीं, वही आवश्यकता होती है।

अचानक गाड़ी रुक गयी क्योंकि गाड़ी के सामने से स्पॉटेड हिरणों का पूरा का पूरा समूह, अपने चार पैरों पर उछलते हुए, कुलाँचे भरते हुए गुज़र रहा था, "हे भगवान! तुम्हारे पास कितना सौन्दर्य हैं? इतनी सुन्दरता, तुम कहाँ से लाते हो और उसे फिर अपने सहस्त्र हाथों से इस प्रकृति पर न्योछावर कर देते हो। उसका बहुत ही कम हिस्सा, हम मानवों के हिस्सों में आता हैं। लेकिन सच कहा जाये तो तुम्हारा प्यार, सौन्दर्य-दृष्टी बड़े पैमाने में तुम्हारे वन्यजीवन, वन्यजीवों की ओर अधिक जाती है और यही वज़ह है कि पंछियों के रंगों की विविधता, आकार और उड़ान की विविधता देखते ही बनती है।

हिरणों का वह उछलना, कुलांचे भरना, विविधता से भरपूर था। एक छोटा-सा हिरण का बच्चा कुलांचे भरते हुए बिल्कुल फिसल गया। लेकिन उसे उसकी माँ (शायद) या पिता (पता नहीं) द्वारा सहारा देकर खड़ा किया गया। पीछे से आने वाले हिरणों की ओर नज़र गड़ाये समूह प्रमुख अपने कानों को खड़ा कर पीछे खड़ा था। एक एक कर सभी हिरणों ने रास्ता पार किया और बाद में वह प्रमुख हिरण भी अचानक उछलकर उनके साथ शामिल हो गया। हिरणों के झुण्ड में मादा हिरण (माँ) छोटे छोटे बच्चों का ख़याल रखती है, जबकि प्रमुख हिरण (पिता) पूरे झुण्ड का ख़याल रखता है।

आप यकीन नहीं कर सकते लेकिन 50-60 हिरणों का एक समूह, आपके सामने से गुज़र रहा है...उनके वे सुन्दर और बेहतरीन शरीर, उनकी वह स्वर्णिम त्वचा और उस पर विराजमान वे स्पॉट्स...सफ़ेद बूँदे...उनके खड़े कान, तेज़ उछाल और उनकी सुन्दरता....एक कारवाँ गुज़र रहा था... आँखों के सामने से...एक सुन्दरता बह रही थी, आधी हरियाली और आधे मिट्टी के रास्ते से! अदभुत था वह दृश्य, अद्‌भुत थी, उनकी समूहता; अद्‌भुत था, उनका समन्वय और सामंजस्य और उनकी अद्‌भुतता से हमारी आँखें सराबोर थी।

हम यूँ ही देख रहे थे। हालाँकि शेर के दर्शन हेतु, जिसे वे 'साइटिंग' कहते हैं, हरदम आने वाले वाइल्ड लाइफ फ़ोटोग्राफ़र्स या प्रेमियों के लिए शायद यह दृश्य नया नहीं होगा, लेकिन मेरे लिए यह दृश्य बिल्कुल नया और अद्‌भुत था।

मैं सिर्फ़ देख रही थी, आँखों के कैमरे से। मैंने शटर हटा दिया था और खुली आँखें उस दृश्य को अपने में समाने हेतु व्यस्त थी। 3-4 मिनटों के लिए यह सब चल रहा था और दूसरी ओर के जंगल में ये सभी हिरण देखते ही देखते एक के बाद एक करके गायब भी हो गये।

हिरण तो गायब हो गये थे, लेकिन उसी ओर पीछे जंगल में 3-4 नीलगायें, यूँ ही घूमते फिरते दिखाई दे रही थी। उसमें से एक नीलगाय, उस जंगल से बाहर आ गयी थी और सामने वाली उस झाड़ी में कुछ ढूँढ़ने में व्यस्त हो गयी थी। उसकी पीछे जो 2-3 नीलगायें थी, वे भी अब उसके पीछे पीछे आ रही थी।

कुछ हद तक अपनी गायों की तरह ही ये नीलगायें दिखाई देती हैं, हिरण और गाय का यदि समन्वय किया जाये, शारीरिक रूप से...तो नीलगाय का जन्म हो जाएगा, यह मेरा अनुमान है या फिर यह मेरा मानना है, ऐसा आप कह सकते हैं। इसमें अन्य प्राणिप्रेमियों की राय अलग भी हो सकती है, लेकिन यह मेरी अल्पबुद्धि और समझ का मानना है। नीलगायों का रंग थोड़ा अलग-सा, नीला तो नहीं कह सकते लेकिन उसमें नीलापन अवश्य होता है। वैसे उनके 'स्लेटी' रंग के शरीर सुदृढ़ होते हैं और वे अच्छी तरह से दौड़ भी सकती है।

हम आगे बढ़ गये, इतने में कुछ हलचल सी हुई। हमारे दूसरे ग्रुप को टी-243 शेर दिखाई दिया था। हमारे बीच जो शेर प्रेमी थे, उनकी बाँछे खिल गयी। उन्होंने ड्राइवर को तेज़ी से उस दिशा में गाड़ी मोड़ने के लिए कहा। ड्राइवर भी विमान चालक की फुर्ती से उछलने लगा। सफारी की गति उसने इतनी बढ़ा दी कि उस उबड़ खाबड़ रास्ते से हम भी उछलने लगे। जीप का सामने वाला हैंडल पकड़कर भी हम उछलने से बाज नहीं आ रहे थे। हमने दो-तीन बार ड्राइवर से गाड़ी की गति धीमी करने के लिए कहा भी लेकिन वह अपने बाघ-प्रेमियों के प्रेम में था। उसका एक ही लक्ष्य था, जितनी जल्दी हो सके, उस स्पॉट तक पहुँचना और अपनी गाड़ी में बैठे बाघ प्रेमियों को 243 (यह बाघ इसी नम्बर से जाना जाता है) दिखाना, वैसे भी मेरी जानकारी के अनुसार (यह जानकारी भी मैंने मेरे साथी वरिष्ठ जंगलप्रेमियों से ही प्राप्त की थी।) कोई भी प्राणी, रंगों को नहीं पहचानते। उन्हें रंगों का कोई ज्ञान नहीं होता। वे सिर्फ़ आकृति की बाहरी रेखा से प्राणी या वस्तु का अनुमान लगाते हैं। बाघ के लिए भी यह लागू है। शिकार की गन्ध और आकार से वे शिकार का अनुमान व पता लगाते हैं। ऐसे में आकार और गन्ध के आधार पर शिकार करना, कितना मुश्किल होता होगा? रंगों से अन्धा होना, या रंगों को ना पहचानना यह सभी प्राणियों की विशेषता या यूँ कहिये, कमी होती है।

सिर्फ़ लंगूर या बन्दर, आदमी की तरह रंगों को देख सकता है, पहचानता है (शायद यही वजह है, बन्दर को आदमी का पूर्वज कहा जाता है) शायद इसलिए बन्दर या लंगूर को जंगल का अलार्म क्लॉक या अन्य प्राणियों का सुरक्षा अलार्म कहा जाता है। जब भी कोई धोखादायी, जोख़िमभरी, तकलीफ़

देने वाले बात वह देखता है, (इसमें बाघ, तेन्दुआ, सिंह या अन्य जंगली जानवरों का शिकार हेतु आना या यूँ ही गुज़रना भी शामिल है।) तब वह अपनी विशिष्ट आवाज़ के ज़रिये अन्य प्राणियों को सावधान करता है, सावधान करने की कोशिश करता है। बाघ हो, तेन्दुआ हो, सिंह हो या फिर भालू, हाथी, साँप हो, सभी के लिए उसकी सावधान करने की यन्त्रणा तैयार रहती है।

वैसे लंगूर या बन्दर की एक और विशेषता होती है, वह उछल, कूदकर, शाखाओं से लटककर, पेड़ों पर झूलकर पेड़ों की चोटी पर जा सकता है, वहीं से उसे अधिकतर चीज़ें साफ़-साफ़ तौर पर दिखाई देती हैं, वहीं से वह दूर तक का अन्तर अपनी नज़रों से नापकर यदि कोई धोखा, या कोई हिंसक जानवर आ रहा है तो अपनी विशिष्ट आवाज़ निकालकर अन्य जानवरों को सतर्क, सावधान करता है। लंगूर और बन्दर वैसे ज़मीन पर भी चल सकते हैं, यानी दोनों ओर से उनकी विशिष्टताएँ विशिष्ट हैं, और अपनी इन विशिष्टताओं का उपयोग कर वे जंगल के अन्य प्राणियों को सावधान, सतर्क करने का काम बड़ी ईमानदारी से करते है।

अचानक धक्का-सा लगा, मैं अपनी सोच से जाग गयी। हमारे ड्राइवर ने गाड़ी रोक दी थी। सामने हमारे दूसरे साथियों की जीप खड़ी थी। उनसे मिली जानकारी के अनुसार उन्हें दर्शन देकर 243 कब का वहाँ से निकल गया था। हमारे अन्य बाघप्रेमियों के लिए यह बड़ी ही निराशाभरा समाचार था। तथापि उन्होंने वह कहाँ से गया, उसका मूड क्या था, आदि जानकारी ली और पानी–नदी के स्रोत के साथ वह नीचे कैसे उतर सकता है, कहाँ तक जा सकता है, इसका अनुमान लगाते हुए ड्राइवर को तदनुसार गाड़ी चलाने के लिए कहा। हर एक के पास दूरबीन थी और उस रास्ते के आसपास में अपनी दूरबीनें लगाकर वे घने, गहरे जंगल में 243 को देखने की कोशिश कर रहे थे। आधा घण्टा इसी खोज-बीन में चला गया। अन्ततः अब 243 दिखाई नहीं देगा, यह जानकर उन्होंने गाड़ी फिर से वापसी के रास्ते पर मोड़ने के लिए कहा। अब लौटने का समय भी नज़दीक आ रहा था। हम लौट रहे थे, इन चार दिनों में सुबह-शाम जंगल में हमें सांभर, नीलगायें, बाघ, लंगूर, हिरन आदि प्राणियों के साथ मोर और मोरनी, हंस, हनी बुजर्ड, तोता, फ्लाईकैचर, सफ़ेद सारस, गिद्ध, बटेर, बगुला, कुक्कू, भारतीय बब्बलार, मैना, बुलबुल आदि

अनेक पंछी दिखाई दिये। झुण्ड में रहने वाले सांभर और हिरण बड़े मुस्तैद और सावधान रहते है। वापसी के रास्ते पर हमने उसी भालू माँ को अपने पैरों से बाम्बी से उखाड़ उखाड़कर जो दीमक के कीड़े हैं, उन्हें खाते हुए देखा।

हालाँकि सुबह हम जब जंगल में जा रहे थे, तब भालू माँ को हमने उसी काम में व्यस्त देखा था। इस बार उसके बच्चे, उससे कुछ दूरी पर थे। एक तो बहुत आलसी बच्चा था, जो सिर्फ़ दायें-बायें झूल रहा था, डोल रहा था। थोड़ा थोड़ा बढ़ते हुए आगे आ रहा था। जबकि बाँस के गुच्छे से दूसरा भालू बच्चा सामने आया। उसे देखकर पहला बच्चा, जो कि अब तक डोल रहा था, उससे मिलने के लिए सामने आया। उसे देखकर यह दूसरा बच्चा उससे मिलने के लिए दौड़ा। लगा, अब दोनों बड़े प्यार से एक-दूसरे से मिलेंगे लेकिन प्रत्यक्ष रूप से जब हमने देखा तो हमें लगा कि वे दोनों एक-दूसरे से भिड़ गये हैं। दोनों ज़ोरदार तरीक़े से आवाज़ करते हुए एक-दूसरे से टकराये। उनके टकराने की आवाज़ सुनकर उनकी भालू माँ अपनी तन्द्रा और काम से जाग जाती है, और फिर उन दोनों की ओर बढ़ने लगती है, अपना काम छोड़कर! माँ को अपनी ओर आते हुए देखकर वह आक्रामक छोटा भालू विपरीत दिशा में अपने पिछवाड़े को हिलाते हुए भागने लगता है। उसे इस तरह से भागते हुए देखकर भालू माँ फिर से अपने स्थान पर लौटकर अपने काम में व्यस्त हो जाती है। क्रमांक दो का दूसरा भालू अपने आक्रमणकारी भाई के विरुद्ध दिशा में चलने लगता है और थोड़ी ही देर में वहाँ के ऊँचे पेड़ों के पीछे गुम हो जाता है। माँ भालू अब अपने काम में फिर से मगन हो गयी है। हमने उसे सुबह भी इसी व्यस्तता और मगनता के साथ बाम्बी को उखाड़ते हुए देखा था और अब जब हम लौट रहे थे, तब भी उस बीच की घटना को छोड़कर फिर से वह व्यस्त और मगन हो गयी थी। हमने उसकी काली-काली फर काया की तारीफ़ करते हुए और उसके 'माँ' पन को सलाम करते हुए वहाँ से विदा ली।

अब हम मुख्य गेट की ओर बढ़ रहे थे। अगले 10-15 मिनटों में हम उस गेट से बाहर जाने वाले थे, अर्थात पन्ना से विदा लेने वाले थे, हम मुख्य गेट के नज़दीक पहुँच रहे थे और अचानक मुझे अपनी नाराज़गी, गमगीनता का एहसास हुआ, मुझे आज क्यों ठीक नहीं लग रहा था, इसका कारण ज्ञात हुआ। हो सकता है, वह मेरा एहसास हो या ग़लत धारणा भी लेकिन मुझे अपनी

नाराज़गी की वजह मिल गयी थी। इस जंगल ने मुझे इतना सम्मोहित किया था, पिछले चार दिनों में कि यह बहुत कम समय मिला, यहाँ बिताने के लिए, ऐसा लग रहा था। जंगल के वातावरण, वहाँ के जीवन, प्राणी, पंछियों के साथ ही वहाँ के पेड़ पौधों ने इन चार दिनों में हमें इतना बाँध रखा था कि उनसे दूर होने की कल्पना ने ही शायद मुझे सुबह से नाराज़ किया था।

जंगल, एक अज़ीबोग़रीब, एहसास दिला रहा था, मुझे! जंगल की शान्ति तथा उसमें मौजूद अलग-थलग आवाज़ों ने मुझे अभिभूत किया था। सुबह उठते ही जंगल की राह में आसमान की दिशा में उठने वाले पेड़ हमारा साथ देना शुरू करते थे। सुबह की ठण्डी हवाओं के साथ लहराते ये वृक्ष, उनके साथ ही लहराने वाली हरी घास और पौधे, चहकने वाले पंछी, तथा विभिन्न रंगों, डिज़ाइनों तथा आवाज़ों के साथ एक पेड़ से दूसरे पेड़ पर उड़ने वाले रंगीन पंछी, उनकी विभिन्न उड़ाने तथा उड़ने के विभिन्न ढंग, अनेक छोटे-मोटे जानवर, जिनमें कितनी ही विविधता भरी थी। विविधता आकारों, रंगों, आदतों, खाने पीने, बर्ताव, विशिष्टताओं में, कुल मिलाकर एक नयी दुनिया हर दिन, हर यात्रा के साथ हमारे समक्ष खुलती जाती थी।...नयी दुनिया, जंगल की! हमारी दुनिया से बिल्कुल अलग, लेकिन यहाँ अलग भी कैसे कहा जाये? क्या हमारी दुनिया में जंगल नहीं होता? हमारे राज में जंगल राज नहीं होता? बिल्कुल होता है, अवश्य होता है और वह इस जंगल से या जंगल राज से कई गुना खौफ़नाक, बेदर्द और बेरहम होता है।

जंगल में, या जंगल के राज में आवश्यकता और ज़रूरत के हिसाब से काम किया जाता है। बाघ या बाघिन एक समय में एक ही सांभर या हिरण का शिकार करेंगे। वह ख़त्म होने पर ही दूसरा शिकार करते है। अन्य घास या पत्तों पर जीने वाले प्राणी भी जितना पेटभर खाना आवश्यक है, उतना ही खायेंगे। आदमी के जंगल की तरह हर चीज़ को अपने क़ब्ज़े में करते हुए, पैसा, धन, सम्पत्ति को हरदम जुटाते, बढ़ाते हुए नहीं जायेंगे। आदमी तो अपनी आवश्यकताओं से कई गुना ज़्यादा चीज़ें, पैसा, सम्पत्ति इकट्ठा करता जाता है कि जैसे वह कभी मरेगा नहीं। पेटभर खायेगा, महँगा जियेगा लेकिन बावजूद इसके अपनी अगली, आने वाली पीढ़ियों के लिए भी जुटाता रहेगा। हो सकता है, उसकी औलाद इस वजह से आलसी और कर्तव्यहीन हो, कुछ करने की

काबिलीयत नहीं रखती हो, और यदि काबिलीयत रखती भी हो, तब उसका इस्तेमाल करने की आवश्यकता नहीं पड़ती हो, या फिर सबकुछ है, इसलिए कुछ भी नहीं करने की मानसिकता बनती हो। जंगल ऐसा कुछ भी नहीं करता। वह समय और मौसम के साथ उस पर जो भी बीतता है, उसे स्वीकार करता जाता है और आने वाले मौसम का इन्तज़ार करता है, उसका सामना करता है। यह बात वहाँ के प्राणी, पंछियों तथा परिवेश को भी लागू होती है। जंगल का क़ानून होता है कि कोई भी प्राणी, दूसरे के इलाके या क्षेत्र में अतिक्रमण नहीं करेगा और हम आदम जात एक-दूसरे के क्षेत्र में ही नहीं बल्कि बुद्धि, मानसिकता, शरीर, धन, कामयाबी और क्या क्या नहीं, हर बात पर अतिक्रमण करते हैं। 'जिसकी लाठी उसकी भैंस,' इस न्याय से! जंगल में हर कोई अपनी अपनी आब में रहता हैं, यहाँ हम सब इस 'आब' से बेख़बर जहाँ भी मौक़ा मिलता है, वहाँ खुद को थोपते जाते हैं। वैसे भी हम 'जंगल राज' यह संज्ञा कुछ अलग परिप्रेक्ष्य और मायने में इस्तेमाल करते है लेकिन सही मायने में उनका जंगलराज अपने अपने तरीक़े से सुनियोजित ढंग से चलता है, सभी प्राणी, पंछी, प्रकृति उसे मिलकर चलाते हैं जबकि हमारा 'जंगलराज' कुछ ही लोगों के हाथों में होता है और अन्य सभी को उसमें सिर्फ़ झेलना और भुगतना होता है।

अचानक गाड़ी का ब्रेक लगा, मैं कुछ अज़ीब-सी बातों में उलझी हुई थी, अचानक जैसे जाग गयी। देखा, हम मुख्य गेट पर पहुँच चुके थे। गाड़ी की जाँच हो रही थी। यहाँ बाहर निकलने से पहले समय नोट किया जाता है। मेरी सोच मुझे ही आतंकित कर रही थी। लेकिन जैसे हम मुख्य गेट से बाहर हुए फिर से जंगल के बिछोह से मेरा मन नासाज़ होने लगा, पीछे मुड़कर देखते हुए जैसे आँखों में धूल, मिट्टी के कण गये हो, आँखों से पानी झरने लगा था। हमारी जीप आगे बढ़ गयी, पन्ना के जंगल से दूर होती जा रही थी। एक दुनिया धूमिल होती जा रही थी।

भद्रावति, चिकमंगलूर, कर्नाटक

5-10-2023 (सुबह)

सुबह 6.00 बजे की फ्लाईट थी, मुम्बई एयरपोर्ट से बेंगलुरु के लिए! इससे पूर्व कितनी बार बेंगलुरु जाना हुआ था, हवाई जहाज़ से! कभी व्यक्तिगत तौर पर तो कभी कार्यालयीन तौर पर या कार्यालयीन काम की वजह से!

लेकिन इस बार कुछ अलग बात थी। मैं भद्रावति जंगल सफारी के लिए जा रही थी। पूरा ग्रुप पहली बार यहाँ जा रहा था, इसलिए शायद दो-तीन लोगों के अलावा सभी नाम अपरिचित थे। मैं पहली बार उन लोगों से मिलने जा रही थी।

मेरा घर एयरपोर्ट से डेढ-दो घण्टों की यात्रा की माँग करता है। इसलिए अलस्सुबह 3.00 बजे की गाड़ी निर्धारित की गयी। एक घण्टा पहले एयरपोर्ट पर पहुँचना था। मेरे कलीग और मित्र बालासुब्रमण्यम भी इस सफारी में शामिल था। या यूँ कहिये, उसकी पहचान से ही मैं इस सफारी में शामिल हो रही थी। बाला तो सालों से इस ग्रुप का हिस्सा बना हुआ था। जंगल उसका जुनून था और अपने जंगल प्रेम की वजह से ही मैंने भी इस ग्रुप में शामिल होने का मन बनाया था।

बाला ने सुबह 3.00 बजे की गाड़ी तय कर ली और मुझे कहा कि वह मुझे पिकअप कर लेगा। ठीक 3.00 बजे वह आया भी!

मैं तो शायद रात में भी जंगल में घूम रही थी। ठीक से नींद नहीं आयी और समय से पूर्व तैयारी कर मैं बैठी रही।

मेरे साथ यह हर बार होता है, जब भी, कहीं भी जाना हो तो मेरी मानसिकता में अनिश्चितता भर जाती है, यदि मैं देर से उठ गयी, यदि मैं देर

तक सो गयी, अलार्म ठीक से नहीं बजा आदि आदि अनेक आशंकाएँ मन को बेचैन करती रहती है और मेरा 'बॉडीक्लॉक' समय से पूर्व ही मुझे जगा देता है, ढंग से सोने नहीं देता। बाला गाड़ी लेकर 3 बजे ही मेरे यहाँ पहुँच गया। बैग्ज आदि नीचे उतारने के बाद ड्राइवर ने पूरा सामान गाड़ी में लाद दिया और बिल्कुल 3.10 को हम चल पड़े, एयरपोर्ट की दिशा में।

रास्ते पर कुछ ज़्यादा आवाज़ाही नहीं थी। जिन्हें ज़रूरत थी, जिनके अपने अपने काम थे, वहीं वाहन रास्ते पर चल रहे थे। कुछ लोग, एकाध दुक्का आदमी भी रास्ते से जा रहा था। शायद शिफ्ट ड्यूटी में नौकरी करने वाले बन्दे होंगे। दूध और समाचार पत्रों की गाड़ियाँ, सब्जी वालों की गाड़ियों के साथ भारी यातायात करने वाले ट्रक्स, कंटेनर्स की रास्ते पर भरमार थी। लेकिन बावजूद इसके हमारी छोटी गाड़ी को कुछ ज़्यादा तकलीफ़ झेलनी नहीं पड़ी और हम 4.30 बजे ही एयरपोर्ट पहुँच गये। मुम्बई से जाने वाले हम सात लोग थे। कोयम्बतूर से दो लोग और नागपुर से एक–जो कि बेंगलुरु एयरपोर्ट पर हमारे साथ जुड़ने वाले थे।

एयरपोर्ट से हमारा चेक-इन हो गया, ठीक 6.30 बजे हवाई जहाज़ ने बेंगलुरु की दिशा में उड़ान भरी। इमारतों का जंगल, भीड़ और कोलाहल का शहर, मुम्बई को छोड़ भद्रावति की दिशा में हमारी यात्रा शुरू हुई थी।

आँखों में नींद थी और नये जंगल परिसर से मिलने की उत्सुकता भी!

अब डेढ़-दो घण्टे की शान्ति थी। सुबह की फ्लाईट होने की वजह से हर यात्री भरी भरी आँखें लिए बैठा था। कुछ लोगों ने तो फ्लाईट में बैठते ही सीटबेल्ट बाँधकर आँखें मूँद ली थी।

मैं भी आँखें मूँदकर सोने की कोशिश करने लगी लेकिन, सुबह का आसमान और आसमान के ऊपर का परिसर सोने नहीं दे रहा था। हवाई जहाज़ बादलों से ऊपर आकर फिर अपनी नियमित गति से चलने लगा था। एक ओर से सूरज की सुनहरी आभा बादलों से झाँक झाँककर पूरे आसमान को लपेट रही थी। कुछ किरणें आसमान के ऊपर भी आ गयी थी। बड़ा ही सुनहला, रुपहला दृश्य था। जैसे सूरज ने हमारे हवाई जहाज़ हेतु कुछ स्वागत योग्य व्यवस्था की है और बड़े शान के साथ उस राह से अपनी राह प्रशस्त करता हुआ हमारा हवाई जहाज़ चला जा रहा था। बादलों के सफ़ेद हाथी,

यहाँ वहाँ से आकर, प्रकट होकर हमारा स्वागत कर रहे थे। मैं सिर्फ़ खिड़की से बाहर इस दृश्य को देख रही थी। हवाई सुन्दरी कुछ उद्घोषणा कर रही थी। शायद खान-पान के बारे में वह बता रही थी और पता नहीं कब मेरी आँख लग गयी।

कैप्टन की उद्घोषणा ने मुझे जगा दिया। हमारा विमान कुछ ही देर में बेंगलुरु हवाई अड्डे पर उतरने वाला था।

यहाँ एक गड़बड़ी ऐसी हुई थी कि मेरी फ्लाईट बेंगलुरु हवाई अड्डा क्र. 1 पर उतरने वाली थी, जबकि शेष सभी लोगों की फ्लाईट हवाई अड्डा क्र. 2 पर उतरने वाली थी। मैंने सबके बाद अपनी सीट की पुष्टि की थी, परिणामस्वरूप मुझ अकेली को अलग फ्लाईट मिली थी।

मैं सामान के साथ बाहर आयी। हवाई अड्डा क्र. 2 पर कैसे जाया जाये? मैंने वहाँ पूछताछ की। तब हवाई अड्डे के एक कर्मचारी ने कहा कि 'आप इस सामने वाली बस में चढ़ जाओ। वह आपको हवाई अड्डा क्र. 2 पर पहुँचा देगी।' मैं सामान के साथ बस में चढ़ गयी। इतने में करण (हमारा ग्रुप लीडर) का फ़ोन आया। मैंने उसे बता दिया कि मैं एयरपोर्ट की बस में चढ़ गयी हूँ। उसने मुझे कहाँ पहुँचना है, कैसे पहुँचना है, यह बताया, हवाई अड्डा क्र.2 के बाहर ही सब लोग मेरा इन्तज़ार कर रहे थे। मेरी फ्लाइट उनकी फ्लाइट के पन्द्रह मिनट बाद थी तथा वह टर्मिनल एक पर आई थी। वहाँ से टर्मिनल 2 पर आने में भी समय लगा था। टर्मिनल 2 के बाहर ही एक बेहतरीन रेस्तराँ था, जहाँ हम सबने नाश्ता किया। किसी ने वड़ा-साँभार तो, किसी ने इडली, किसी ने डोसा। यहीं पर दो-तीन जो नये लोग थे, उनसे परिचय हो गया, एक बंगाली अम्मा जी थी, जो अपनी शादीशुदा बेटी के साथ आयी थी। 76 वर्ष की उम्र में उनका उत्साह देखने लायक था। शिवांग (जो पन्ना में हमारे साथ था) बीएससी अन्तिम वर्ष का विद्यार्थी, इस बार अपनी माँ-वर्षा के साथ आया था। ये सभी लोग जंगलप्रेमी, प्राणी प्रेमी थे। एयरपोर्ट से भद्रावति ले जाने वाली गाड़ियाँ तकरीबन साढ़े-नौ बजे हमें लेकर भद्रावति की दिशा में रवाना हो गयी। रास्ता बहुत अच्छा था लेकिन अन्तर बहुत लम्बा था। तकरीबन 5-6 घण्टों की यात्रा थी। गाड़ियाँ तेज़ी से दौड़ रही थी। दो गाड़ियाँ थी, जो एक

के पीछे एक दौड़ रही थी। शुरुआत में परिचय तथा अन्य बातों का सिलसिला चलता रहा लेकिन बाद में एक-एक करके सब सोने लगे।

मुझे गाड़ी में नींद नहीं आती है, इसलिए ड्राइवर की बगलवाली सीट पर बैठकर मैं बाहर का नज़ारा देख रही थी। बाहर यूँ ही महानगर का माहौल था, शुरू में तो मुम्बई से गुज़र रही हूँ, ऐसा ही लग रहा था। धीरे-धीरे माहौल बदलने लगा।

बाहर के दोनों रास्तों के दोनों तरफ की हरियाली ने दिल को सुकून दिया। सुकून की मात्रा इतनी बढ़ी कि मैं भी सो गयी।

पता नहीं कितना, आधा घण्टा या घण्टा...घड़ी देखी, 12.30 बज रहे थे, कुछ लोग जग गये थे। अभी भी दो घण्टों की यात्रा शेष थी। फिर तो गप्पे हाँकने का दौर चला, राजनीति, समाजनीति, रास्तों की दुर्दशा, जंगल की नीतियाँ, प्राणी, पंछी, सरकारी नीतियाँ, कुछ दिलचस्प जंगल घटनाएँ...अब तो समय शायद पंख लगाकर उड़ने लगा था...हम जब भद्रावति पहुँचे तब अपरान्ह 2.30 बज गये थे।

भद्रा टाइगर रिज़र्व, कर्नाटक के चिकमंगलूर में हैं। कर्नाटक की प्राकृतिक सुन्दरता, नारियल के पेड़ों की कलात्मकता और साफ़ सुथरा आसमान, हमारा रिवर टर्न लॉज JLR (जंगल लॉजेंस एण्ड रिसॉर्ट) द्वारा संचालित किया जा रहा था। यह रिसॉर्ट भद्रा के जंगल में ही है। एक पहाडी पर यह रिसॉर्ट, अपने अपने कॉटिजेस सहेजकर खड़ा है। भद्रा बाँध से हमारी गाड़ियाँ उस सुरक्षित प्रदेश में पहुँच गयी। जहाँ चेकनाके पर हमारी गाड़ियों का नम्बर जाँचने के बाद हमें अन्दर प्रवेश दिया गया। मोड़ों से भरे रास्ते से होकर हम अपने रिसॉर्ट में पहुँच गये। हमारा स्वागत किया गया, लेकिन हमें जल्दी भी थी क्योंकि 4.30 बजे की बोट सफारी के लिए हमें निकलना था। उसके पहले हमारा सामान, बैग्ज को निर्धारित कमरों/कॉटिजेस में रखकर, खाना खाकर फिर चलना था।

तुरन्त, फुरत, आनन-फानन में हर एक को कॉटेज आबंटित किया गया। मेरे साथ नागपुर की अंजू वैद्य को दिया गया। देखते ही यह महिला मुझे पसन्द आयी। कुछ लोग अपनी उपस्थिति से ही अच्छी अनुभूतियाँ देते हैं,

अंजू ने वैसी ही अनुभूतियाँ दी। लम्बी तगड़ी अंजू अपने जंगल ड्रेस में किसी पुलिसवाले से कम नहीं लग रही थी।

हम हड़बड़ी में खाना खाने के लिए निकले। हमारे कॉटेजेस एक पहाड़ी पर थे। वहीं पर पहले खाने की व्यवस्था थी लेकिन अब वह व्यवस्था नूतनीकरण की प्रक्रिया से गुज़र रही थी। यहाँ इस पहाड़ी पर खाना बनाकर उस पहाड़ी पर ट्रॉली के ज़रिये भेजा जाता था और हमें यह पहाड़ी उतरकर, लम्बा-सा, झूलता पुल पार कर दूसरी पहाड़ी पर चढ़ना था और वहीं से खाना खाकर नीचे उतरकर पुल पार कर इस ओर नदी तक पहुँचना था।

हमारा सारा ध्यान बोट सफारी की ओर था जो 4.30 बजे शुरू होने वाली थी। जैसे तैसे खाना खाकर, हम रेस्तरॉ से बाहर आये, खाना अच्छा था लेकिन उससे भी अच्छी थी, बोट सफारी, जिसका हमें इन्तज़ार था। जिप्सी, खुली जीप के ज़रिये जंगल सफारी की गयी थी, लेकिन बोट सफारी? पहली बार! जैसे तैसे खाना खाकर हम नीचे उतरे, पुल पार कर नदी के इस ओर आये।

सबने अपने अपने कैमरे, दूरबीनें अपने साथ ही ली थीं।

बोट हमारा इन्तज़ार कर रही थी, भद्रा के किनारे! हमारा गाईड, जंगल मित्र, सभी बोट में सवार होने के लिए हमारी मदद कर रहे थे। सभी ख़ुश थे, उत्सुक थे और लालायित भी थे। हमें लाइफ जैकेट्स दिये गये। जो हमें अनिवार्य रूप से पहनने थे। शाम की ठण्डी हवाएँ चल रही थी, लेकिन वे इतनी भी ठण्डी नहीं थी। लेकिन जैसे जैसे नाँव नदी के पानी में भीतर जाने लगी, हवाएँ भी अधिक शीतल होकर बहने लगी, हमारी गाईड, भद्रा के जंगल के बारे में बता रही थी...

'प्रोजेक्ट टाइगर' के तहत यह वन्य जीव अभयारण्य सुरक्षित क्षेत्र है और बाघों के लिए विशेष रूप से जाना जाता है। यहाँ विभिन्न प्रकार की लगभग 120 से अधिक पेड़ों की प्रजातियाँ पायी जाती हैं। यह बाघों का घर है, जहाँ बाघों के साथ हाथी, जंगली सूअर, आलसी भालू, काला चिता, तेन्दुए तथा जंगली बिल्ली, हिरण, बार्किंग हिरण, नीलगाय आदि प्राणी पाये जाते हैं। यहाँ इन प्राणियों का विशेष रूप से ख़याल रखा जाता है तथा उनकी सुरक्षा हेतु उचित क़दम उठाये जाते हैं।' गाईड बता रही थी, लेकिन अब मेरा ध्यान

उसकी बातों से हट गया था। मैं नदी के पानी पर चलती बोट के साथ नदी के किनारों पर दौड़ रही थी।

आप समझ सकते हैं...पानी...हरियाली, जो किनारों पर दूब और घास के रूप में फैली है और उस हरी पट्टिका को पार कर आगे फैला हुआ पूरा हरा, घना जंगल। उस जंगल के जो पेड़ थे, और जो भद्रा के किनारे पर लेकिन दूब के बाद कतारबद्ध खड़े थे, उन पर फूलों के गुच्छें लटक रहे थे और उन पेड़ों पर वे इस तरह से विराजमान थे कि मैं सिर्फ़ देखती ही रह गयी। इतनी सुन्दरता? आँखें सुकून से भर गयी।

05-10-2023 (शाम)

हमारी नाव गुज़र रही थी, मशीन की आवाज़ के साथ किनारे पर घूमने वाले सभी प्राणी अपने कान खड़े कर के देखते थे और फिर दो सेकण्ड के बाद अपना कार्य शुरू कर देते थे। नाव से उन्हें कोई फ़र्क़ नहीं पड़ता था। शायद वे अभ्यस्त हो गये थे, इस तरह की आवाज़ के!

किनारों पर हिरणों का समूह था, जो अपने आप में मस्त था। सौ-डेढ़ सौ हिरण रहे होंगे। सब मस्त थे, अपने आप में व्यस्त थे। हरी घास पर विचरण कर रहे थे। कभी-कभार एक-दूसरे के साथ उनमें से एकाध कोई लड़ भी जाता था लेकिन थोड़ी देर में फिर से वे एक-दूसरे के साथ जुड़ भी रहे थे। बड़ा सुहावना दृश्य था। पीछे पूरा घना जंगल फैला हुआ था, और कोई भी झाँकी नहीं मिल रही थी, बस! बाहर के घने पेड़ और कुछ पेड़ों पर खिले हुए फूलों के गुच्छें दिखाई दे रहे थे। जंगल और नदी के बीच किनारा था और पूरा किनारा हरी दूब से भरा हुआ था। किनारे पर हरी घास उग आयी थी और उस घास पर ही ये हिरणों का झुण्ड घूम रहा था। हरी घास पर उनके वे सुनहरे बदन पर सफ़ेद बिन्दु। हालाँकि वे सभी चित्तीदार हिरण (spotted deer) थे। बहुत सुन्दर प्राणी है, यह जंगल का!

हमारी नाव अब नदी के बीचोंबीच आ गयी है, शाम का 4.30-5.00 बजे का समय होगा। सूरज अब दिनभर की थकान से पश्चिम की दिशा में लुढ़क रहा है। पंछियों का कलरव, उस कोने से ज़्यादा सुनायी दे रहा है, जहाँ पेड़ों की घनी बस्ती है। हमारी नाँव जहाँ खड़ी है, उसके आसपास पानी में ही 4-5

बड़े पेड़ों के ठूँठ खड़े हैं। इन पेड़ों पर कोई हरी पत्तियाँ या शाखाएँ नहीं है, बल्कि सिर्फ़ ठूँठ हैं और वे भी सूखे हुए! चारों ओर पानी और नीचे ज़मीन के साथ अपनी जड़ों से जुड़े होने के बावजूद ये पेड़ सूखे हुए क्यों है? मेरा मन वहीं बात सोच रहा था।

चारों ओर हरियाली और पानी की प्रचुरता। सभी पेड़ हरे भरे, एक से बढ़कर एक पर्णसंभार लेकर खिले हुए, नदी के तट पर भी हरी दूब और घास फिर भी ये चार-पाँच सूखे हुए, लेकिन पूरी तरह से बढ़े हुए वृक्षों के ठूँठ, ये कैसे हो गया? किसने छिना इन बेचारों की शाखाएँ, हरियाली और पर्णसंभार? मैं बारम्बार उनकी ओर देख रही थी। मेरे सभी साथी बाघ को देखने की फिराक में थे। किसी ने उन्हें ख़बर दी थी कि वहाँ शेरनी आकर बैठी है, आराम फ़रमा रही है और कभी भी सामने से गुज़र सकती है। सभी वाइल्ड लाइफ फ़ोटोग्राफ़र्स अपनी अपनी मशीनगनें (कैमरे) लेकर आगे बढ़ गये, बिल्कुल नाँव के सिरहाने! सब ने अपने अपने कैमरों, दूरबिनों को फिक्स किया और वे ताक लगाकर बैठ गये। वे अन्य किसी को आगे आने के लिए, देखने हेतु सामने आने हेतु बिल्कुल अनुमति नहीं दे रहे थे। सिर्फ़ बाघ या बाघिन की झलक या झाँकी पाने तथा उसे अपने कैमरे में पकड़ने के लिए उनकी यह जद्दोजहद चल रही थी। हम जैसे जंगल प्रेमियों के लिए, जो उस सौन्दर्य को देखकर ही अपनी आँखों, ज़ेहन में उसे उतारना चाहते हैं, उनके लिए तो उस बाघ या बाघिन को देखना ही काफ़ी होता है। वे देखने के पश्चात् पीछे हो भी जाते हैं लेकिन यह बात उन फ़ोटोग्राफ़र्स के लिए बिल्कुल लागू नहीं होती, उनके लिए बाघ देखना, या उसे कैमरे में क़ैद करना कोई नईं बात नहीं होती, अपने शौक़, जुनून के तहत यह बात उन्होंने अनेक जंगल सफारियों में हासिल की होती है लेकिन बावजूद इसके उनका लालच ख़त्म नहीं होता। वे एक-दूसरे के साथ भी होड़ लगाते हुए तथा बेहतरीन दृश्य दिखाने वाला स्थान पकड़कर किसी जोंक की तरह वहीं पर चिपककर बैठ जाते हैं और फिर गोलियाँ दागते रहते हैं, अर्थात् कैमरे से फ़ोटो क्लिक करते रहते हैं।

हमारी उस बोट सफारी में भी यही होड़ लगी हुई थी जबकि मेरा ध्यान नदी के पात्र में उग आये उन सूखे पेड़ों या ठूँठ बने उन पेड़ों की ओर था। बाघिन जब आयेगी, तब देखा जायेगा। फिलहाल इसकी वजह ढूँढ़ी जाये?

मैंने स्वयं से कहा, अपने सौन्दर्य और जीवन्तता को छीने जाने के बावजूद वे ठूँठ मुझे ख़ुश दिखाई दे रहे थे। पता नहीं, वह मेरा भ्रम था या यूँ ही मेरी ग़लत धारणा? लेकिन वे चार-पाँच ठूँठ नदी के पूरे पानी को समाहित कर ख़ुश दिखाई दे रहे थे। एक ठूँठ पर एक रंगबिरंगा पंछी आकर बिल्कुल आराम से बैठा और नीचे फैले हुए उस शान्त पानी में अपनी सुन्दरता को निहारने लगा। दूसरे ठूँठ पर एक बड़ा-सा गिद्ध आकर बैठा और शान्ति, सुकून से विश्राम करने लगा। तीसरा ठूँठ जबकि बड़ी सावधानी से आसपास के परिसर को निहार रहा था, मैंने देखा, उसकी ख़ुशी का कोई ठिकाना नहीं है। उस ठूँठ के ऊपर, बिल्कुल ऊपर दो सूखी हुई शाखाओं के बीच एक घोंसला बना हुआ है और घोंसले में चहचहाने, आवाज़ करने वाले दो चूजें–चहक रहे है, अपनी माँ का इन्तज़ार कर रहे हैं। किसी पंछी ने भरे, पूरे, हरे जंगल को छोड़ उस ठूँठ पर भरोसा किया है, अपनी दुनिया उसके बदन पर बसायी है। ठूँठ शायद अपनी ज़िम्मेदारी से वाक़िफ़ है, हवाओं के थपेड़ों में भी वह अपना सन्तुलन बनाये रखे हुए हैं, पानी के लहरों में भी स्वयं को सँभालकर रख रहा है क्योंकि उस पर घोंसले की ज़िम्मेदारी है। कोई किसी पर विश्वास करता है, तो उस विश्वास पर खरे उतरने के लिए बहुत कुछ करना पड़ता है। आदमी के लिए यह सीखना कितना महत्त्वपूर्ण होगा अन्यथा विश्वासघात की, भरोसा तोड़ने की कितनी ही घटनाएँ, वाकयात हमारे इर्द-गिर्द होते रहते हैं। मैं ऐसे ही उन ठूँठों की सोच में ढली हुई थी, इतने में वर्षा ने मुझे झिंझोड़ दिया। "सामने देखो..." उसने मुझे दबी आवाज़ में कहा, और मैं अवाक् रह गयी। सामने के कतारबद्ध पेड़ों को लाँघते हुए, अपनी ही मस्ती में डूबी हुई बाघिन वहाँ से गुज़र रही थी।

उसकी वह चाल बिल्कुल किसी महारानी की तरह थी। वह बाघिन है, यह हमारे प्राणी प्रेमी मित्र ने तुरन्त बताया था, जो कि उसके तज़ुर्बे पर आधारित था। वह धीरे धीरे अपनी ही धुन में चली आ रही थी। उसका रंग रूप, उसकी चालढाल सबकुछ किसी महारानी से कम नहीं थी। अब तक हमारी जो पचर पचर चल रही थी, वह अचानक बन्द-सी हुई। खुसूरफुसूर होने लगी, धीमी बातचीत, धीरे से कहा जाने लगा। सभी फ़ोटोग्राफ़र अपनी अपनी गन्स (कैमरे) लेकर एक-दूसरे को पीछे ठेलते हुए बोट के सिरहाने की ओर जाकर

उस पूरे दृश्य को अपने कैमरे में बन्द करना चाहते थे। उनकी सबकी कोशिश यही थी कि उन्हें सबसे बेहतर तस्वीर (शॉट) मिलें। हम जैसे नये नवेले लोगों को उन्होंने कब का पीछे ठेल दिया था। लेकिन उन लोगों में से एक सुराख बनाकर मैं बोट में ही एक कॉर्नर पर जाकर उसे देखने लगी।

वह चल रही थी, अपनी आन-बान-शान के साथ। उसके हर क़दम से आत्मविश्वास झलक रहा था। उसका उठने वाला हर पग बिल्कुल उतने ही अन्तर से दूसरे पग को जगह दे रहा था! दो-चार क़दमों के बाद वह रुक गयी। उसने एक नज़र हमारी बोट की तरफ भी दौड़ायी लेकिन सिर्फ़ पलभर के लिए! उसकी नज़र में हम लोगों की कोई औकात नहीं थी। फिर छह-सात क़दम चलकर उसने एक पेड़ को सूँघा, फिर चारों ओर नज़र घुमायी और पलभर के लिए रुक कर वह फिर चलने लगी, उसी अदब और शान के साथ! वैसे सिंह को जंगल का राजा कहा जाता है लेकिन शक्ति, सौन्दर्य, चपलता और अदब तथा रुआब की बात की जाये तो बाघ या बाघिन का कोई सानी नहीं, यह मेरा मानना है।

बाघिन अपनी ही धुन में चली आ रही थी। मुझे लग रहा था, जैसे वह मेरे पास आ रही है। वह जैसे मेरी दिशा में आगे बढ़ रही है, ऐसा मुझे लग रहा था। उसकी आँखें मैं देख पा रही थी। मैंने अपनी आँखों से दूरबीन लगायी, उसकी आँखें अब कुछ ज़्यादा ही करीब आयी। कुछ खोजने वाली आँखें! वह कुछ खोज रही थी। क्या? पता नहीं। हम सब साँसे रोककर उसकी गतिविधियाँ देख रहे थे। इतने में उसने जंगल के उस छोर के अन्तिम पेड़ को सूंघा और पलक झपकते ही उसके 'सूँ सूँ' की लम्बी धारा उस पेड़ के तने को ऊपर तक छूकर नीचे आयी। यह पूरी प्रक्रिया, हमारे समक्ष हो रही थी। बाघिन ने अपनी 'मार्किंग' की थी, उस पेड़ पर! उसने अपना एरिया मुकर्रर किया था। अब और कोई बाघ या बाघिन उस एरिया में नहीं आने वाली थी क्योंकि उस टेरिटरी को इस महानायिका ने मार्क कर 'अपना' कहकर चिह्नित कर दिया था। अपनी मार्किंग कर देने के बाद अब तक किसी फैशन मॉडेल की तरह रैम्प करनेवाली वह 'हिरॉइन' अचानक पीछे की ओर मुड गयी और हमारी समझ में आने से पहले वह पीछे के घने जंगल में छलाँग लगाकर गुम हो गयी।

हमारे सभी फ़ोटोग्राफ़र्स सार्थकता का एहसास चेहरे पर लेकर बोट के सिरहाने से हटने लगे। मैं तो बहुत ख़ुश थी। ठूँठ के बाद अचानक दिखाई दी, बाघिन! यह तो एक बोनस था, उस जंगल के माहौल ने दिया हुआ। हम बेहद ख़ुश थे। मैं तो उसके दर्शन मात्र से अभिभूत थी। मेरी यात्रा सफल हो गयी, ऐसा मुझे भी लगने लगा था, अन्य वाइल्ड लाइफ फ़ोटोग्राफ़र्स की तरह!

ज्ञातव्य हो कि बाघ या बाघिन, जंगल में अपनी अपनी सीमाएँ तय करते है। यदि किसी जंगल में 7 या 8 बाघ और बाघिनें हो, तो वे अपनी अपनी सीमाएँ तय करते हैं, सीमाएँ तय करने की उनकी अपनी प्रक्रिया होती है। वे या तो पेड़ के तने से लिपटकर या फिर पेड़ के तने पर अपने नाखूनों से खरोंचकर या फिर पेशाब कर, अपनी अपनी सीमाएँ निर्धारित करते हैं। यह उनका अपना क़ानून है, जंगल का क़ानून, जिसे सभी मानते हैं, अपनाते हैं और उसका पालन भी करते है। एक बाघ या बाघिन की सीमाएँ (टेरिटरी) यदि निर्धारित हुई है तो उसमें दूसरा बाघ या बाघिन हस्तक्षेप या अतिक्रमण नहीं करेगी। क्या हम मानवों को यह सीखना ज़रूरी नहीं हैं? अन्यथा एक-दूसरे के साथ होड़ में हम कितनी बार अपनी ही सीमाओं का अतिक्रमण कर देते हैं और दूसरों की तकलीफ़, त्रासदी का कारण बन जाते हैं। बाघ जब अपनी ताक़त या बल दिखाना चाहता है, जब वह अपने प्रतिस्पर्धी से उसकी टेरिटरी या उसके अधिकार छिनना चाहता है या स्वयं को बलवान साबित करना चाहता है, तब वह अपने नाखूनों से पेड़ पर खरोंच देता है और पहले वाले को जतला देता है कि वह उससे बड़ा है और प्रतिस्पर्धा के लिए तैयार है। पहला बाघ जब यह देखता है और उसे लगता है कि वह लड़ने के लिए तैयार है तब वह उस खरोंच से थोड़ा और ऊपर दाहिनी ओर खरोंच देता है। यह सिलसिला फिर चलता रहता है, जब तक कोई हार नहीं मानता। अन्यथा फिर वह समय भी आ जाता है, जब दोनों आमने सामने होते हैं, लड़ते हैं। जो मार खाता है, जख़्मी, लहूलुहान होता है, वह उस क्षेत्र से चला जाता है। कभी कभार लड़ाई इतनी तुमुल हो जाती है कि दोनों में से एक को अपनी जान भी गँवानी पड़ती है। वैसे कभी-कभी पेड़ के तने पर जो खरोंचे होती हैं, उनसे भी पता चल जाता है कि कौन बड़ा है। जिसे अपनी ताक़त का अन्दाज़ा होता है, स्वयं के शक्तिशाली होने का अनुमान होता है, वह अपने शक्ति प्रदर्शन

के ज़रिये भी दूसरे को हरा देता है और मामला किसी लड़ाई और लहू बहाये बगैर ख़त्म हो जाता है।

बातों बातों में मैं कुछ अलग ही दुनिया में चली गयी थी। लेकिन जंगल के पेड़ों की वह घनी कतार और उस कतार में अपनी आन-बान-शान के साथ गुम हुई उस बाघिन ने मुझे जैसे बाँध दिया था। बहुत देर तक मैं उसकी दिशा में नज़र गडाये देख रही थी।

सूरज ने वहीं से पानी में डुबकी लगायी थी। शाम अब ढलने लगी थी। धीरे धीरे जंगल और पूरा माहौल श्याम रंग से घिरने लगा था। हमारी बोट भी अब लौटने की दिशा में मुड़ गयी थी। नदी के किनारे अब धीरे धीरे शान्त होने लगे थे। आते समय हमने जिन हिरणों के झुण्डों को देखा था, वे झुण्ड अब जंगल की तरफ लौटने की दिशा में बढ़ने लगे थे। जो पंछी अब तक नदी के किनारे घास या मिट्टी में कुछ ढूँढ़ने में व्यस्त थे, वे भी अब एक जगह खड़े होकर डूबती शाम को निहार रहे थे। किनारों पर जो पेड़ों की घनी कतारें थी वे अब स्याह रंग से घिर गयी थी और उन पर अदृश्य पंछियों का कलरव बढ़ गया था। अदृश्य इसलिए कि मैं उन पंछियों को देख नहीं पा रही थी, सिर्फ़ उनकी आवाज़ें सुन पा रही थी।

हमारी बोट लौटने लगी थी। शाम की उस ठण्डी हवा ने अब मुझे एहसास दिलाया कि तुम थक गयी हो, एक अज़ीब-सी शान्ति पूरे माहौल पर छा गयी थी। पूरा ग्रुप शान्ति से लौटती हुई बोट के साथ लौट रहा था। जब हम उतरने के स्थान (किनारे) पर आ गये थे, तब तक अँधेरा घिर आया था लेकिन रिसॉर्ट में जगह जगह दिये जलाये गये थे। चारों ओर से जंगल से घिरे उस रिसॉर्ट में भी शायद रात में जंगली जानवर घूमते होंगे? यह मेरे मन में उठा सवाल, जिसे मैंने मन ही मन ज़ब्त कर लिया। पूरी पहाड़ी आधे में चढ़कर वहीं पर हमारे चाय-नाश्ते का प्रबन्ध किया गया था। हम सब चाय की चुस्कियाँ लेते हुए इस बोट सफारी के बारे में चर्चा कर रहे थे और साथ में एक-दूसरे से परिचित भी हो रहे थे। मेरी रूम पार्टनर या कॉटेज पार्टनर अंजू वैद्य थी, जो नागपुर से आयी थी। अंजू का स्वभाव, विन्मुक्तता और उसकी फ़ोटोग्राफ़ी सबकुछ मुझे अच्छा लगा। उसकी फ़ोटोग्राफ़ी की वह लम्बी गन

और उसे ढोने का अंजू का रवैया सबकुछ बड़ा ही खुला और ख़ुशनुमा था। मैं ख़ुश थी, मुझे अच्छी रूम पार्टनर मिली थी।

वहाँ से चाय नाश्ते से निपटकर हम अपने अपने कॉटेज की ओर पूरी पहाड़ी चढ़कर आये। हमारे कॉटेजेस पहाड़ी के सिरे पर बनाये गये थे। कुल 12-15 कॉटेजेस थे। अब रात हो आयी थी, अत: आसपास के माहौल का मुआयना करना या देखना, सम्भव नहीं था। अत: हम सब अपने अपने कॉटेजेस की दिशा में बढ़ने लगे। टीम लीडर ने कहा, "खाने के लिए ठीक 9.30 बजे मिलना है।"

कॉटेज में घुसते ही अंजू ने अपनी 'गन' सँभलकर उसके बक्से में सहेज दी। स्नान करना आवश्यक था। जैसे ही अंजू बाथरूम में घुस गयी, मैं कॉटेज को देखने लगी। लकड़ी से बना यह कॉटेज बड़ा ही सुन्दर था, आरामदायी था। मैंने पीछे का दरवाज़ा खोलकर देखा, बाहर एक छोटी सी बालकनी थी जो लकड़ी के खम्भों पर तोली हुई थी। उस बालकनी में दो कुर्सियाँ और एक छोटी-सी तिपाई रखी हुई थी। सुबह या शाम की चाय वहाँ बैठकर पीने में मज़ा आयेगा, मैं सोच रही थी। वैसे वह पूरा कॉटेज ही उस ढलान नुमा ऊँचाई पर तोला गया था। नीचे पत्थर और पेड़ तथा पौधे थे और उससे भी नीचे तुंगभद्रा नदी का जलस्रोत था। मैं साफ़ तौर पर कुछ देख नहीं पा रही थी क्योंकि अँधेरा हो गया था लेकिन जलस्रोत और उसी जलस्रोत में थोड़ी दूरी पर खड़ा ज़जीरा दिखाई दे रहा था।

मैं वहीं पर बैठकर उन ठण्डी हवाओं का लुत्फ़ उठाना चाहती थी, लेकिन खुले दरवाज़े से बिजली के दिये, दियों की रोशनी की ओर जंगली कीड़ों-मकोड़ों, झींगुरों का आना बढ़ गया था। मैंने उन्हें रोकने के लिए बाहर से दरवाज़ा बन्द कर लिया और मैं बाहर ही बालकनी में बैठी रही। अज़ीब-सी शान्ति और सुकून था। लग रहा था, तुंगभद्रा का वह जलस्रोत मुझ में निथरकर मुझे अनूठी शान्ति प्रदान कर रहा है। मैं सम्मोहित-सी बैठी रही, कितनी देर हुई पता नहीं चला। अंजू ने जब पुकारा, तब मैं अकबकाकर देखने लगी। "अरी, स्नान नहीं करना? खाना खाने जाना है। सुबह फिर जल्दी उठना है।"

"जी...जी..." कहते हुए मैं हड़बड़ाकर उठ गयी।

स्नानादि से निपटकर जब हम डायनिंग हॉल में आये तब खाने की मेज़ पर फिर से परिचय का दौर चला। कौन, क्या कर रहा है, कहाँ से है, इसकी चर्चा हुई।

फिर से जंगल का विषय, बाघिन की मार्किंग पद्धति आदि के बारे में चर्चा हुई, कॉटेज में जब लौटे, तब 10.30 बज गये थे। मैंने कपड़े बदलकर बेटी से फ़ोन पर बात की। उसे आज के शेरनी के दर्शन के बारे में बताया, तब तक अंजू बिस्तर में घुसकर बिल्कुल सो गयी थी।

फिर से मैंने पीछेवाले, बाथरूम के दरवाज़े की जाँच की। आज अलस्सुबह पाँच बजे उठना था, और तैयारी कर 6.30 बजे जंगल सफारी के लिए निकलना था। सुबह से हवाई जहाज़ से शुरू हुआ दिन अब ख़त्म हो रहा था, आज के लिए! कल फिर नया दिन, नयी सफारी, जंगल का नया हिस्सा और जंगल की वह अद्‌भुत दुनिया! मुझे पता नहीं क्यों, बिस्तर में घुसने के बाद, दिन-भर की थकान के बावजूद आँखों के सामने जंगल ही दिखाई दे रहा था। पता नहीं, कब, कितने बजे मैं सो गयी।

06-10-2023 (सुबह)

भद्रावति के जंगल में यह हमारा दूसरा दिन था। आज सुबह थोड़ी बारिश हुई थी। हवा में थोड़ी नमी भी थी। माहौल में भी एक ठण्डापन आया था। हम सब सुबह अपनी अपनी कॉटेज से समय पर बाहर निकलें। गाड़ियाँ हमारा इन्तज़ार ही कर रही थी लेकिन सिर्फ़ हमारी गाड़ी नहीं आयी थी। उसे जंगल विभाग से आने में ही देर हो गयी थी। भद्रावति का जंगल विभाग, पन्ना के जंगल से बिल्कुल अलग-थलग है। कुछ ज़्यादा शान्त और अनुशासनप्रिय!

यह अनुशासन भी शासन द्वारा जारी अनुशासन नहीं है बल्कि, वहाँ के लोगों ने अपने लिए तैयार किया हुआ या बनाया गया अनुशासन है। यहाँ सरकारी ओहदेवाले आकर गाईड्स, ड्राइवर या यात्रियों को अनुशासन नहीं बताते बल्कि यहाँ एक और बात जुड़ी हुई होती है, और वह होती है, ड्राइवर, गाईड के अलावा एक और अतिरिक्त बन्दा या बन्दी, जिसे वह जंगल मित्र कहते हैं, आपके साथ जोड़ दिया जाता है। यानी एक अतिरिक्त जानकार या विशेषज्ञ और ये सभी लोग स्वयं अनुशासनप्रिय होते हैं, आपके पास समय से पहले आ जायेंगे और जंगल के दरवाज़े तक समय से पहले पहुँच जायेंगे।

कॉटेज से भद्रा के जंगल के दरवाज़े तक का रास्ता भी खुबसूरत पेड़ों, पंछियों तथा नहर (मानव निर्मित) से अटा हुआ है। नारियल, सुपारी के पेड़ों की कतारें एक ओर, दूसरी ओर नहर और उस नहर के पार जंगल का दूसरा रूप जो कि विभिन्न पेड़ों से भरा हुआ था और विभिन्न पंछियों के दर्शन करवाता था। इस रास्ते पर आते-जाते हुए भी रुकना और विभिन्न पंछियों को देखना, उनके बारे में चर्चा करना, आम बात थी। पंछी भी कितने अलग-अलग। कोई बिल्कुल हरे रंग का, गले में लाल नेकलेस डाला हुआ, किसी की लम्बी पूँछ, किसी की अनूठी आवाज़, कोई 'ग्रे' रंग में सफ़ेदी को ओढ़कर बैठा हुआ तो कोई काले के साथ या गेरुए के साथ सफ़ेदी को लेपकर चलता हुआ। लेकिन जितनी ज़्यादा रंगीनियाँ, उतनी ही ज़्यादा उन्हें पकड़ने (कैमरे में) की संगीनियाँ। वो थोड़े ही हमारे इन्तज़ार में बैठकर कहेंगे, "आइए मेहरबान..."

मैं तो पंछियों की बात कर रही थी। जंगल के पंछियों के क्या कहने? हालाँकि रिवर टर्न लॉज जो कि पश्चिमी घाट में छुपा हुआ है और भद्रा जलाशय के किनारे पर स्थित है, उसे यह नाम रिवर टर्न नामक पंछियों की वजह से ही प्राप्त हुआ है। यहाँ जो जजीरा या टापू है, वहाँ ये रिवर टर्न पंछी यूरोप से सितम्बर-फ़रवरी के बीच मेहमान बनकर आते हैं, यहाँ वे नदी के छोटे-छोटे टीलों पर घोसलें बनाकर उनमें अण्डे देते हैं और उन अण्डों से बच्चे पैदा होते हैं। फ़रवरी-मार्च में फिर ये पंछी अपने अपने देश लौट जाते हैं।

तो मैं बात कर रही थी, उस दिन की देरी की! हालाँकि वैसे तो देर नहीं हुई थी क्योंकि कॉटेज से जंगल का गेट 15-20 मिनट की दूरी पर था, और हम समय पर पहुँच सकते थे, लेकिन देरी इसलिए हो गयी थी कि सभी गाड़ियाँ चली गयी थी और हमारी गाड़ी अब तक पहुँची नहीं थी। वैसे भी आज पता नहीं क्यों, लेकिन 'मूड' थोड़ा नासाज़ था। तबीयत अच्छी थी, लेकिन जंगल जाने का मन ही नहीं कर रहा था। लेकिन यह बात थी, एक मन की! पता नहीं उस एक मन को क्या हुआ था? लेकिन दूसरा मन बार-बार याद दिला रहा था कि क्या जंगल हर दिन तुमसे मिलने आयेगा या फिर तुम जंगल से मिलने हर दिन आ सकती हो? इसलिए 'मूड-वुड' की बाते छोड़ दो और चलो। जंगल

तुम्हें बुला रहा है...और सच कहती हूँ, इतने में हमारी गाड़ी आती हुई दिखाई दी और गाड़ी के रुकते ही गाड़ी में पहले छलाँग लगाने वाली मैं ही थी।

इस बार ज़्यादा बाहर रुकते हुए, देखते हुए जाने की फुरसत नहीं थी, क्योंकि गेट पर समय से पहुँचना था। यूँ ही आसपास की प्रकृति और नहर के बहते पानी और उस पानी के साथ नहर के किनारे पर खेलनेवाले पंछियों को देखते हुए हम तेज़ी से गेट की तरफ जा रहे थे।

गेट खुला हुआ था, सभी गाड़ियाँ अन्दर चली गयी थी। क्योंकि बाहर एक भी गाड़ी दिखाई नहीं दे रही थी। हमारी गाड़ी ने भी आवश्यक नोटिंग करवाते हुए गेट से भीतर प्रवेश किया।

जब हम मुख्य गेट से अन्दर जंगल में घुसे तब जंगल के माहौल ने हमें तुरन्त अपने घेरे में ले लिया। ठण्डी बयार और वृक्षों की छाँव ने, जो पूरे रास्ते में हमारा साथ दे रही थी, हम में एक फुर्ती, ताजापन भर दिया. अन्दर जाते रास्ते पर भी विभिन्न पंछियों की आवाज़ें सुनायी दे रही थी। हालाँकि मेरे लिए उन आवाज़ों का लुत्फ़ उठाना ही मायने रखता था। क्योंकि उन पंछियों की मुझे उतनी जानकारी नहीं थी। लेकिन पंछियों का जो भी संगीत वहाँ जाते हुए सुनायी दे रहा था, उसने एक समाँ बाँध दिया था। पहले हमारे साथ संजय दादा थे, लेकिन आज वे दूसरी जिप्सी में थे। इसलिए हमारे पास उनसे जानकारी लेने का कोई अन्य विकल्प नहीं था। सालों से बर्ड वॉचिंग करने वाले संजय दादा सिर्फ़ आवाज़ से यह कौन-सा पंछी है, यह बता सकते हैं।

अब थोड़ी-थोड़ी धूप छनने लगी थी। तकरीबन एकाध घण्टा हुआ था, हम जंगल में घूम रहे थे। स्पॉटिड हिरण, मोर-मोरनी, लंगूर–बन्दर दिखाई दे रहे थे, लेकिन ऐसा कोई विशिष्ट, महत्त्वपूर्ण दर्शन नहीं हुआ था।

वैसे भी मेरे लिए बाघ या बाघिन का दर्शन होना, उतना मायने नहीं रखता है, मैं जंगल को देखना, महसूस करना चाहती हूँ, यह बात मैं हर बार बोलती हूँ लेकिन पता नहीं क्यों जंगल जाने पर वहीं एक उद्देश्य हर बार झाँकता रहता है। मैंने बाघ को तो देख लिया था, भागते हुए तेन्दुए के दर्शन भी हुए थे, लेकिन फिर एक बार बाघ दिखाई दे तो मज़ा आयेगा, यह बात हरदम साथ देती रहती थी।

वैसे तो मुझे जंगल को महसूस करना था। हालाँकि आये हुए दिन से मैं जंगल दर्शन ही कर रही थी। सबसे बेहतरीन बात यह थी कि हम जहाँ रुके थे, वह रिसॉर्ट भी जंगल का एक हिस्सा था। इस रिसॉर्ट की वह ख़ासियत थी। भद्रावति के किनारे, ऊँची पहाड़ी पर यह रिसॉर्ट मौजूद था। नदी के पात्र में ही लकड़ी और लोहे के खम्भे की टेक लगाकर लकड़ी के कॉटेजेस बनाये गये थे। कॉटेज की पिछली छोटी-सी लकड़ी की बालकनी से भद्रावति का पूरा पात्र हमारे समक्ष खुलता जाता था। कॉटेजेस की ओर से नदी में उतरती ढलान पर काफ़ी पेड़-पौधे थे और उन पर अनेक पंछियों, तितलियों की आवाज़ाही लगी रहती थी। यहीं पर मैंने पीले पंखों पर काले रंग की डिज़ाइनवाली, काली-पीली टैक्सी का रंग ली हुई तितलियों को देखा था, यहीं पर केसरिया रंग की तितलियों को मैंने बड़े गुमान से उड़ते हुए देखा था। चिड़ियों को चहचहाते सुना था। कतरे हुए हरे पत्तों के साथ खिले हुए गुलाबी रंग के फूलों को देखा था और साथ में हल्दी की तरह पीले दमकते फूलों को भी देखा था। भद्रावति के पानी में दूरी पर फैले हुए एक हरे-भरे टापू को भी मैंने उसी बालकनी से देखा था, और बाद में बोट सफारी के समय उस टापू से सटकर जाते हुए वहाँ के उस छोटे से घने जंगल को भी देखा था।

दो पहाड़ियों पर, खाने के लिए यहाँ से वहाँ जाने की वजह से तकलीफ़ होती थी, लेकिन सुन्दरता बाँधे रखती थी। सुबह 6 बजे की चाय हमें रिसॉर्ट के सामने ही मिल जाती थी और वह चाय पीकर हम सफारी पर निकल जाते थे। वहाँ से लौटने के बाद नाश्ता करने हेतु हम सीधे जहाँ जिप्सी रुकती थी, वहाँ से पैदल चलते हुए झूलता हुआ लोहे का पुल पार कर भद्रावति के दूसरे किनारे पहुँचते थे, और फिर वहीं से ऊपर चढ़ते हुए, अनेक पेड़ पौधों का साथ पाकर, सीढ़ियों तथा बनाये गये पैदल रास्ते से ऊपर पहुँच जाते थे। वहाँ पर नाश्ता कर हमें फिर वही झूलता हुआ पुल पार कर इस ओर आना पड़ता था और फिर वैसे ही बनाये गये रास्ते से हमारी कॉटेजवाली पहाड़ी चढ़नी पड़ती थी। तब जाकर हम अपने कॉटेज तक पहुँचते थे। अंजू (मेरी साथी) के लिए यह बड़ा कठिन गुजरता था, क्योंकि उसकी दूरबीन, कैमरा, लेन्सेस का पूरा बोझ ढोकर उसे चढ़ना उतरना पड़ता था। मेरे लिए भी यह चढ़ना-उतरना तकलीफ़देह था।

दोपहर के खाने के लिए भी यहीं कसरत फिर से करनी पड़ती थी। इस कसरत से बचने हेतु हम दोनों ने यह तय किया कि आने-जाने के इस तीन बार के प्रयासों या कसरत को सिर्फ़ दो बार ही किया जायें और तदनुसार हमने नाश्ता और शाम का खाना लेना ही तय किया।

तदनुसार सुबह 9-9.30 बजे तक सफारी से लौटने के पश्चात हम सीधे डायनिंग हॉल में पहुँच जाते थे। भरपेट नाश्ता कर ऊँट की तरह उसे पेट में समाहित कर हम कॉटेज पर लौट आते थे, फिर स्नान आदि से निपटकर मैं अपनी सोच और अंजू अपनी नींद की ओर लौट जाती थी। यदि सम्भव हो तो कभी-कभार 10-15 मिनटों के लिए मैं भी लेट जाती थी। अंजू बड़ी स्वतन्त्र सोचनेवाली महिला है। दुबई में कार्यरत अपने पति के पीछे अंजू ने ही अपने दोनों बच्चों को स्वतन्त्र रूप से पाला-पोसा, बड़ा किया। अब बच्चे घोसले से बाहर निकल गये हैं। अंजू का पति भी दुबई से लौटा है और नागपुर में अपना आइसक्रीम पार्लर चलाता है। उसे घूमने का बिलकुल शौक नहीं है इसलिए अंजू ने उसे साफ़ कह दिया है कि अब तुम घर सँभालो, मैं घुमूँगी, उसने भी अंजू को घूमने की पूरी छूट दी है।

अपरान्ह 3.30 बजे हम फिर तैयार होकर सफारी के लिए निकल पड़ते थे। शाम को सात बजे तक हम लौटते थे और नीचे ही चाय-वाय पीकर कॉटेज में आकर स्नान आदि से निपटकर 8.30-9.00 बजे खाने के लिए प्रस्थान करते थे। पहाड़ी पर रास्ते में दिये आदि की व्यवस्था तो थी, लेकिन था तो वह जंगल ही! अत: रास्ते में मेंढ़क, बिच्छू, घोंघे आदि से पाला पड़ना आम बात थी। एक बार साँप भी सरपट दौड़ते हुए दिखाई दिया था। खाने के बाद का चलना भी इस पहाड़ी के उतरने-चढ़ने की वजह से हो पाता था। बीच नदी पर जो लोहे का झूलता पुल था, वह भी काफ़ी लम्बा था और उसके दो छोरों पर बिजली के दीये लगाये गये थे।

एक-दूसरे के साथ गप्पे हाँकते हुए 11 बजे तक हम दोनों सो जाते थे, सुबह जल्दी उठने के लिए, दूसरी सफ़ारी के लिए!

तो हम घूम रहे थे, भद्रावति के जंगल में और यह दूसरा दिन था, हमारा! ठण्डी हवा में खुली जिप्सी में, तेज़ी से आगे बढ़ते हुए बड़ा मज़ा आ रहा

था। यह जंगल वैसे बहुत घना तो नहीं है, लेकिन पेड़ों की विविधता से और विशिष्टता से भरा है।

कुछ पेड़ों के तने सफ़ेद थे तो कुछ पेड़ों के तने मिट्टी के रंग के तथा कुछेक के तने मगरमच्छ के खुरदरी पीठ की तरह थे। ऐसे ही एक मिट्टी के रंग के बड़े से पेड़ के तने से नज़दीक से निकली एक शाखा पर बहुत बड़ा-सा एक गिद्ध बैठा हुआ दिखाई दिया। बड़ी शान से अपनी गर्दन उठाकर वह आस-पास के इलाके पर अपनी नज़र घुमा रहा था, जैसे उस इलाके की जिम्मेदारी उस पर सौंपी गयी हो और वह बड़ी शान से अपनी इस जिम्मेदारी को निभा रहा था। उसकी तेज़ नज़र, उसकी शान से घूमती गर्दन और माहौल की नमी ने शायद उसे भी प्रफुल्लित किया होगा। उसकी आन, बान, शान में वृद्धि की होगी।

हमें लग रहा था कि गाड़ी की आवाज़ से वह शायद उड़ जायेगा क्योंकि वह ज़मीन से काफ़ी करीब, तने से बिलकुल सटकर बैठा था। लेकिन हमारे आने से या गाड़ी की आवाज़ से उसे कोई फ़र्क़ नहीं पडा। वह बेख़बर, बिन्दास यूँ ही किसी 'राजा' की तरह अपनी 'प्रजा' पर नज़र रखकर बैठा था। हमने भी उसकी उस 'राज समाधि' में कोई खलल डालना उचित नहीं समझा और हम वहाँ से आगे बढ़ गये। फिर से हमारी यात्रा जंगल की दिशा में शुरू हो गयी थी। अब धीरे-धीरे जंगल घना होते जा रहा था। पेड़ों के बीच का अन्तर कम होता जा रहा था। सुबह की ठण्डी हवाओं में किसी योगी की तरह पेड़ धीरे धीरे डोल रहे थे। जाते-जाते हमने देखा कि एक पूरी तरह से उखड़ा हुआ वृक्ष दूसरे वृक्ष को सहारा बनाकर उस पर लेटा हुआ दिखाई दे रहा था। वैसे उसे इस तरह गिरकर भी काफ़ी समय बीत गया होगा। उसके बदन के पत्ते सूखकर कब के गिर गये थे और सभी शाखाएँ भी सूख गयी थी। वह बिल्कुल किसी योग मुद्रा में वहाँ उस दूसरे पेड़ पर स्वयं को लिटाकर ध्यानमग्न स्थिति में था।

हालाँकि जंगल में वृक्ष काटना, गिराना, उखाड़ना या वृक्षों को कोई तकलीफ़ देना, आदि बातों के बारे में आप सोच भी नहीं सकते। यहाँ यह अपराध माना जाता है। इसलिए यहाँ कोई वृक्ष काटा या गिराया नहीं जाता। बिल्कुल ही आवश्यकता पड़ने पर अर्थात कहीं कोई वृक्ष भीतर से खोखला

हो गया हो, अन्य वृक्षों के लिए तकलीफ़देह साबित हो गया हो या फिर किसी बीमारी से ग्रस्त हो और वह रोग अन्य वृक्षों के लिए भी तकलीफ़देह साबित हो, तब उसे उचित अनुमति या प्रक्रिया के तहत काटा जाता है, या फिर उस पर उचित कार्रवाई की जाती है। ऐसे स्थिति में उस वृक्ष का इस तरह उखड़ना प्राकृतिक ही माना जा सकता है। हमने उस वृक्ष की उस ध्यानमग्न मुद्रा को बड़े ध्यान से देखते हुए उससे विदा ली।

आगे बढ़ते हुए एक बार्किंग डियर ने हमारा रास्ता काट दिया। यानी रोड से उछलते हुए बिल्कुल जीप के आगे से निकलकर दूसरी ओर स्थित हरी घास पर खड़े होकर हमें देखने लगा था।

उसका भूरा रंग, उठे हुए कान देखकर बड़ा मज़ा आ रहा था, क्योंकि उसके चेहरे पर, उसकी फैली हुई बड़ी बड़ी-सी आँखों में मासूमियत थी और 'ये कौन लोग आ रहे हैं' ऐसा आश्चर्यभाव भी था। बार्किंग डियर यानी हिरण का ही एक प्रकार लेकिन हिरण से थोड़ा छोटा, स्वर्णिम आभा लिए हुए इस हिरण की सुन्दरता, देखते ही बनती है। यह हिरण दक्षिण एशिया में ही ज़्यादातर दिखाई देता है। हालाँकि अन्य देशों जैसे कि फ्रांस, जर्मनी, पोलैंड में भी यह पाया जाता है, लेकिन उसकी ज़्यादातर मौजूदगी एशिया में ही पायी जाती है। इस प्राणी को स्पॉटेड हिरण जितना महत्त्व नहीं दिया जाता, ना ही इसे उन हिरणों जितना सौन्दर्यशाली माना जाता है लेकिन इसकी अपनी पहचान है। काले, पीले, लाल रंगों में भी इनकी प्रजातियाँ पायी जाती हैं। इनका चेहरा भी थोडा-सा अन्य हिरणों से अलग, खींचा हुआ-सा पाया जाता है। इस बार्किंग हिरण को भी शायद हमसे कोई लेना-देना नहीं था। वह भी चुपचाप, अपनी मासूम आँखों से दूर से ही हमें देख रहा था और हम और कुछ देखने की इच्छा से वहाँ से, उसे छोड़कर आगे बढ़ गये।

अब पेड़ों की घनता बढ़ती हुई दिखाई दे रही थी। अब हम भद्रावति नदी की दिशा में बढ़ने लगे थे। वहाँ पेड़ों की सघनता और बढ़ गयी थी। नदी के किनारों पर जो वृक्ष और पेड़ पौधे खड़े थे, उनसे शायद सूरज की रोशनी भी अन्दर नहीं आ पा रही थी, उसे बड़ी कोशिश करनी पड़ रही थी, अपनी जगह बनाने के लिए! पत्तों की भीड़ और शाखाओं की विपुलता सूरज की रोशनी को ऊपर ही रोक रही थी। हम उस ठण्डी छाँव का लुत्फ़ उठाते हुए

भीतर और भीतर घुस रहे थे। रास्ता भी वैसा बना, बनाया हुआ नहीं था, न ही सीमेंट कंक्रीट का था। वैसे ही मिट्टी से बनाया हुआ या बना हुआ रास्ता, जिससे हमारी जिप्सी गुज़र रही थी। रास्ता उबड़खाबड़ था और जिप्सी बुरी तरह से उछल रही थी और हमें भी उछाल रही थी। लेकिन जब आप प्रकृति के साथ होते हो, तब इन बातों, तकलीफ़ों की ओर उतना ध्यान नहीं जाता। आप पूरे माहौल की ओर मुखातिब रहते हो। अब क्या दिखाई देगा, अब कहाँ से, कब, कौन-सा प्राणी या पंछी दिखाई देगा, कौन-सा पेड़ अब सामने आयेगा, इन बातों की ओर हमारा ध्यान ज़्यादा लगा रहता है। हमारी जिप्सी गुज़र रही थी और हम देखते-देखते नदी के किनारे पहुँच गये थे। नदी हमसे थोड़ी दूरी पर थी, लेकिन हरा किनारा हमारा साथ दे रहा था। उस हरे किनारे से गुजरते हुए हम बिल्कुल नदी के किनारे पर आकर रुक गये। किनारे पर हेरॉन, स्टॉर्क, बत्तख और कितने ही अन्य पंछी टहल रहे थे, जो गाड़ी की आवाज़ से उड़ गये। हमारी गाड़ी अब पूरी तरह से रुक गयी थी। सामने भद्रावति का नीला, हरा जल अपनी गति से बह रहा था। किनारों की गीली मिट्टी में अब फिर से पंछी आकर अपने अपने कामों में उलझ गये थे। हम उस नदी की शान्ति, वहाँ की नीरवता से अभिभूत थे। पानी बह रहा था, किनारे भीग रहे थे और पंछी अपने-अपने कामों में किनारों पर व्यस्त थे। बीच बीच में कोई पंछी पानी की सतह पर आकर एकाध मछली को झपटकर फिर से उड़ रहा था। किनारों की हरियाली पर 'स्पॉटेड' हिरणों का एक झुण्ड घास को मुँह से चबाते हुए यूँ ही आराम से यहाँ वहाँ घूम रहा था। उनका नेता मात्र अपने कान उठाकर एक ओर से पूरे झुण्ड पर नज़र रख रहा था। उस हरियाली भरे किनारों पर सफ़ेद पंछियों की चहल-पहल थी। नीले पानी की पृष्ठभूमि और हरियाली के हरे रंग पर उनकी सफ़ेदी झक से चमक रही थी। उनके लम्बे पैर, लम्बी पीली चोंच! वाह! क्या दृश्य था। कुछ जंगली मुर्गियाँ भी दिखाई दी, जो झट से जंगल में घुस गयी थी।

हम बहुत देर तक वहीं रुककर उस दृश्य को अपनी आँखों में समाहित करने की कोशिश कर रहे थे। प्रकृति के उस चित्रकार की जितनी तारीफ़ की जाये कम! उसकी अद्‌भुत चित्रकारी, उसका सौन्दर्य और उसकी जीवन्तता, मानव की क्या बिसात, वह ऐसा ही कुछ, इसी

तर्ज पर तैयार करे? और करे भी तो क्या? उस चित्रकार की अद्‌भुतता और सौन्दर्य तथा रंगकुशलता इतनी अद्वितीय है, अद्‌भुत है कि हम सिर्फ़ उसके आगे झुक सकते है, हाथ जोड़ सकते हैं। हमने भी वही किया, बहुत देर तक हम वहीं पर रहे। अब लौटने का समय भी हो रहा था। हमारे सारथी और गाईड ने हमें लौटने के बारे में बताया, फिर से हम सब ने उस दृश्य को कैमरा, मोबाइल और अपनी आँखों के कैमरों में क़ैद कर लिया। गाड़ी अब मुड़कर वापसी के रास्ते पर थी, लेकिन यह वह रास्ता नहीं था, जिस रास्ते से हम यहाँ आये थे। अब का रास्ता अलग था। लेकिन इस रास्ते पर भी अब जंगल का नया अलग रंग दिखाई दे रहा था। यहाँ बन्दरों की संख्या ज़्यादा थी। कुछ बन्दरियाँ अपने बच्चों को पेट से चिपकाकर यहाँ-वहाँ कूद रही थीं, उनका पूरा समूह था। सभी कुछ न कुछ हरकतें कर रहे थे। कोई पेड़ों की शाखाओं पर झूल रहे थे। कोई एक स्थान पर बैठकर पेट या सिर खुजला रहा था, तो कोई किसी और के साथ उछलकूद कर रहा था। कोई यूँ ही बैठकर दाँत फैलाकर दिखा रहा था, जबकि कोई यूँ ही एक जगह बैठकर पीठ खुजला रहा था। कोई यूँ ही आने जानेवाली गाड़ियों की ओर देख रहा था। जैसे कोई जलसा चल रहा हो, वैसे उनका पूरा भाव था।

गाड़ी अब तेज़ी से जाने लगी थी, गेट की दिशा में! हम भी अब अपनी अपनी ओर से जो भी दिखाई दे रहा था, वह देख रहे थे। पेड़ बड़ी तेज़ी से पीछे जा रहे थे और ऐसे में अचानक वह पेड़ हमारे सामने आया, बिल्कुल ठूँठ-सा! उस पर एक भी हरा पत्ता नहीं था। लेकिन वह खड़ा था, अपनी सूखी टहनियों के साथ कंकाल की तरह! पूरे हरे-भरे जंगल में उसका यूँ ठूँठ की तरह अकेले खड़ा होना, रुखा-सूखा सा! बड़ा दु:खदायी दृश्य था, लेकिन सिर्फ़ पलभर के लिए! हमारी गाड़ी तेज़ी से आगे बढ़ गयी थी। वह ठूँठ-सा पेड़ पीछे छूट गया था। क्या हो गया होगा, उसके साथ? इतने हरे-भरे जंगल में उसका यह, इस तरह सूखना, कुछ ठीक नहीं लग रहा था। किसने उसे यूँ सुखा दिया होगा? या फिर यूँ ही वह सूख गया होगा? क्या हुआ होगा? अनेक सवाल दिमाग़ में कुलबुला रहे थे। लेकिन किससे पूछा जायें? और पूछकर भी क्या लाभ होनेवाला था? उस ठूँठ के फिर से हरे-भरे होने की कोई गुंजाइश नहीं थी। फिर यूँ ही बातों को उछालने में कोई तुक नहीं था। मैं चुपचाप पीछे

जाते उस ठूँठ को देखते हुए और जिप्सी के साथ पीछे छूटते पेड़ों से अलविदा लेते हुए गेट की दिशा में बढ़ रही थी।

थोड़ी ही देर में गाड़ी गेट से बाहर निकल गयी थी। आज की हमारी सफारी समाप्त हो गयी थी।

06-10-2023 (शाम)

भद्रा की जंगल सफारी तीन घण्टों की होती है। यहाँ सुबह की सफारी 7 बजे शुरू हो जाती है और 10 बजे ख़त्म हो जाती है, परिणामस्वरूप धूप के फैलने और गर्म होने से पहले ही हम रिसॉर्ट पहुँच जाते हैं। शाम की सफारी अपराह्न 3.00 बजे शुरू हो जाती है और शाम 6.00 बजे हमें भद्रा के गेट से बाहर आना पड़ता है। आज सुबह भी वैसे कुछ ख़ास नज़र नहीं आया था इसलिए शाम को भी हम थोड़े से नाराज ही थे। लेकिन जंगल में प्रवेश करने के पश्चात, पता नहीं उस माहौल में क्या जादू होता है कि हमारी मानसिकता, मन की स्थिति सबकुछ बदल जाती है। माहौल में ऐसा 'जादू' रहता है कि हवाएँ अपना संगीत गुनगुनाने लगती, वृक्षों के पत्ते खड़कते जाते, सूरज की किरणें भी पता नहीं क्या लेकर चलती हैं कि कभी उनकी तपन महसूस नहीं होती है और उनकी छुअन से ऊर्जा मिल जाती है।

हम जंगल से इतना प्यार क्यों करते है? मैं यूँ ही सोच रही थी और अचानक मुझे साक्षात्कार-सा हुआ। हम इन्सानों को हर बात बड़ी आसानी से मिलती है। हमें जीवन का कोई डर नहीं होता, स्वयं द्वारा बने, बनाये गये समाज में आदमी को किसी से कोई आतंक नहीं लगता क्योंकि हर बात की सुरक्षा प्रणाली आदमी स्वयं तैयार कर रखता है जबकि जंगल और जंगल के जानवरों, पंछियों के लिए यह कतई लागू नहीं है। जंगल में तो शिकार-शिकारी का खेल हरदम चलता रहता है। 'नज़र हटी, दुर्घटना घटी' यहाँ का नियम है। जब एकाध हिरण पानी पीने जाता है तब भी उसे सतर्क रहना पड़ता है और वह सावधान रहता है। अपने बच्चों की सुरक्षा और जीवन के लिए बाघिन वक़्त पड़े तो अपने बाघ को भी मार देती है। 'शिकार और शिकारी' फंडा, जंगल का अपना फंडा है। यहाँ यह खेल निरन्तर चलता रहता है। जंगल में 'शिकार' अपना जीवन खर्च कर देता है, अपनी पीढ़ी या आने वाली पीढ़ी के

लिए जबकि 'शिकारी' शिकार तब करता है, जब वह भूखा होता है। अपना हिस्सा खाने के बाद या पेट भर जाने के बाद वह वहाँ से हट जाता है। शिकार का शेष हिस्सा दूसरों के लिए छोड़ देता है। जंगल में एक और नियम भी होता है। वहाँ जानवर अपने बच्चों की ज़िम्मेदारी तो लेता है, लेकिन जीवन भर के लिए नहीं। बच्चे जब विशिष्ट आयु के हो जाते हैं (यह आयु हर एक जानवर के लिए अलग-अलग होती है) तब वे बच्चों को छोड़ देते है, जंगल में अपने बलबूते पर जीने के लिए! जबकि हम मानव अपने बच्चों के लिए ही नहीं बल्कि अपनी अगली अनेक पीढ़ियों के लिए जीवनभर कमाते रहते हैं (अच्छे या बुरे तरीकों से ही सही) और जब समय आता है तब उसे यूँ ही छोड़ चले जाते है। वे जानते हैं कि यह सब यहीं पर छोड़ जाना है. इसमें से एक ढेला भी उनके साथ वे ले नहीं जा सकते फिर भी लालच...! जो बात हम कर नहीं सकते वह बात जब दूसरा कोई करता है तो उसके प्रति हमें अच्छा लगता है. जंगल और जंगल के जानवरों की तरह हम हो नहीं सकते और शायद इसलिए जंगल का हर जानवर जब इन्सान से अलग-थलग करता है, तब इन्सान का जंगल से, जंगल और जानवरों के प्रति प्यार बढ़ता है, हालाँकि यह मेरा मानना है। आपकी राय अलग हो सकती है।

इस बार भी ऐसा ही कुछ हुआ, हमारी जिप्सी ने भद्रावति के गेट से जंगल में प्रवेश क्या किया, हम सब उत्सुकता, प्रसन्नता से सराबोर होकर जंगल की ओर देखने लगे...एक एक पेड़ हमारी जिप्सी से पीछे छूटता जाता था और हमें और अधिक ऊर्जा से भर देता था।

ऐसे ही गुजरते हुए हमने एक जगह दो वृक्षों को आपस में गुँथे हुए देखा। हालाँकि वे दोनों पेड़, पेड़ के रूप में गुँथे हुए नहीं थे, बल्कि ठूँठ के रूप में गुँथे हुए थे। जैसे प्रणयरत जोड़ा आपस में समागम क्रिया करते हुए एकदूसरे से जुडा हो, बड़ा ही रोमाँटिक दृश्य था। कैसे हुआ होगा, यह सब? इसतरह दो वृक्षो का आपस में उलझना, बढ़ना और एक-दूसरे का साथ देना, पत्तों के झड़ने के बाद भी? जीवन की समग्र हरियाली को वक़्त ने छिन लिया था, जीवन रस को भी सोख लिया गया था लेकिन बावजूद इसके दोनों का आपसी प्रेम, अपनापन ख़त्म नहीं हुआ था। जान में जान नहीं थी लेकिन जीवन में

प्रेम था, आत्मा प्रेम से सराबोर थी। मैंने उस स्थिति को, उन्हें हाथ जोड़े, और ईश्वर से उनके प्यार और साथ को यूँ ही कायम रखने की प्रार्थना की।

अब हमारी जिप्सी कुछ ज़्यादा उछलने लगी थी। शायद और ख़राब रास्ता हिस्से में आया होगा, बारिश की वजह से रास्ते पर जो लाल मिट्टी थी, दबी हुई, वह ऊपर निकलकर बह गयी थी और उसने कीचड़ को जन्म देने के साथ-साथ पत्थरों को बिल्कुल उघाड़ दिया था। रास्ते के पत्थर जैसे-तैसे रास्ते को उखाड़कर ऊपर आ चुके थे। हमारा उछलना जायज था। पता नहीं, ड्राइवर आज कौन-सी जगह ले जाने वाला था? लेकिन यह कल वाला रास्ता बिल्कुल नहीं था। कल जिस रास्ते से हम गुज़रे थे, वह इतना उबड़-खाबड़ नहीं था, उसके चारों और इतना घना जंगल भी नहीं था। आज का रास्ता जंगल से होकर गुज़र रहा था। बीच में थोडी-सी खुली जगह पर मैंने चित्तेदार हिरणों के जत्थे को देखा, वे बड़े आराम से उस जंगल के एक कोने में उगी घास पर चरते हुए घने जंगल की दिशा में खड़े थे। शायद वे भी अब अपने घरों की दिशा में लौटने के बारे में सोच रहे होंगे। जंगल में कई जगह जंगली फूल भी खिले थे। एक जगह पानी का स्त्रोत बह रहा था। उसके दोनों किनारों पर घनी झाड़ी थी। कुछ पेड़ तो उस पानी के प्रवाह के एक किनारे से अपनी शाखाओं का पुल बनाकर दूसरे किनारे तक पहुँच गये थे। इस पानी के प्रवाह के चारों ओर गहन शान्ति थी। सिर्फ़ पंछियों की अलग-अलग आवाज़ें पानी के प्रवाह की कलकल में शामिल होकर एक नया समाँ बाँध रही थी। बड़ा ही सुकूनदायी माहौल था। वहाँ धूप भी छनकर आ रही थी। हमें उस शान्ति ने ऐसे बाँध रखा था कि हम भूल ही गये कि हमें जंगल में आगे जाना है, बहुत कुछ देखना है। हमारी सफारी पूरी नहीं हुई हैं।

इस बार सफारी में मेरे साथ डॉ. इलांगो नागप्पन थे। जंगल प्रेमी और बेहद उम्दा फ़ोटोग्राफ़र, व्यवसाय से डॉक्टर इस बुजुर्ग जंगल प्रेमी ने अब तक सैंकड़ों सफारियाँ कर अनेक जंगलों को भेंट दी होगी। उनकी जंगल की जानकारी और जंगल से उनका प्रेम, इन दोनों बातों का कोई सानी नहीं। बातचीत भी इतनी धीमी आवाज़ में कि मुझ जैसी उज्जड़ को कभी-कभार दो बार पूछना पड़ता था। इस बेहद सौम्य व्यक्तित्व के धनी, डॉ. इलांगो की पत्नी भी जंगल प्रेमी है और इसलिए दोनों भी अब सेवा निवृत्ति के बाद हर

साल नये जंगलों से मुलाक़ात करते है और अपने समृद्ध जंगल प्रेम को और समृद्ध करते है।

हमारी जिप्सी तेज़ी से भागे जा रही थी कि अचानक वह एक खुली-सी जगह पर आकर रुक गयी। हम सब, जो अब तक आपस में बातचीत या अपनी ही सोच में उलझे हुए या जंगल की सुन्दरता में उलझे हुए थे, अचानक जैसे जाग गये...जिप्सी अब रुक गयी थी, बिल्कुल आवाज़ किये बिना डॉ. इलांगो ने मुझे बायीं ओर देखने के लिए कहा। मेरी कुछ समझ में नहीं आया लेकिन मैंने बायी और देखा। हम सबकी नज़रें बायीं ओर केन्द्रित हो गयी थीं। वहाँ एक बडा-सा लेकिन ठिगना-सा लकड़ी का ठूँठ खड़ा था और उस पर एक बाज़, जिसे अंग्रेज़ी में फाल्कन कहा जाता है, अपने बड़े-बड़े पंखों को समेटकर, अपने पंजों से उस ठूँठ को बड़ी मज़बूती से पकड़कर अपनी बड़ी-बड़ी आँखें यहाँ वहाँ घुमाकर सावधानी से चारों ओर देख रहा था। उसकी पीली वक्राकृति चोंच सूरज की ढलती रोशनी में चमक रही थी। बड़ी देर तक, पता नहीं किस बात का वह मुआयना कर रहा था, लेकिन उसकी नज़र में अनुश्रवण करने का भाव था। यह भारतीय बाज था, जिसका वजन 3.00 से 3.50 कि.ग्रा. होता है जबकि अमरिकी बाज यानी फाल्कन, साढ़े छह-सात किलो तक के वज़न का होता है। यह पंछी अपनी तेज़ गति, तीखी नज़र और खतरनाक़ तौर तरीक़ों के लिए जाना जाता हैं। उसकी चोंच थोड़ी टेढ़ी और नुकीली रहती है। उसका उड़ने का अन्दाज़ अनूठा होता है। वह जब उड़ान भरता है, उसके लम्बे-चौड़े पंख किसी हवाई जहाज़ के पंखों से कम नहीं लगते है। वह जब उड़ता है, तब हवाई–जहाज़ उड़ने का एहसास होता है। उसका शिकार करने का ढंग भी बड़ा खतरनाक होता है। वह चाहे तो हिरण का बच्चा, खरगोश, सांभर का बच्चा, बड़ी-बड़ी मछलियों के साथ बन्दर, बड़े पंछी, साँप, नेवले का भी शिकार कर सकता है। अपने शिकार पर उसकी मज़बूत गिरफ्त को आसानी से छुडाया नहीं जा सकता, लेकिन कुछ भी कहिए, यह एक राजसी और शाही पंछी है, जिसे देखना सौभाग्य की बात होती है और वह सौभाग्य हमें प्राप्त हुआ था। वह आसमान में यूँ उड़ रहा था कि जैसे कि आसमान उसके आगे छोटा हो गया हो, उसकी उड़ान का ठाट–बाट, उसके पाँवों का फैलाव और तिस पर उसकी तेज़ और तीखी

नज़र...वह उड़ रहा था और हम जैसे बँध गये थे, उसकी उड़ान में। वह बाज था, आसमान पर उसका राज था।

बाज ने जो उड़ान भरी थी, वह इतनी शानदार और रईस थी कि काफ़ी देर तक वह एक ही गति से, एक ही तेज़ी से उड़ रहा था और हम सब देख रहे थे। उसे कोई जल्दी नहीं थी, जैसे वह समय पर भी राज कर रहा हो। वह उड़ता रहा और तेज़ गति से चलती हमारी जिप्सी को भी पीछे छोड़, वह हमारी आँखों से ओझल हो गया।

उसे देखना, उसकी उड़ान को देखना, महसूस करना एक अलग-थलग बात थी। वैसे हमने गिद्ध देखा था, गरुड़ देखा था, चील भी दिखाई दिया था, हमें! लेकिन सच कहती हूँ, जो बात बाज में थी वह और किसी में नहीं थी। वहाँ ताक़त थी, राजसी ठाट-बाट था, आसमान को नापने का इरादा था और किसी का भी शिकार करने का साहस था।

अब हम घनी झाड़ियों में घुस गये थे। हमारी बगल से चित्तेदार हिरणों का समूह गुज़र रहा था। उनमें कुछ छोटे-छोटे बच्चे भी थे। थोड़ी दूरी पर एक बार्किंग डियर (भौंकता हिरण) भी दिखाई दिया, लेकिन इन सब को हमने आगे-पीछे देख लिया था। हम अब और घनी झाड़ियों से गुज़रने लगे थे। इतने में दूसरी एक जिप्सी हमारे रास्ते से लेकिन हमें क्रॉस कर पीछे जा रही थी। उस जिप्सी के गाईड ने हमारे गाईड से कन्नड़ भाषा में कुछ कहा और उनकी जिप्सी हमें पार कर निकल गयी। हमारे गाईड ने ड्राइवर से कुछ कहा और ड्राइवर ने अपनी गति बढ़ा दी।

गाईड ने हमें कहा कि अब हम तेन्दुआ देखने जा रहे हैं, हमारी बाँछें खिल गयी। हालाँकि पिछली बार किसीने बोट सफारी के समय कहा था कि वहाँ, उस ओर तेन्दुए ने छलाँग लगायी और वह जंगल में भाग गया लेकिन हम में से किसी ने उसे देखा नहीं था। शायद जिसने यह बात कही थी, उसी ने उसे देखा होगा।

तेज़ी से दौड़ते हुए हमारी जिप्सी एक विशिष्ट स्थान पर आकर रुक गयी। लेकिन हमारे रुकने से पहले ही हमारे जिप्सी में सवार शिवांश ने कहा, "तेन्दुआ उस पेड़ से उतरकर भाग गया है, मैंने उसे भागते हुए देखा है." अब

हमें ग़ुस्सा आ रहा था। "यार, तुमने देखा तो हमें क्यों नहीं बताया?" किसी ने उससे पूछा, "कैसे बताता? मैंने भी उसकी सिर्फ़ झलक मात्र देखी।" अब इस बात पर हम लोग क्या कहते? शिवांश ने कहा, "वह सामनेवाले पेड़ से उतरकर भाग गया।" अब हमारे गाईड ने अपने नज़रों से दूरबीन हटाकर हमें कहा, "सच बात है। तेन्दुआ, अभी-अभी वहाँ से भाग निकला है लेकिन उसका शिकार उसने वहीं पेड़ पर रखा है। आप देख सकते हैं।" शाम के पाँच बज रहे थे, लेकिन जंगल में अँधेरा जल्दी घिर आने की वज़ह से वहाँ कुछ ज़्यादा अँधेरा लग रहा था। हमने अपने अपने चश्में लगाकर देखा, सचमुच वहाँ दो शाखाओं के बीच फँसायी हुई सांभर की मृतदेह दिखाई दे रही थी। माहौल में धुँधलका था लेकिन सांभर की गर्दन, और आगे के दो पैर जो कि शाखा के एक ओर सामने तथा पीछे के दो पैर पिछली शाखा के बीच फँसाये हुए साफ़-साफ़ दिखाई दे रहे थे। यह घटना अभी-अभी हुई होगी क्योंकि दूरबीन से देखने पर सांभर के शरीर से टपकनेवाला ताज़ा ख़ून भी साफ़-साफ़ दिखाई दे रहा था। तेन्दुए ने उस सांभर की देह को बड़ी चालाकी और होशियारी से दो शाखाओं के बीच खोंस दिया था और उस देह को वहाँ से निकालना या फिर वहाँ से हटाना बड़ा मुश्किल था। सांभर जैसे वजनदार प्राणी को मारने के पश्चात तेन्दुए ने उसकी मृतदेह को पेड़ पर कैसे चढ़ाया होगा? उसने उसे कैसे उठाया होगा? और अब उसे वहाँ छोड़कर वह कहाँ गया होगा? अपने शिकार को छोड़कर वह क्यों और किसलिए भागा? अनेक सवाल मेरे मन में कुलबुला रहे थे। मैं डॉ. इलांगो या शिवांश को ये सवाल पूछना भी चाहती थी लेकिन गाईड ने हम सभी को शान्ति से बैठकर सिर्फ़ इन्तज़ार करने के लिए कहा था और वह भी बड़ी धीमी आवाज़ में! अत: अपने कुलबुलाते मन को समझाते हुए मैं वहीं पर शान्ति से बैठी रही, सामने जहाँ उस बेचारे सांभर की फँसी हुई मृतदेह की ओर नज़र लगाकर! तेन्दुआ, यह प्राणी, जंगल में सबसे चालाक और सक्रिय माना जाता है। यह बाघों की तरह चपल भी होता है और उनसे ज़्यादा शातिर भी! वह जंगल में दौड़ सकता है, लम्बी-लम्बी छलाँगे लगा सकता है तथा पेड़ पर आराम से चढ़ भी जाता है। वह पेड़ पर सो सकता है, पेड़ पर अपना शिकार भी छुपाकर रख सकता है।

ऐसा ही एक तेन्दुआ उस पेड़ पर अपना शिकार छुपाकर रखते हुए भाग गया था। उसने सांभर मारा था। बड़ा-सा सांभर! वैसे भी सांभर हिरणों से बड़ा होता है। तो इसने सांभर का शिकार किया था। सांभर का शिकार उसने कहाँ किया था, पता नहीं लेकिन वह सांभर को लेकर वहाँ उस पेड़ के पास आया था। जंगल का वह पेड़ उसका निवासस्थान भी हो सकता है, क्योंकि उस पेड़ से वह अच्छी तरह से वाकिफ था। वह पेड़ भी थोड़ा अज़ीब-सा था। उसका एक हिस्सा आसमान की ओर उठा था जबकि एक हिस्सा बिल्कुल बायी ओर से ऊपर जाने की बजाय तने की ओर से बायीं ओर पूरी तरह से झुक गया था और आगे बढ़ गया था। उसने काफ़ी बड़े परिवेश को अपने फैलाव से घेर लिया था। बायीं ओर फैली उसकी बड़ी-सी शाखा पर ही इस तेन्दुए ने अपना शिकार, दो शाखाओं के बीच में अच्छी तरह से खोंसकर रखा था। सांभर के दो पैर-पीछे के, उसने पिछली ओर रखे थें जबकि आगे के दो पैर और सिर शाखा की दूसरी ओर रखे थे। सांभर को इतनी अच्छी तरह से उसने रखा था कि दूर से आसानी से उस बात का पता चलना भी मुश्किल था, लेकिन जंगल के मित्र हमारे साथ थे, जो इनकी सभी गतिविधियों, स्थानों, विशेषताओं से अवगत होते हैं, उन्होंने हमारी गाड़ी की आवाज़ से पेड़ से उछलकर भागते हुए तेन्दुए को देखा, हमें दिखा तो नहीं पाये लेकिन हमें बताया और कहा कि यहीं पर उसका ठिकाना हो सकता है और जब हमने ध्यानपूर्वक देखा तो सांभर हमें वहाँ अच्छी तरह से संभलकर रखा हुआ दिखाई दिया। शायद थोड़ी देर पहले ही उसने शिकार किया होगा।

तेन्दुए के वहाँ से भाग जाने की वजह से अब हमारे पास समय भी था इसलिए हम नज़दीक से सबकुछ साफ़ तरीक़े से देख पा रहे थे, बहुत देर तक! हमने थोड़ी दूर जाकर इन्तज़ार भी किया। हमें लगा था कि तेन्दुआ सांभर को खाने के लिए निश्चिन्त रूप से लौटेगा। लेकिन वैसा कुछ नहीं हुआ। बहुत देर तक इन्तज़ार करने के बावजूद भी तेन्दुआ लौटा नहीं। जबकि हमारे लौटने का समय होने लगा था। हमने चुपचाप वहाँ से निकलना ही बेहतर समझा। तेन्दुआ वहाँ ज़रूर आनेवाला था, आयेगा, इसका हमें विश्वास था, उसका शिकार जो वहीं था! लेकिन कब, कैसे, कुछ कहा नहीं जा सकता था। वह कभी भी लौट सकता था, जंगल उसका था, जंगल की रात, दिन उसके थे। जंगल के

हर पल पर उसका अधिकार था। अत: हम जैसे आक्रमणकारियों (हम जंगल में, उनके राज में वैसे भी इस नाम से ही जाने जाते होंगे) को वहाँ रुकने का कोई अधिकार नहीं था। हम लौट चले।

वैसे भी जंगल में रात जल्दी हो जाती है। 6.30-7.00 बजे तक तो पूरा अँधेरा घिरकर आता है। हम वहाँ से लौटकर बाहर आये। देर तक हमारी यहीं चर्चा चल रही थी कि तेन्दुआ आया होगा या नहीं और ज़्यादातर लोगों ने कहा कि वह रात में ज़रूर लौटेगा।

कल उसी स्थान पर जाकर देखना होगा कि तेन्दुए ने क्या गुल खिलाये हैं, क्या उसने पूरा शिकार खा लिया होगा? क्या वह वहाँ लौटकर आया होगा? आदि अनेक सवाल थे, दूसरे दिन सुबह की सफारी में ही हमें उसके जवाब मिल सकते थे। रात के खाने की मेज पर भी तेन्दुए की चर्चा आम थी। इस चर्चा में जिन्होंने शेर देखा था, उसकी चर्चा भी धूमिल हो गयी थी।

7-10-2023 (सुबह)

आज सुबह जब हम सफारी के लिए निकले तब भी माहौल में नमी-सी थी। रात को शायद बारिश हुई होगी। मुझे पता नहीं चला होगा, क्योंकि कल शाम को देखे हुए उस मृत सांभर की यादें रात को भी मुझे घेरे हुए थी और आज उन्हीं यादों के साथ मैं जिप्सी में सवार होकर निकली थी।

कल शाम जो ड्राइवर और गाईड हमारे साथ थे, वहीं दोनों आज भी हमारा साथ दे रहे थे। कल के उस सांभर का क्या हुआ होगा? क्या तेन्दुआ रात को या आज सुबह वहाँ आया हुआ होगा? क्या सांभर को लेकर वह वहाँ से गया होगा? या फिर उसी पेड़ पर आकर अपनी शिकार की रक्षा हेतु जुटा होगा? अनेक कुलबुलाते सवालों को हमने गाईड के साथ बाँट दिया। उसने कहा, "वह एक मादा तेन्दुआ थी और उसने वह शिकार अपने बच्चों के लिए किया था। उसके दो बच्चे हैं, जो उसके साथ ही रहते है और वे वहीं उस पेड़ के आसपास ही रहते हैं।" हो सकता है, उस शिकार का मादा तेन्दुआ और उसके दोनों बच्चों ने रात में सफाया किया हो या फिर सुबह आकर भी उन्होंने उसे खाकर ख़त्म किया हो या फिर वहाँ से हटाया हो।

हम सब ने गाईड से वहाँ जाकर स्थिति को अपनी नज़रों से देखने की बात कही और गाईड के बिना कहे, ड्राइवर ने हमारी गाड़ी उसी दिशा में

मोड़ दी। जहाँ हमें कल तकरीबन 40-50 मिनटों के इन्तज़ार के बाद कुछ भी दिखाई नहीं दिया था, सिवाय सांभर की मृतदेह के!

हम उसी स्थान पर पहुँच गये थे। सुबह की रोशनी वहाँ फ़ैल रही थी। हम सबकी नज़रें उसी पेड़ पर टिक गयी, जहाँ हमने कल शाम सांभर को देखा था लेकिन आश्चर्य की बात यह थी कि अब वहाँ कुछ भी दिखाई नहीं दे रहा था। सांभर की मृतदेह जैसे वहाँ से गायब हो गयी थी। वहाँ उस पेड़ की शाखाओं में योजनाबद्ध तरीक़े से खोंसी गयी वह मृतदेह अब वहाँ से गायब थी। कहाँ गयी होगी वह मृतदेह? हम सब सोच रहे थे और गाईड ने कहा कि मादा तेन्दुआ ने उस शिकार को अपने बच्चों को खिलाया होगा। हो सकता है, यह काम उसने रात में या फिर हम जब वहाँ से गये होंगे तब किया होगा या फिर सुबह आकर भी उसने यह काम किया होगा। उसकी बातों में दम था तथापि इतने बड़े सांभर को दो बच्चों और उनकी माँ द्वारा ख़त्म करना, कुछ असम्भव-सा लग रहा था। लेकिन बाद में मैंने सोचा, यही तो जंगल है। यहाँ हमारे क़ानून, अनुमान, वास्तविकताएँ सब कुछ खोखली साबित हो जाती है। हम क्या सोचते हैं, हमें क्या करना है, आदि बातें यहाँ जंगल में आकर ख़त्म हो जाती है। कल शाम हम वहाँ से तकरीबन शाम 5.45 बजे निकल चुके थे, लम्बे इन्तज़ार के बाद! अँधेरा तो घिर आया था लेकिन जंगली जानवरों का दिन तो रात में ही शुरू हो जाता होगा। तेन्दुए जैसे चालाक और मज़बूत जानवर के लिए शाम के 6 बजे का अँधेरा क्या मायने रखता होगा? हो सकता है, वह माँ तेन्दुआ, हमारे जाने के पश्चात वहाँ लौटी होगी, अपने बच्चों के साथ और उन्होंने उस सांभर को ख़त्म कर दिया होगा या फिर सुबह भी यह बात सम्भव थी। लेकिन पेड़ की उन शाखाओं में अब कुछ भी नहीं था, यह बात उतनी ही सच थी। हम लोगों ने दूरबीनों से देखा लेकिन वहाँ कुछ भी नहीं था। पेड़ की शाखायें वैसी ही थी, जैसे वहाँ किसी सांभर की मृतदेह कल खोंसी ही नहीं गयी हो। हम बड़ी आशा से आये थे, तेन्दुए और उसके बच्चों को देखने के लिए! लेकिन यहाँ 'कुछ भी नहीं हुआ', जैसा माहौल था। सुबह ठण्डी हवाओं में पेड़ लहरा रहे थे और उनकी शाखाओं के पत्ते सरसरा रहे थे। कल रात की बारिश ने उन्हें शायद स्नान करवाकर साफ़-सुथरा किया था।

अब वहाँ देखने लायक कुछ भी नहीं था। हम चुपचाप वहीं पर, आसपास देखने के पश्चात आगे बढ़ गये, भद्रा के किनारे से होते हुए हम आगे जा रहे थे। कुछ मछुआरे वहाँ भद्रा के पानी में जाल बिछाकर बोट में बैठे थे, उन्हें इन्तज़ार था, अपनी शिकार का, मछलियों का! शायद यहीं उनकी रोजी रोटी होगी, उनका व्यवसाय होगा। हमारी जिप्सी का उन्होंने हाथ उठाकर स्वागत किया। हमने भी अपने हाथ उठाकर उनका अभिवादन किया। अब हम भद्रा के किनारे किनारे होकर आगे बढ़ रहे थे।

जंगल का उबड़-खाबड़ रास्ता शुरू हो गया था। ठण्डा माहौल था। सुबह के 6.30 बज चुके थे। माहौल की ठण्डी हवाएँ दिल को ख़ुश कर रही थी और शरीर को उत्साहित! पेड़ों का एक के बाद एक पीछे छूट जाना और हमारा आगे बढ़ते जाना...जंगल धीरे-धीरे हमारी नसों में उतर रहा था और उसकी अद्भुत शान्ति को सभी महसूस कर रहे थे। कोई भी कुछ बात करने के बजाय सिर्फ़ दौड़ते पेड़ों तथा जंगल के बदलते परिदृश्य को देख रहा था। आज जंगल भी कुछ ज़्यादा शान्त दिखाई दे रहा था, सुबह का माहौल होने के बावजूद न तो पंछियों का कलरव था, ना ही प्राणियों की दूर से आती आवाज़ें। ना ही पेड़ के पत्तों की सरसराहट थी और ना ही हवाओं की सुगबुगाहट! चारों ओर शान्ति–ॐ नमो शान्ति!

अब तक धूप नहीं निकली थी। वैसे भी जंगल में धूप बड़ी देरी से नीचे उतरती है। पेड़ों के पत्तों, शाखाओं की घनी छाँव से छनकर जंगल में उतरना सूरज के लिए भी आसान नहीं है। उसकी किरणें नीचे जंगल में उतरने की राह ढूँढ़ते-ढूँढ़ते थक जाती है, अपनी अधिक उष्मा लगाती है, ज़्यादा ऊर्जा छोड़ती है, तब जाकर फिर एकाध किरण उस घनें पत्तों, शाखाओं से छनकर, झाँककर नीचे आने के प्रयास में बहुत बार खण्डित होकर जैसे-तैसे नीचे पेड़ों के तनों तक पहुँच तो जाती है लेकिन ज़मीन तक पहुँचते-पहुँचते उसे और समय लगता है।

शायद रात को बारिश हुई होगी, पेड़ धुले हुए दिख रहे थे और ज़मीन गीली। मिट्टी में गाड़ियों के पहियों के साथ साथ अनेक प्राणियों के पगचिह्न भी दिखाई दे रहे थे।

उन पगचिह्नों को देखते हुए, उनकी थाह लेते हुए, कौन-सा प्राणी कहाँ तक पहुँचा, कहाँ गया होगा, इसका अनुमान हम अपनी-अपनी तरह से, तरीक़े से लगा रहे थे और आगे बढ़ रहे थे। अब जंगल ज़्यादा घना हो गया था।

रास्ते में एक जगह चित्तीदार हिरणों का झुण्ड दिखाई दिया, जंगल में आमतौर पर दिखनेवाला यह एक सामान्य जानवर! लेकिन उसकी सुन्दरता के क्या कहने? स्वर्णिम, भूरा रंग और उस पर सफ़ेद धब्बे! हालाँकि उन्हें धब्बे कहना भी ग़लत है क्योंकि उसका दूसरा अर्थ निकलता है, दागदार! लेकिन ये धब्बे इन हिरणों की सुन्दरता में बढ़ावा करते है, आप सोच सकते हैं, सौ-डेढ़ सौ चित्तीदार हिरणों का समूह शान्ति से हरियाली पर चर रहा है, घूम रहा है, और सतर्क भी है। सतर्कता के मद्देनज़र उनके कान हरदम खड़े रहते हैं। जब उनका मुखिया, उन्हें सावधान, सतर्क करना चाहता है, तब उसकी आवाज़ एक अलग अन्दाज़ में निकलती है। कान और पूँछ भी खड़ी हो जाती है। मन और तन की सतर्कता के साथ सौन्दर्य का अनूठा नजारा पेश करनेवाले उस पूरे समूह को पार कर हम आगे बढ़ रहे थे। आगे एक बार्किंग (भौंकनेवाला) हिरण भी दिखाई दिया। छोटा-सा, बढ़े हुए कुत्ते के आकार का। कभी-कभार उससे भी छोटा–दो कान हरदम उठे हुए, गहरा भूरा रंग, बिल्कुल साफ़ सुथरा-सा यह हिरण अकेला घूमता रहता है। उसे समूह की कोई आवश्यकता नहीं लगती शायद! कभी इसे आप जोड़ी में भी देख सकते है, लेकिन यह अकेला जानवर, जंगल में बाघ-बाघिन, सिंह, तेन्दुआ आदि जानवरों के बीच इस तरह अकेले कैसे घूम सकता है? यह भी एक सवाल सामने आता है, जो कि खोज का विषय भी हो सकता है।

लेकिन सचमुच जंगल बिल्कुल शान्त है, अपनी धुन में है, ऐसा लग रहा था। हमने कल सुबह और शाम को भी इस जंगल को देखा था, महसूस किया था। इस जंगल में हम सुबह-शाम घूम रहे थे, लेकिन आज का जंगल कुछ अलग-सा लग रहा था, बहुत शान्त और गहन, गहरा लग रहा था। हमने रास्ते बदलकर देखा, बिल्कुल अन्दर जाकर भी देखा, खुली जगह पर आकर देखा। जंगल शान्त था, किसी नाराज बूढ़े की तरह? किसी साधू, सन्त की असीम शान्ति की तरह या फिर किसी अनबूझ सवाल में उलझे बचपन की तरह?

धीरे-धीरे सूरज की किरणें, कहीं-कहीं से अन्दर, जंगल में झाँकने लगी। सीधे तो नहीं, लेकिन पेड़ों के पत्तों के झुरमुट से निथरकर वे अपनी एक अलग नक्काशी लेकर हमारे साथ, कभी कभी यात्रा कर रही थी। कभी वे नाराज़ होकर बीच में से टूट जाती थी, कभी सीधे आँखों पर आक्रमण कर आँखों को चुंधिया देती थी तो कभी पेड़ों की झुरमुट से एक अलग-से, अदभुत से नज़ारे से हमारा साक्षात्कार करवाती थी।

बड़ा सुकून भरा माहौल था, ठण्डी हवाओं की लहरों के साथ सूरज की किरणों की लहरें भी साथ-साथ चल रही थी। अब तो लौटने का समय हो रहा था। हम लौटने के रास्ते पर थे फिर भी गेट से बहुत दूर थे। जंगल के एक छोर से हमें दूसरे छोर तक पहुँचना था। बीच में सिर्फ़ जंगल था।

अब हम एक थोड़ी-सी ऊँची जगह पर पहुँच चुके थे। जंगल में ही सामने दो घर दिखाई दे रहे थे, जिसमें से एक वन अधिकारी का कार्यालय जैसा था और उसके बगल में ही शौचालय की व्यवस्था थी। (यह व्यवस्था जंगल में आनेवाले हम जैसों के लिए थी) वहीं इस ओर एक बंगलानुमा इमारत थी। हालाँकि इमारत की बनावट हमें उसके पुराने होने का एहसास दिला रही थी लेकिन हाल ही में उसकी रंगाई-पुताई की गयी होगी, यह भी दिखाई दे रहा था। गाईड ने बताया कि यह ब्रिटिशों का रेस्ट हाउस यानी उनका आराम फरमाने का स्थान था। यहीं पर आकर वे जंगल में शिकार करते थे और फिर यहीं रुककर उनकी पार्टियाँ या फिर मज़े करने के विभिन्न उपाय आकार लेते थे। यह बंगला लगभग 125-150 वर्षों पुराना होने की बात भी उसके द्वारा बतायी गयी।

उस बंगले को देखकर बड़ा अच्छा लगा, लम्बी और ऊँची पाँच सीढ़ियों से ऊपर चढ़ने के पश्चात बंगले का दरवाज़ा और उससे जुडी दोनों ओर की खिड़कियाँ सामने आती है। दरवाज़ा और खिड़कियाँ लकड़ी से बनी हुई और बंगले का छत खपरैल का था। बंगला दो मंजिला, वैसे दो मंजिला तो नहीं कह सकते लेकिन उसके सिर पर और एक छत भी थी, अर्थात् एक छत, उसके ऊपर छोटी-सी दिवार और उस दिवार में खिड़कियाँ और ऊपर फिर से एक छत! बड़ा ही साधारण स्थापत्य था, बंगले का! उसमें कोई शानो शौकत

का मामला दिखाई नहीं दे रहा था। अन्दर भी साधारण-सी लेकिन आरामदायी व्यवस्था दिखाई दी।

वहीं पर चाय पीने की व्यवस्था थी। केतलियों में चाय तैयार थी। हम सबने बंगले के बगल में जो बड़ा-सा पीपल का पेड़ था और जिसके नीचे बैठने की बेहतरीन व्यवस्था-सीमेंट का चबूतरा बनाकर की गयी थी, वहीं पर चाय की चुस्कियाँ ली। वह पीपल का पेड़ बहुत पुराना था। मैंने वहाँ जो चाय दे रहा था, उसे बातों में खींच लिया और उस पीपल के पेड़ के बारे में पूछा। उसने कहा, "बहुत पुराना है यह पेड़...उसके तने को देखकर आप समझ सकती हैं। वह डेढ़-दो सौ साल पुराना पेड़ होगा।" सचमुच उस पीपल के पेड़ का तना हम दो-तीन लोगों के हाथों के घेरे में भी नहीं आ सकता था, उतना चौड़ा था। चायवाले भाई की बातों में सच्चाई थी, वह पीपल का पेड़ अवश्य पुराना था। सुबह की ठण्डी हवाओं में उसके हरे, चमकीले पत्ते लहरा रहे थे और अभी-अभी छनकर आती सूरज की रोशनी उसके पत्तों से झरकर आते हुए एक अलग-सा समां बाँध रही थी। माहौल में इतनी शान्ति और सुकून था कि वहाँ से उठने को जी नहीं कर रहा था, लेकिन जंगल फैला हुआ था, वहाँ इससे भी बेहतरीन और सुन्दर कुछ तो हुआ होगा, जो हमें पुकार रहा था या यूँ कहिए बुला रहा था। हमने चुपचाप अपना आसन छोड़ा, जो हमने उस पीपल के पेड़ के नीचे लगाया था और जिप्सी में सवार हो गये। आगे बढ़ते हुए वहाँ से चल दिये। अब धूप छनकर पेड़ों से नीचे झर रही थी। हम अब भद्रा के ऊपरवाले, पहाड़ी हिस्से में पहुँच गये थे। उस बंगले से होकर हम और ऊँचाई पर चले गये। रात की बारिश ने रास्ते पर कीचड़ को फैला दिया था। उस कीचड़ में जिप्सी के पहिये भी बुरी तरह से फँस रहे थे लेकिन ये ड्राइवर लोग बिल्कुल प्रशिक्षित और जंगल के चप्पे-चप्पे से वाकिफ़ रहते हैं। इन सब कठिनाइयों में से अपना रास्ता कैसे निर्धारित करना है, यह बात उनके सिवाय और बेहतरीन तरीक़े से कौन समझ सकता है?

हमारा गाईड, ड्राइवर की बगलवाली सीट पर बैठा था। हमने देखा, चलती जिप्सी से झुककर वह कुछ देख रहा है। हमने उसे पूछा तब उसने कहा, "इस कीचड़ में शेर के पंजे दिखाई दे रहे है और वे भी ताज़ा है। मसलन

थोड़ी देर पहले ही यहाँ से शेर गुज़रा है।" उसकी बात सुनकर हमने भी अपनी बायीं ओर झुककर देखा सचमुच वहाँ शेर के पैरों के निशान दिखाई दे रहे थे। उन निशानों का पीछा करते हुए ड्राइवर ने गाड़ी चलाना शुरू किया, हमारी नज़रें भी उन पगचिह्नों का पीछा करने लगी। बीच-बीच में हम दायें-बायें भी देख रहे थे। कहीं ना कहीं, शायद शेर दिखाई दे। हमने लम्बी दूरी तय की। एक जगह आकर वे पगचिह्न रास्ते को छोड़ जंगल की दिशा में जाने लगे। हम सब चाहते थे कि हमारी जिप्सी जंगल में उन पगचिह्नों का पीछा करें, फिर हमारा बाघ से साक्षात्कार हो। कहीं ना कहीं, जंगल के किसी हिस्से में वह हमें ज़रूर दिखाई देगा, इसका हमें विश्वास था लेकिन निर्धारित किये गये रास्ते से भूले भटके भी कहीं जाने की अनुमति ना तो हमें थी और ना ही हमारी जिप्सी को! हमारी नज़रें और दूरबीनें उस मोड़ पर, जहाँ से रास्ता छोड़कर पगचिह्न जंगल की दिशा में मुड़े थे, वहाँ से उन पगचिह्नों का पीछा कर रही थी। कुछ दूरी तक हम उन पगचिह्नों को देख पाये लेकिन बाद में घास और पेड़ के गिरे हुए सूखे पत्तों के बीच हमें उन पगचिह्नों का कहीं नामोनिशान दिखाई नहीं दिया। एक बात निश्चित थी कि बाघ या बाघिन वहाँ से चलकर जंगल की दिशा में अभी-अभी या एकाध घण्टे पहले गुज़री थी और हमारी जिप्सी शायद पहला वाहन था, जो वहाँ से गुज़र रहा था। अन्यथा वे पगचिह्न हमें दिखाई देना सम्भव नहीं था।

हम बड़ी देर तक वहीं रुके, जंगल की दिशा में गये उन पगचिन्हों को देखते हुए! लग रहा था, वहीं से कहीं फिर से वह बाघ या बाघिन लौटकर आयेगी और हम उसे देख पायेंगे। लेकिन वैसा कुछ नहीं हुआ। हम वहाँ से चुपचाप आगे बढ़ने लगे। अब जंगल में धूप का प्रवेश हो गया था। जिस क्षेत्र में हम पहुँच गये थे, वह भद्रा का ऊँचाईवाला या यूँ कहिए पहाड़ीवाला क्षेत्र था। यहाँ पेड़ों की घनता बढ़ती जा रही थी।

ऊँचाई पर होने की वजह से शायद अब धूप हमें जब भी हम पेड़ों से निकलकर थोड़ी खुली जगह पर आते तो चुभने लगती थी। हालाँकि सुबह का समय था लेकिन बावजूद इसके धूप सीधी आ रही थी और खुली जिप्सी में कुछ ज़्यादा ही चुभ रही थी।

अब हम पहाड़ी से दूसरी ओर नीचे उतरने लगे थे। यहाँ ढ़लान पर पेड़ों की लम्बी सौगात हमारा साथ दे रही थी। यहाँ आकर धूप की तीव्रता भी कम हो गयी थी, क्योंकि रास्ते के दोनों ओर पेड़ ही पेड़ थे। इतने में दो-तीन आलसी भालू (sloth bear) दाहिनी ओर दिखाई दिये, उनका रूप देखने लायक था। डार्क ब्राउन यानी गहरा कत्थई रंग था। घोड़े जैसा मुख और थोड़े से ऊपर उठे दो छोटे-से कान, शेष शरीर थोड़ा सुस्त-सा, सुअर जैसा--कद्दावर, मज़बूत शरीर! इसे भारतीय भालू भी कहते है लेकिन भद्रा का यह भालू काला नहीं था। ना ही उसके शरीर पर ज़्यादा फ़र थी लेकिन उसके मज़बूत पंजे, नाख़ून साफ़-साफ़ दिखाई दे रहे थे। फल, चींटियाँ और दीमक इनका आहार है। स्लॉथ या आलसी भालू को आक्रमणकारी भालू के रूप में भी जाना जाता है। कभी-कभी वह मानवों पर भी हमला करता है। हालाँकि यह मानव भक्षी नहीं है, लेकिन समय पड़ने पर वह ऐसा भी कर सकता है। काले भालू की बनिस्बत इस कत्थई भालू से बचना, आदमी के लिए ज़्यादा ज़रूरी है क्योंकि यह कत्थई रंग का भालू ज़्यादा आक्रमण करनेवाला या मानव पर हमला बोल देनेवाला होता है। वह किस बात से उचट जायेगा और आक्रमण करेगा, यह कह नहीं सकते। कितने ही भालुओं ने विभिन्न जंगलों या गाँवों में अनेक लोगों पर हमला कर, उन्हें मार डालने के समाचार हमने पढ़े थे। लेकिन मुझे लगता है, उनके आक्रामक हमलों के लिए भी हम मानव ही जिम्मेदार हैं। हम मानवों ने उनके रिहायशी स्थानों पर आक्रमण कर दिया, वहाँ अपनी बस्तियाँ बनायी, हालाँकि यह बात सभी वन्य जीवों तथा जंगलों के लिए भी लागू होती है। हमने अपने स्वार्थ हेतु जंगलों पर क़ब्ज़ा कर, जंगलों को काटकर इन प्राणियों को जंगल से बेदखल कर दिया, ऐसे में ये प्राणी कहाँ जायेंगे? क्या खाएँगे? कहाँ रहेंगे? उनके पास मानव बस्ती के पास आने के अलावा कोई अन्य विकल्प नहीं बचता और वे वैसा ही करते हैं तथा मानव सामने दिखाई देने पर उस पर हमला करते हैं।

बचपन में हमने दरवेश को देखा था, जो कत्थई रंग के भालू को लेकर आता था। यह भालू बड़ा सयाना होता था और दरवेश उसे जो-जो बातें करने के लिए कहता था, वह सब करके दिखाता था। वह नाचता था, मज़ाक़ करता

था, जो चीज़ बतायी जाती, उसे लाकर देता था। अर्थात इस आलसी भालू को उसके दाँत और नाखून निकालकर विशिष्ट रूप से प्रशिक्षित करने के बाद ही ये सब करने के लिए प्रशिक्षण दिया जाता था और फिर रास्ते, सड़कों पर उनके द्वारा खेल दिखाकर पैसा माँगा जाता था। खेल देखने वाले लोग अपनी अपनी हैसियत के अनुसार पैसे देते थे। बच्चों के बीच यह काफ़ी लोकप्रिय खेल या कार्यक्रम होता था।

हालाँकि समय के साथ पालतू भालुओं तथा उनके इस तरह के इस्तेमाल पर वन्य जीव प्रेमी संगठनों ने पाबन्दी लगायी और एक तरह से इस तरह की तकलीफ़ों, यातनाओं से भालुओं को मुक्ति मिल गयी, वैसे बाद में इन पालतू भालुओं का क्या किया गया? क्या उन्हें जंगल में वापस भेज दिया गया? जंगल ने उन्हें स्वीकार किया? क्या वे जंगल में फिर रच-बस पाये? जंगल के अन्य प्राणियों ने उन्हें जीने दिया? आदि अनेक सवाल, सोचनेलायक हैं।

रुडयार्ड किपलिंग के 'जंगल बुक' का नायक मोगली और उसका दोस्त 'बालू' जो कि भालू था और 'बघिरा' जो कि काला तेन्दुआ था, के बारे में हम सब लोग जानते है। बच्चों में यह बेहद लोकप्रिय 'मंडली' रही। वहीं भालू हम अब जंगल में प्रत्यक्ष, उनके वास्तविक रूप में देख रहे थे। 'बालू' भालू के साथ जैसे मैं फिर से जंगल बुक की यात्रा करने लगी थी। इतने में शिवांश ने सामने पेड़ के तने पर बने एक मकड़ी के जाले की ओर मेरा ध्यान आकृष्ट किया, मकड़ी वहीं जाले पर ही थी और बड़ी तेज़ गति से जाला बुन रही थी। पेड़ के काले तने पर कुछ उबड़खाबड़ता थी और कुछ ऊँचे उठे बिन्दुओं, गाठों का सहारा या यूँ कहिए, उनका साथ लेकर मकड़ी जाला बुन रही थी। तकरीबन आधे फीट व्यास का उसका वह जाला बन गया था। बड़े फुर्तीले अन्दाज़ से, चमकदार तार जैसे धागे से वह जाला बना रही थी। इतनी-सी जान बहुत व्यस्त थी और अपने काम में मस्त भी थी। सुबह की किरणें उसके उस जाल पर पड़ी थी और बिल्कुल सतरंगी आभा फैलाकर इन्द्रधनुष का एहसास करा रही थी। उसी पेड़ के नीचे कुछ दो-तीन पंछी भी इकट्ठा हुए थे, लेकिन मकड़ी को ना तो हमसे कोई सरोकार था, ना उनसे! वह अपने काम में इतनी मगन थी और वह इतनी तेज़ी से काम कर रही थी कि उसकी वह गति और तेज़ी से हम अचम्भित हो गये। अपना काम वह इतने 'परफेक्शन' के साथ

कर रही थी कि एक धागे के बाद दूसरे धागे के बीच ठीक उतना ही अन्तर रहता था। बीच में जोड़ने का वह छोटा-सा धागा भी उतने ही नपे-तुले अन्दाज़ में वह जोड़ रही थी, अपना घर बना रही थी। अपने लिए, अपने आनेवाले नये जीवों के लिए! इतना कष्ट, इतना संघर्ष, इतना समर्पण उस नन्ही-सी जान में था कि दिल ख़ुश हो गया। नपे-तुले तरीक़े से पूरे समर्पण के साथ चले उस मकड़ी के जाल को हम पूरी तरह बनते हुए देखना चाहते थे। लेकिन समय था कि रुकने का नाम नहीं ले रहा था। उसे आगे बढ़ना था, वह आगे बढ़ रहा था। हमारे लौटने का समय भी हो रहा था। वहाँ से भद्रा के दरवाज़े तक आने में भी आधा घण्टा लगना आवश्यक था। गाईड ने हमें अवगत किया और हमारी जिप्सी भद्रा के दरवाज़े की दिशा में दौड़ने लगी।

पीछे जाते हुए वृक्षों की विविध प्रजातियाँ, प्रकार हम देख रहे थे। बीच के पठार पर फिर एक बार चित्तेदार हिरणों से सामना हुआ। हरी पृष्ठभूमी पर उनका स्वर्ण रंग का शरीर और उस पर सफ़ेद बूँदकों को देखना, सौन्दर्य की अनुभूति से भर देनेवाला एहसास था। लेकिन हर बार रास्ते में आये हुए सौन्दर्य को देखते रहना, सम्भव नहीं था। हमें लौटना था, हमारे निर्धारित समय से पूर्व या उससे पहले, भद्रा के दरवाज़े तक!

हम अब शान्ति से बैठे थे, लौटती हुई राह में दिखाई देनेवाली प्रकृति को अपने आँखों में संजोकर! अब हम में उतावलापन नहीं था, अब वह कुलबुलाहट नहीं थी, जो पहले दिन थी। अब सिर्फ़ लौटना था।

हम लौट रहे थे और रास्ते में गाड़ी की गति बिल्कुल रुक-सी गयी। गाईड ने हमारा ध्यान सामने की ओर आकर्षित किया, एक बड़ा-सा अजगर रास्ते के एक ओर से बायीं ओर की घास की तरफ जा रहा था। अजगर बड़ा लम्बा था, उसके बदन पर भूरे, काले रंग की डिज़ाइन थी, और वह बड़ी शान से बिल्कुल धीरे-धीरे घास में छुपता जा रहा था। पहले उसकी गर्दन घास में छुप गयी। बाद में उसका शरीर धीरे-धीरे अर्धगोल के आकार के दायरे में स्वयं को मोड़ते हुए घास में जाने लगा। पाँच-छह फ़ीट उसकी लम्बाई रही होगी, कुछ ज़्यादा ही! लेकिन उसका इस जंगल में इस तरह दिखाई देना भी आश्चर्य से कम नहीं था। उसके पूरी तरह से अदृश्य हो जाने तक जिप्सी रुकी रही। कहते हैं, इन प्राणियों को ज़मीन का कम्पन जल्दी महसूस होता हैं, वे आदमी

की मौजूदगी या उसकी उपस्थिति को उतना नहीं महसूस करते, जितना कि ज़मीन के कम्पन को! वहीं उनका स्पर्श, वहीं उनकी संवेदना, वहीं उनका महसूस करना!

अजगर पूरी तरह से घास में अदृश्य हो गया, तदुपरान्त हमारी गाड़ी भी वहाँ से चल पड़ी, उस अजगर की अलग-सी सुन्दरता और उसकी लम्बाई, दोनों बिल्कुल देखने लायक थी। अजगर के घास में चले जाने के बाद हम जब बात करने लगे, तब करण ने हमें कहा कि यह अजगर तो पूरा आदमी, हिरण, सांभर या फिर उससे भी बड़ी चीज़ को निगल लेता है। उसने यह भी बताया कि उस चीज़ को वह धीरे-धीरे निगलता है। निगलने की शुरुआत वह सिर से करता है। अपने आगे के शरीर, मुँह को वह फैलाता है, मुँह में चीज़ लेने के पश्चात उसे वह अपने पीछे के शरीर की ओर धक्का देता है, धकेलता है, तब उसका पीछेवाला शरीर फैलता है। उसे धीरे-धीरे वह यूँ ही इसी तरह अन्दर खींच लेता है। पूरी तरह से अन्दर लेने के बाद वह अपने शरीर को किसी मोटे से पेड़ के तने से लिपटकर भीतर के जीव को तोड़ देता है। उसकी हड्डियों या ढाँचे का वह पूरा चूरा बना देता है और फिर उस जीव को पचा लेता है। जब तक यह पचनकार्य पूरी तरह से संपन्न नहीं होता तब तक अजगर सुस्त होकर यूँ ही पड़ा रहता है, एक ही जगह पर! वह कहीं आता-जाता नहीं, हिलता भी नहीं।

प्रकृति की ये बातें, किस तरह से हर एक जीव के प्रति अलग अलग रुख अख़्तियार कर लेती है, यह समझ में आता है।

अब हम शहरवासी हो गये हैं, जहाँ अन्य जीवों का आना (हम मानवों की अनुमति के बिना) निषिद्ध है। हमारे पालतू कुत्ते या बिल्ली या फिर कुछ पंछी ही यहाँ हमारे साथ रहते हैं, वे हमारे साथी बनते है। (लेकिन यह बात भी सबके लिए लागू नहीं है) कुछेक लोग, ये बातें कर पाते है। अन्य लोगों की यह इच्छा और हैसियत भी नहीं होती, इसलिए जब हम इस तरह जंगल में जाते हैं, तब एक अलग और अद्भुत दुनिया हमारे समक्ष खुलती जाती है। उस दुनिया के साथ हमारा सम्बन्ध भी उतना ही रहता है, जितनी कि हमें अन्दर, जंगल में रहने की अनुमति मिलती है। अन्यथा, हमें उनकी 'टेरिटरी' में जाने की बिल्कुल अनुमति नहीं है, लेकिन जब तक हम अन्दर, जंगल में रहते हैं,

जितना हम जंगल को देख पाते हैं, महसूस करते हैं, उतना ही एक नया जीवन हमारे सामने साकार होने लगता है।

यहाँ हर एक की अपनी पहचान है। हर एक का अपना नाम (आदमी ने दिया हुआ ही सही) है, हर एक की अपनी विशिष्टता है। यहाँ हर कोई अपनी सीमा में रहता है। हर एक का दायरा निर्धारित रहता है–क्योंकि यहाँ जंगल का क़ानून चलता है, आदमी का नहीं।

जंगल के क़ानून के हिसाब से यदि देखा जाये तो हर कोई अपनी आब-ताब में रहता है। बाघ-बाघिन अपनी 'टेरिटरी' में रहेंगे और दूसरे बाघ-बाघिन को वहाँ हस्तक्षेप करने नहीं देंगे, यदि कोई वहाँ अतिक्रमण करेगा, तो उसे अपनी ताक़त से स्वयं को साबित करना पड़ेगा। 'जिसके हाथ लाठी, उसकी भैंस' इस नाते से! हिरण या साँभर, समूह में रहेगा। यदि समूह से छूट जायेगा, पीछे रहेगा, तो अन्य प्राणी उसकी ताक में ही रहते हैं, फिर उसकी ख़ैर नहीं। वह किसी ना किसी जानवर के हत्थे चढ़ जाता है, जिनके मांस पर उनकी गुज़र-बसर होती है। बन्दर भी अपने समूह में रहते है। आपको वे इक्के-दुक्के रूप में बहुत कम दिखाई देते है। खरगोश आदि छोटे छोटे जीवों या फिर पंछियों की बात मैं यहाँ नहीं कर रही हूँ, फिर तो कैनवास बहुत बड़ा हो जायेगा, जिसे शब्दों में समेटना या कागज़ पर उतारना उतना आसान नहीं हैं

हमारी गाड़ी गेट से निर्धारित समय से बिल्कुल पाँच मिनट पूर्व बाहर निकली। नहर के साथ साथ चलनेवाले रास्ते से हम लौटने लगे। नहर के साथ विभिन्न पंछियों का जमावड़ा था। एक बिल्कुल हरा पंछी एक बाग़ की बाड पर बैठा हुआ दिखाई दिया। सुन्दर-सा, हरा पंछी! हमने उसे फ़ोटो में उतार लिया। उसने भी बड़े मजे से 'पोज' देकर मॉडलिंग की। वापसी का पूरा रास्ता नारियल और सुपाड़ी के पेड़ों से अटा हुआ था। कतार में खड़े इन पेड़ों की शान कुछ अलग ही थी। लोग बड़ा ख़याल रखते हैं, इन पेड़ों का! उन्हें पानी, खाद, समय पर उनके फलों को उतारना, बड़े ही नियमित रूप से करते हैं। बायीं ओर हमारी उल्टी दिशा से बहनेवाली नहर, उसके बाद के खेत और उसके बाद का पहाड़ी क्षेत्र...एक अद्‌भुत समां बँध जाता है। दाहिनी ओर के नारियल, सुपाड़ी के पेड़ों के बाग़ और दूर-दूर तक फैली खेती, सबकुछ एक विहंगम दृश्य को जन्म देता है, जंगल से बाहर आने के पश्चात भी पानी, वायु,

खुला आसमान इन प्राकृतिक साफ़ सुथरी चीज़ों के साथ जंगल या प्रकृति की उपस्थिति...हम सब एक नया जीवन जी रहे थे। कोलाहल, शहरी प्रदूषण से दूर का! यह शफ़्फ़ाफ़ता हमें सम्मोहित कर रही थी और जिप्सी हमें रिसॉर्ट के नज़दीक ला रही थी।

हम रिसॉर्ट के पास आये, ब्रेकफास्ट करने के पश्चात हमने रिसॉर्ट में उपलब्ध आयुर्वेद चिकित्सा के लिए जाने का मन बनाया था। अंजू और मैंने तदनुसार समय भी लिया था। हम उस चिकित्सा को आजमाना चाहते थे, पैरों का मसाज करवाना चाहते थे। निर्धारित समय पर हम उस चिकित्सालय में गये। वहाँ की दो प्रशिक्षित लड़कियों ने बेहतरीन ढंग से सेवाएँ दी। हालाँकि बातें उतनी नहीं हो पायी लेकिन जो भी बातें हुई उन्होंने बताया कि वे पारिवारिक लड़कियाँ है, गृहिणियाँ है और इस तरह से सेवा देकर वे अपने परिवार की आर्थिक रूप से सहायता कर रही हैं। घण्टे भर के बाद जब हम कॉटेज में लौटे तब बड़ा सुकून महसूस कर रहे थे।

अंजू ने तुरन्त अपने बिस्तर की पनाह ली, शाम को फिर से हमें सफारी के लिए निकलना था। मैंने भी अंजू की तरह कोशिश की लेकिन कामयाब नहीं हो पायी। अत: कॉटेज के बाहर बैठकर संगीत सुनती रही, ठण्डी और निर्मल हवाएँ मेरा साथ दे रही थी। सुरों और शब्दों के साथ-साथ!

07-10-2023 (शाम)

यह जंगल बहुत घना और हराभरा है। अक्टूबर का महीना यानी बारिश का ढलता समय! बरसात में अपनी जवानी पर रहे हरे-भरे जंगल को देखना, उसकी अनुभूति को अपने में उतारना एक अलग-सी बात होती है। स्नान कर अपने सामने उपस्थित हुई किसी सुन्दरी को देखने जैसा वह अनुभव होता है। क़दमों के नीचे जो गीली मिट्टी होती है, आप उसे कीचड़ भी कह सकते है लेकिन जंगल में कीचड़ होता ही नहीं। वहाँ पानी और मिट्टी का मिलन होकर गीली मिट्टी बन जाती है जो क़दमों के नीचे किसी कालीन से कम महसूस नहीं होती। इसी मिट्टी से उभरकर ऊपर आये पेड़ों के तने, कभी पीले तो कभी सफ़ेद, तो कभी भूरे रंग के! लेकिन हर एक पेड़ के सिर पर हरे-हरे पत्तों का साज और शाखाएँ सँजी हुई होती हैं, बिल्कुल घने पर्णसंभार के रूप में और हरी-भरी।

यहाँ के ये पेड़ भी इसी तरह से बढ़ते जाते हैं कि जैसे अब सीधे आसमान को चूम लेंगे। वे आसमान के साथ होड़ लगाकर बढ़ते हैं। उन्हें जैसे आसमान को स्पर्श करने की चाह होती है, और इसलिए उनके बीच, यानी पेड़ों के बीच जैसे प्रतिस्पर्धा का माहौल बनता है। एक-दूसरे को पीछे छोड़ते हुए वे बड़ी तेज़ी से बढ़ते जाते है। सबके तने सीधे बढ़नेवाले, लेकिन रंग-रूप बिल्कुल अलग-अलग, किसी पेड़ का तना मगरमच्छ की पीठ जैसा खुरदरा कि आप मगरमच्छ की पीठ और पेड़ के तने में फ़र्क़ ही महसूस नहीं कर पायेंगे। लेकिन ऊपर जो पत्तों का साज रहता है, वह भी बिल्कुल अलग-अलग होता है। बीच में एक पेड़ का तना किसी गर्भवती स्त्री जैसा आगे आया हुआ था। जिस तरह गर्भवती स्त्री का पेट आगे की ओर बढ़ता है, ठीक उसी तरह उस पेड़ का तना, वैसा ही बीच में से आगे आया हुआ था। ज्ञात हुआ कि पानी को बचाने, आवश्यकतानुसार पानी का इस्तेमाल करने का पेड़ का वह प्रयास था। अर्थात जब पानी की किल्लत होती है, पानी की कमी होती है, या जितना चाहिए उतना पानी प्राप्त नहीं होता, तब उस समय के लिए पेड़ द्वारा किया गया यह भंडारण, जमा किया गया पानी था। यह भी एक आश्चर्यजनक व्यवस्था थी। यह व्यवस्था प्रकृति द्वारा की गयी थी या पेड़ ने अपने लिए की थी, यह बताना आसान नहीं था क्योंकि प्रकृति और पेड़ को आप अलग कैसे कर सकते हैं? पेड़ यानी प्रकृति और प्रकृति यानी पेड़। वैसे इन्सान भी इसी प्रकृति का एक हिस्सा या अंश है। लेकिन वह भी इस प्रकृति का एक हिस्सा है, यह बात इन्सान कब का भूल चुका है। एक स्वार्थी, मतलबी प्राणी यानी इन्सान, अपनी इस पहचान को इन्सान ने स्वयं तैयार किया है और वह भी बहुत पहले! और आये हुए दिनों में इस पहचान को इन्सान और अधिक मज़बूत करते हुए आगे बढ़ रहा है। उसने प्रकृति को ज़ख़्मी, लहुलूहान कर दिया है, वह पेड़ों, पौधों को तोड़-तोड़कर, काटकर नष्ट करता जा रहा है, वह प्राणियों की शिकार करता है और यह सब वह किसलिए कर रहा है? अर्थात अपनी सुख-सुविधाओं के लिए, अपने आराम के लिए! अपने लिए घर, इमारतें, उद्यान, रास्ते, पुल निर्माण कर वह सुख चैन से जीना चाहता है। लेकिन क्या अपनी सुख-सुविधाओं, आराम के लिए अन्यों को मारना, नष्ट करना सचमुच ज़रूरी होता है? क्या सचमुच वह आवश्यक होता है?

अब यदि इस विषय पर बात करने जायेंगे, तो यह विषय बिल्कुल फ़ैल जायेगा, रायते की तरह! और फिर हमारा जंगल उस रायते में कहीं गुम हो जायेगा। इसलिए हम फिर लौट चलते हैं, अपने जंगल की ओर!

तो मैं बात कर रही थी, जंगल की! यह जंगल थोड़ा अलग था, अन्य जंगलों से! यह घना था और गहरा भी था। नदी के तट से अपने दायरे में रहते हुए, घास के लिए नदी के तट का कुछ हिस्सा छोड़कर यह जंगल बढ़ा हुआ था। एक ओर नदी और दूसरी ओर पहाड़ की कतारें और बीच के हिस्से में बढ़ा-फैला यह जंगल। बिल्कुल घना, घना! दिन-दहाड़े भी यदि आप इस जंगल में प्रवेश करते हो तो आपको लगता है कि आपने अँधेरे में प्रवेश किया है। ऐसे में शाम के समय या रात्रि के बारे में आप सोच भी नहीं सकते। उस वक़्त इन्सान को इस जंगल में आने की अनुमति नहीं होती। आदमी उस समय जंगल में प्रवेश भी नहीं कर सकता। क्योंकि अब जंगल को आदमी पर भरोसा नहीं रहा है। इन्सान जब जंगल में घूमता फिरता है, तब उसके पदचापों से, उसके होने की कल्पना मात्र से जंगल के बदन पर रोंगटे खड़े हो जाते हैं। अब ये लोग क्या करेंगे, कौन-सी चाल चलेंगे, इस बात को लेकर जंगल आतंकित होता रहता है। लेकिन जंगल आदमी को आने से मना कैसे कर सकता है? उसके पास आदमी को रोकने का कोई उपाय भी तो नहीं है और आदमी है कि उसने अपनी बुद्धि और स्वार्थ का इस्तेमाल कर जंगलों को नष्ट करने का जैसे बीड़ा उठाया है। अपने अनुसंधान का उपयोग कर तथा अपने तेज दिमाग़ का इस्तेमाल कर वह जंगल को नष्ट करने हेतु अनेक विकल्पों को सामने लाता है। कभी वह सड़कें बनाना चाहता है, कभी अस्पताल, कभी शहर तो कभी कॉम्पलेक्स, कभी पुल तो कभी और कुछ...नदियों, नालों को लेकर, उनका पानी रोककर उन पर बाँध बनाता है, डैम तैयार करता है, परियोजनाएँ तैयार करता है। वह पानी रोकता है, अपने बिजली निर्माण हेतु, खेती के लिए आदि। अर्थात मनुष्य की हर बात, ले-देकर प्रकृति की जड़ों तक, उसे हानि पहुँचाने तक ही जाती है।

मैं भी जब बात करने या सोचने लगती हूँ तो दूर तलक जाती हूँ। इसलिए इन सभी सोच को पूर्णविराम। तो हम सब बोट सफारी के लिए तुंगभद्रा के जंगल से तुंगभद्रा नदी की दिशा में जा रहे थे। सुबह के साढ़े-छह बजे थे।

समग्र जंगल अपनी मंथर गति से चल रहा था, आराम से, शान्ति से, सुकून से! सुबह की ठण्डी हवाएँ पूरे जंगल को सहलाते हुए उसके बदन को रोमांचित करते हुए बह रही थी। पेड़, पौधे भी उस ठण्डी हवाओं की लय में लय मिलाकर डोल रहे थे। मैंने इतनी सुकूनभरी शान्ति को कभी देखा नहीं था और नहीं उसका अनुभव किया था। वह शान्ति मुझ पर सवार हो रही थी। मन अपने आप उस शान्ति के साथ शान्त होता गया। किसी घने पेड़ के नीचे कोई यात्री थक-हारकर बैठता है और उस पेड़ की घनी छाँव यात्रा से थके हुए उस यात्री को धीरे-धीरे शान्ति और सुकून से भर देती है, वैसा ही कुछ हो रहा था। बल्कि उससे भी कुछ ज़्यादा घना, गहरा होता जा रहा था। पेड़ के नीचे तो एक ही छाँव होती है। यहाँ तो अनेक छाँव थी। छाँव ही छाँव थी। वह छाँव, वह शान्ति, वह ठण्डा माहौल वह गीली मिट्टी, कहीं से मुझ में गहरे और धीरे-धीरे उतर रही थी, झर रही थी। तन और मन की सभी झिल्लियों को दूर करते हुए वह शान्ति कण-कण के साथ मुझ में समां रही थी। उस शान्ति ने जैसे मेरी जान को सुकून दे दिया, थके तन-मन को भी एक सुकूनभरा एहसास दिलाया। आँखे अपने आप बन्द होने लगी। पलकें मूँदने लगी। अब यूँ ही, ऐसे ही बैठना चाहिए, दिल कहने लगा लेकिन फिर जंगल की सुन्दरता को बन्द पलकों के पीछे से देखना, कैसे सम्भव होगा? मैं तो उस सौन्दर्य को देखने, उसे महसूस करने हेतु लालायित थी। आँखें भरकर उस सौन्दर्य को मैं देखना चाहती थी, आँखों के कैमरे में उस सौन्दर्य को पकड़कर फिर दिल के डार्क रूम में जाकर मैं उसके फ़ोटो बनाना, खिंचना चाहती थी और बाद में जब भी सम्भव होता, जब भी दिल चाहता, मैं उन तस्वीरों को देखना चाहती थी। मैंने अपनी आँखों को समझाया, उन्हें हिदायत दी और कहा, "इतनी छोटी-छोटी बातों से ललचाना मत। आगे प्रकृति के सौन्दर्य के कितने ही ख़ज़ाने खुलनेवाले है कि तुम्हारी आँखें, दिल उन्हें देखने का, महसूस करने का सामर्थ्य नहीं जोड़ पायेंगे। इतनी सी सुन्दरता, शान्ति से यदि तुम इस तरह से सम्मोहित हो जाओगी, तो आगे जो सौन्दर्य आनेवाला या दिखाई देनेवाला है, उसे कैसे देख पाओगी? तुम्हारी ताक़त वहाँ कम पड़ेगी..."

मैंने फिर से आँखें खोल दी। मैंने एक लम्बी साँस ली, जंगल की उस खुली हवा से अपने फेफड़ों को भर लिया और फिर एक नयी ऊर्जा और

उत्साह से मैंने जंगल की ओर देखना शुरू किया। रास्ते के दोनों ओर अनगिनत पेड़ अपना अलग-अलग रूप और अस्तित्व लेकर खड़े थे, अपनी ज़िन्दगी जी रहे थे। किसी का तना बिल्कुल तना हुआ, सीधे आसमान की ओर जाता हुआ था तो कोई अपनी शाखाओं के साथ बाल-बच्चेदार आदमी की तरह आराम फरमा रहा था। किसी के पत्ते बड़े, बड़े फ़ैले हुए थे तो किसी के पत्ते छोटे-छोटे से, नक्काशीदार! कोई पेड़ बाँस के बन में खड़ा था तो कोई गीली ज़मीन में अपनी जड़ें मज़बूती से रोपकर झूल रहा था। कुछ पेड़ तो पथरीली, ज़मीन में भी अपनी जड़े फैलाकर खड़े थे, तो कुछ नर्म मुलायम मिट्टी को अपने जड़ों से जकड़कर खड़े थे। हर एक वृक्ष अपनी अपनी हैसियत, कुव्वत के अनुसार अपनी विशिष्टता को रेखांकित करते हुए खड़ा था!

पंछियों की अलग-अलग आवाज़ें कानों में अपना संगीत घोल रही थी। उन पंछियों की विविधता और सुन्दरता से आँखें तृप्त हो रही थी। कोई मोर अपने मोर पंख फैलाकर अपनी मोरनी को ख़ुश करने का प्रयास कर रहा था तो कोई और पक्षी अपनी सुमधुर आवाज़ से पूरे जंगल को जगाने की कोशिश कर रहा था। एकाध फिशटेलवाला बड़ी तेज़ी से और सहजता से सामने वाले पेड़ के पर्णसंभार में छुपा जा रहा था। कोई पक्षी अपने लाल, गुलाबी, मोरपंखी, नीला ऐसे अनेक रंग ओढ़कर अपनी सुन्दरता से देखनेवालों को रिझा रहा था। तो कोई पंछी सफ़ेद रंग में डूबकर अपनी केसरिया पूंछ जो कि बिल्कुल लम्बी थी, उसे लेकर इस पेड़ से दूसरे पेड़ पर उड़ान भर रहा था। एकाध मलबारी हॉर्नबील या फिर मलबारी गिलहरी पेड़ों के सिरे पर जाकर वहाँ से दूसरे पेड़ के सिरे पर झूलती जा रही थी। कितना देखा जाये, क्या-क्या देखा जाये, कुछ समझ में नहीं आ रहा था। उस जंगल और जंगल के पंछियों का, उनकी सुन्दरता का वर्णन करना, मेरे बस की बात नहीं थी, यह बात बिल्कुल सच थी। और उनकी वे आवाज़ें, उनका संगीत, उसकी मधुरता, मैं कहाँ से शब्द लाऊँ उनका वर्णन करने हेतु?

जंगल को पार कर अब हम तुंगभद्रा के तट पर आये और वहाँ से बोट में सवार हो गये। तुंगभद्रा का जल अपनी लय में शान्ति से बह रहा था। ठण्डी हवाएँ चल रही थी और पूरा माहौल एक असीम शान्ति लेकर चल रहा था। हमारी बोट ने तुंगभद्रा का किनारा छोड़ दिया और नदी के बीचों-बीच आकर

वह रुक गयी। उसी वक़्त सामने दिखाई देनेवाले किनारे से आराम फ़रमानेवाले एक मगरमच्छ ने हमारी बोट की आवाज़ से जागकर, सतर्क होकर तेज़ी से नदी के पानी में प्रवेश किया। हम उसे शान्ति से देखना चाहते थे, लेकिन उसने हमें वह मौक़ा ही नहीं दिया। धीरे-धीरे बोट आगे बढ़ रही थी। सामने दूसरे तट पर एक हाथी, आराम से स्नान करते हुए, गड्ढे में पानी के साथ खेलते हुए दिखाई दे रहा था। अकेला था, लेकिन पूरी तरह से वयस्क नहीं था। हरी दूब और पीछेवाले हरे जंगल की पृष्ठभूमि पर उसका वह काला रंग एक बिल्कुल नयी आभा प्रदान कर रहा था। मुझे ज्ञात हुआ कि नर हाथी, जिसे टस्कर कहा जाता है (जो कि अच्छे बढ़े हुए हाथी दाँत साथ में लेकर चलता है) ज़्यादातर झुण्ड के साथ नहीं रहता बल्कि अकेले चलता है, वह सामनेवाला हाथी भी अपनी सूँड़ में पानी भरकर उसे सामने घास पर या अपने ही बदन पर उड़ाते हुए मस्ती कर रहा था। वह अपने साथ ही खेल रहा था। उसके टस्क यानी हाथीदाँतों का पूरी तरह बढ़ना पूरा नहीं हुआ था, लेकिन बावजूद इसके उसके दाँत बढ़िया ढंग से बढ़े हुए दिखाई दे रहे थे। उसकी काली देह पर ये दो सफ़ेद हाथीदाँत बेहद सुन्दर लग रहे थे। वैसे हमसे उसे कोई लेना-देना नहीं था, न ही उसे हममें या हमारी बोट में कोई दिलचस्पी थी। बोट की आवाज़ सुन कर उसने एक बार हमारी ओर नज़र घुमायी, पलभर के लिए! वह हमारी ख़ातिर अपनी मस्ती में कोई खलल डालना नहीं चाहता था। अपनी मस्ती का एक पल भी वह हमारी ओर देखकर व्यर्थ गँवाना नहीं चाहता था। और हम भी नहीं चाहते थे कि वह अपनी स्नानसमाधि को भंग करते हुए बाहरी दुनिया में रम जाये। उसके उस स्नान को और मस्ती को देखते हुए हमारी बोट वहीं पर खड़ी रही। वह बिल्कुल अपने में ही मगन था। नदी के तट पर जो मिट्टी थी, उस मिट्टी को अपने शरीर पर लपेटना, शरीर को मिट्टी से पोतना और बाद में नदी के पानी में डूबना, उछलकूद करना, इतने प्यारे तरीक़े से यह सब कुछ चल रहा था कि जो भी उसे देख रहा था, उससे ईर्ष्या कर रहा था। वह कीचड़ से लथपथ होकर नदी के पानी में डूबकी ले रहा था, सूँड़ में पानी भरकर वह उसे सामने उछाल रहा था और अपने शरीर को भी भीगो रहा था। उसका वह स्नान उत्सव हम भी देख रहे थे और उसके साथ ही उसके मज़े उठा रहे थे। बहुत देर तक यह पूरी प्रक्रिया बार-बार चल रही थी। समय का एहसास उसे

भी नहीं था और हम भी समय से बेख़बर होकर उसके स्नान में रम गये थे। इतने में कहीं से कुछ आवाज़ें आयीं और उस हाथी ने अपने स्नान और मस्ती को अचानक रोक दिया, किसी अनजान, तटस्थ व्यक्ति की तरह उसने पानी की ओर देख लिया और वह जंगल की दिशा में चलने लगा। हमने भी बोट को मोड़ दिया और आगे बढ़ने लगे। किनारे के आसपास जो तराई की जमीं थी, उस पर कितने ही पंछी घूम रहे थे और उड़ान भी भर रहे थे।

हमने बोट को मोड़ दिया था, और सामने पहाड़ी की दिशा से एक पूरा हाथी, भरापूरा, परिपक्व हाथी, लाल मिट्टी से सना हुआ, बिल्कुल किसी मॉडल की तरह एक-एक पैर उठाता हुआ, फिर रुकता हुआ, अपने इर्द-गिर्द नज़र घुमाता हुआ किनारे पर चहलक़दमी या यूँ कहिए 'रैम्पवॉक' करता हुआ सामने आया, वह 'टस्कर', जो अकेला रहता है, झुण्ड में शामिल नहीं होता है और अपनी मस्ती में घूमता है, वैसा था। उसका शरीर किसी डबल डेकर बस जितना था और उसके 'टस्क' यानी हाथी दाँत पूरी तरह से बढ़े हुए, उसके पैरों तक पहुँच रहे थे। मिट्टी से सने हुए उसके लाल शरीर पर वे सफ़ेद दाँत बड़े सुहावने लग रहे थे और प्रमुखता से दिखाई भी दे रहे थे।

उसकी चालढाल बड़ी गजब की थी। वह रुक-रुक कर चल रहा था। किनारे के एक छोर से वह जंगल से बाहर आया था और पूरे किनारे पर वह चार क़दम चलने के बाद रुकता था, गर्दन हिलाता था, फिर चार क़दम चलता था, रुकता था, किनारे की मिट्टी को सूँड़ में लेकर बदन पर उछालता था और फिर चार-छह क़दम चलने के पश्चात् बड़ी शान से रुकता था और फिर अपनी गर्दन हिलाते हुए आसपास देखकर फिर चलने लगता। उसके हाथी दाँत 'क्रिसेंट' के आकार के थे और सामने, बाहरी ओर मुड़े थे। उसकी पूँछ जो उसके शरीर के आकार की तुलना में बहुत छोटी महसूस हो रही थी, लगातार हिल रही थी। शायद वह हमें अपनी अलग-सी शानो शौकत को दिखा रहा था या फिर अपनी ही मस्ती में मगन था, पता नहीं। लेकिन उसके लिए हमारी क्या पहचान होगी? उसने ऐसे कितने ही लोगों को देखा होगा। एक बात सौ फ़ीसदी सही थी कि वह अपनी ही मस्ती में था। पूरे किनारे पर उसका वही काम चल रहा था, चार-पाँच क़दम चलो, फिर से रुक जाओ... देर तक...फिर चार-पाँच क़दम चलो, ऐसे करते-करते वह वहाँ से उस हरी

पहाड़ी तक आया। हम वहीं नदी के तट से कुछ दूरी पर बोट रोककर उसका यह रैम्पवॉक, देख रहे थे। किसी जंगली जानवर को इस तरह से बेख़बर अपनी ही धुन में मगन देखना, एक अलग-सी अनुभूति थी। वैसे भी हम मानवों से उन जानवरों का क्या सरोकार? उन्हें वैसे तो मानव की ओर शत्रु के रूप में देखना चाहिए क्योंकि हमने ही तो उनके जंगलों, रिहायशों पर अतिक्रमण कर, उनका शिकार कर उन्हें नष्ट करने का प्रयास लगातार किया है, फिर शिकार न मिलना, मानवी बस्तियों द्वारा जंगल को नष्ट कर स्वयं को स्थापित करना और फिर इनके रहते जंगली जानवरों द्वारा मानवी बस्तियों पर आक्रमण करना, उनके कुत्ते, बिल्लियों या पालतू जानवरों को ले जाना और कभी-कभार मानव पर भी आक्रमण करना, यह सबकुछ हो जाता है। अब इसके लिए किसे दोषी करार दिया जाये?

तो हम हाथी महाराज की बात कर रहे थे। हाथी महाराज ने हरी पहाड़ी या ऊँचाई, जो भी कहा जाये, चढ़ना शुरू किया, उनकी ऊँचाई चढ़ने की गति और शैली, पहले जैसे ही थी। वहीं पाँच-छह क़दम उठाना और फिर रुकना, पेड़ के तनों, शाखाओं के साथ सर को मथना, रुकना, पेड़ के तनों को शरीर से घिसना, और फिर चल देना। जिस तरह भद्रावति का जलस्रोत, शान्ति से बह रहा था उसी शान्ति से हाथी महाराज की यात्रा चल रही थी। सागौन के एक पेड़ के पास आकर हाथी महाराज रुक गये। देर तक वे वहाँ के पौधों के झुरमुट से खेलते रहे। अब उनकी पीठ हमारी ओर हो गयी थी, पीठ भी कैसे कहा जाये? उनका पिछला हिस्सा अब हमारे सामने था और देखते-देखते वह हिस्सा भी झाड़ियों में छुप गया। हाथी जंगल में चला गया था। हमारे आकर्षण का मुख्य बिन्दु अब चला गया था, अत: हमने भी मुड़ने की बात सोच ली।

लेकिन अहो आश्चर्यम! हाथी महाराज जिस ओर चल दिये थे, उनके विरुद्ध दिशा से दो हाथी के बच्चे और उनकी माँ चली आ रही थी। क्या बात है? शायद आज हाथी दर्शन का मुहरत था। हथिनी काफ़ी बड़ी थी जबकि उसका एक बच्चा उससे थोड़ा छोटा और दूसरा बच्चा बहुत ही छोटा था। वे दोनों बच्चे आपस में मस्ती करते हुए आगे बढ़ रहे थे, जबकि माँ हथिनी, अपनी चाल तथा गति से आगे बढ़ रही थी। उसे कोई जल्दी नहीं थी और उसके दो बच्चों को तो बिल्कुल ही जल्दी नहीं थी। वे एक-दूसरे को धक्का

देते हुए, मस्ती करते हुए, नीचे ज़मीन पर लेटते हुए चले आ रहे थे। तीनों के शरीर लाल मिट्टी से इस कदर सने हुए थे कि उनके मूल रंग का कहीं नामोनिशान नहीं था। हम उनकी मस्ती, उनकी मटमैली ज़िन्दादिली का लुत्फ़ उठा रहे थे कि पीछे से चौथा हाथी भी आ गया। यह बिल्कुल पूरी तरह से बढ़ा हुआ हाथी था। उसके सामने आते ही ये दोनों छोटे हाथी, उसकी तरफ बढ़ गये। उसने भी बड़े प्यार से, बारी-बारी से दोनों को अपनी सूँड़ से पुचकारा, दोनों के साथ थोड़ी मस्ती भी की और फिर वह अलग-सा हो गया। पीछे छूट गया। लेकिन ज़्यादा पीछे भी नहीं। वह शायद हाथी का परिवार था। 'हम दो–हमारे दो' वाला हाथी, हथिनी और उनके दो बच्चे-हथिनी आगे बढ़ गयी थी, उसने एक बार पीछे मुड़कर देखा, दोनों बच्चे मस्ती में मगन थोड़े पीछे छूट गये थे, लेकिन उनके पीछे उनका 'बाप' भी था। हथिनी फिर मुँह घुमाकर आगे चलने लगी। अब उसका ध्यान पीछे की ओर कम था। वह आगे राह प्रशस्त करने लगी। वह आश्वस्त थी, निश्चिन्त थी कि बच्चों का बाप उन्हें सँभलकर ले आयेगा, उनकी सुरक्षा करेगा। देखते-देखते वह हाथी परिवार भी पीछे के जंगल में अपनी गजगति से चलते हुए अदृश्य हो गया। बहुत ख़ुश थे, हम सब! आज यह विशिष्ट बात रही थी कि हाथी का पूरा परिवार हमने देखा था। साथ में उस गजराज का ताना-बाना भी! प्राकृतिक सुन्दरता की पृष्ठभूमि पर उभरा यह दृश्यायमान चित्र बड़ा ही अदभुत था। हमने यह सोचा भी नहीं था कि हमारा इस तरह से इन हाथियों, उसके परिवार से साक्षात्कार होगा, लेकिन बड़ा ही शानदार और लुभावना दृश्य था। पहले युवा हाथी का जल-स्नान और मस्ती, उसके बाद पितामह हाथी महाराज का मिट्टी-स्नान और रैम्पवॉक और बाद में अपने दो बच्चों के साथ नदी के तटनुमा रंगमंच पर हथिनी का आगमन और उसके बाद एक उचित अन्तराल के बाद एक के पीछे एक करके उसके बच्चों का आगमन और तदुपरान्त बड़ी देरी से पिता हाथी का आगमन। जैसे शक्ति, सामर्थ्य, मस्ती-मज़बूती, वात्सल्य, अपनापन, प्रेम, ममता, समर्थन सबकुछ एक साथ चल रहा था और एक-दूसरे का संबल बन रहा था। परिवार में सचमुच ये सभी बातें, यूँ ही एक-दूसरे के हाथ में हाथ डालकर चलनी चाहिए, तभी तो परिवार, टिकता, बढ़ता और प्रगति करता है। माँ द्वारा बच्चों की ओर दिया गया ध्यान, आवश्यकतानुसार ही था।

वहाँ लाड़-प्यार था लेकिन उसका अतिरिक्त डोज नहीं था। अन्यथा हमारा लाड़-प्यार बच्चों के लिए बोझ या अतिरिक्त तनाव बन जाता है, जो कि उन्हें फलने-फूलने या जिम्मेदार होने नहीं देता, या फिर जीवन के संघर्ष से लड़ने की प्रेरणा नहीं देता...जितना आवश्यक है, उतना ही दीजिए, अतिरिक्त नहीं, यही तो नहीं कहा, उस हाथी परिवार ने हमसे?

हमारी बोट जैसे ही मुड़ी, हमने सामने एक हिरणी को खड़े पाया... अकेली, बिल्कुल अकेली। पीछे जंगल, तराई की ज़मीन और सामने नदी... और वहाँ वह बिल्कुल अकेली खड़ी थी। व्याकुलता से वह चारों ओर देख रही थी। बीच-बीच में वह आवाज़ भी कर रही थी, जैसे किसी को पुकार रही हो। बहुत देर तक उसकी वह पुकार चली होगी। वह थकी-हारी-सी दिखाई दे रही थी। शायद बहुत देर तक वह अपने माँ-बाप, भाई-बहनों, मित्रों को पुकार रही होगी। वैसे भी हिरण कभी अकेला नहीं रहता। उसका समूह बहुत बड़ा होता है, वह अपने समूह के साथ ही घूमता है। अकेला यूँ छूट जाना, उनके लिए जान जोख़िमवाला भी हो सकता है। उसका यूँ अकेला छूट जाना, हमारे लिए भी आश्चर्य की बात थी। हमारे ग्रुप के प्राणीप्रेमी करण को भी इस बात का आश्चर्य लग रहा था। "अरे, यह इस तरह अकेले क्यों घूम रही है? कैसे छूट गयी है, यह? बड़ी जोख़िम की बात है, उसका यूँ अकेले रह जाना। पीछे की कन्दरा में बाघ के होने की ख़बर हमारे जंगल प्रेमी ने हमें दी थी तथा आगे तेन्दुए भी रहते हैं और यह अकेली बाहर क्यों घूम रही है?" ये हमारे सवाल, हम यूँ ही कर रहे थे, स्वयं से! जवाब मिलना सम्भव नहीं था। हमारे साथ जो जंगल तज्ञ था, उसने यह ख़बर हमें दी थी कि पिछले हिस्से में बाघ बैठा है। मैं मन ही मन प्रार्थना कर रही थी, उसकी आवाज़ में मौजूद करुणा, हमारा दिल मथ रही थी। "भई, अपने समूह में जाओ, समूह में जाओ!" जैसे मैं उसे ही कह रही थी। लेकिन बहुत देर से अकेली छूट जाने की वजह से डर और आतंक से अब उसे शायद कुछ भी सूझ नहीं रहा था। काफ़ी देर से वह अपने समूह को ढूँढ़ रही थी, पुकार रही थी। हम लोगों ने दूरबीन से कहीं आसपास उसका समूह दिखाई देता है क्या, यह भी देखने की कोशिश की। लेकिन आसपास कहीं कोई हिरणों का समूह दिखाई नहीं दिया। वैसे हिरणों का समूह दिखाई भी देता तो हम उस अकेली हिरणी को उसके समूह तक

कैसे ले जानेवाले थे? आदमी और जंगल का क़ानून अलग-अलग होता है। क्या आदमी के क़ानून में भी अकेली स्त्री, ऐसी ही होती है? यूँ ही मेरे दिल के किसी कोने से एक सवाल उठा।

बहुत देर तक हम उसे देख रहे थे। वह आगे-पीछे आ-जा रही थी। करुणाभरी चीत्कार कर रही थी। शायद उसे कुछ सूझ नहीं रहा था। वह सिर्फ़ अपनी हिरण आँखें दौड़ाकर आसपास देख रही थी, जिसमें सिर्फ़ डर था। वह प्राणियों का राज था। हम मानवों का वहाँ क्या चलनेवाला था? बोट आगे बढ़ने लगी और वह हिरणी पीछे-पीछे छूटती गयी, फिर एक ऐसा बिन्दु आ गया कि वह हमारी आँखों से बिल्कुल ओझल हो गयी। बहुत बड़े मोड़ को पार कर हम नदी के दूसरे छोर तक आ पहुँचे और सामने ही लगभग सौ-सवा सौ हिरणों का जत्था, हमारे समक्ष, बिल्कुल सामने किनारे पर हरियाली पर घूम रहा था। हमारे जंगल मित्र ने बता दिया कि वह हिरणी इस जत्थे की होगी। वह यह बात बता ही रहा था कि एक करुण चीत्कार उस शान्ति को कुरेदकर, उस पर खरोंच उठाकर माहौल में विलीन हो गया। पलभर के लिए ही, पूरा माहौल हिल गया और बाद में चारों ओर शान्ति फ़ैल गयी। हम सब लोग सिर्फ़ एक-दूसरे की ओर देख रहे थे। वह करुण चीत्कार, उस हिरणी का ही होगा, इस बात का यक़ीन हम सबको था। हमारे जंगल मित्र ने बता ही दिया कि अकेली छूट जाने की वजह से वह किसी शेर या तेन्दुए की चपेट में आ गयी होगी और ख़त्म हो गयी होगी। वह अभ्यस्थ था, इन बातों का। उसके लिए वह कोई महत्त्वपूर्ण बात नहीं थी। जिसकी ज़िन्दगी जंगल में बीत गयी हो, उसके लिए किसी मज़बूत प्राणी द्वारा किसी कमज़ोर और निर्बल प्राणी का शिकार करना, हर दिन की बात थी।

लेकिन हिरणी की वह जानलेवा आवाज़, वह करुण चीख अब भी मेरे कानों में गूँज रही थी। हिरणी का शिकार किया गया था और जंगल में घूमने का, जंगल की ज़िन्दगी देखने का मेरा उत्साह उस हिरणी के पीछे-पीछे चला गया था।

धूप बढ़ने लगी थी, बदन को चुभने लगी थी और हमारी बोट अब वापसी के रास्ते से लौटने लगी थी।

हम रिसॉर्ट पर लौट आये, करण ने हमें शाम ठीक 7.30 बजे सामनेवाली खाली जगह पर इकट्ठा होने के लिए कहा, हमने हामी में गर्दन हिलायी और चुपचाप अपने-अपने कॉटेज की ओर चले दिये।

ठीक 7.30 बजे जब हम सामनेवाली जगह पर इकट्ठा हुए तब तक ठीक-ठाक हो चुके थे। माहौल में ठण्डापन था, लेकिन वह भी बड़ा प्यारा-सा था। चुभती हुई ठण्ड नहीं थी और न ही चुभती हुई गरमी, बल्कि बारिश की ठण्डी फुहार जैसी प्यारी सी ठण्ड! हमने कुछ देर तक गप्पें हाकी, दो-तीन गानें सुने, हमारा साथी बाला, बड़ा सुरीला था और बेहतरीन गानें सुनाता था। अब तक उस हिरणी को लेकर दिमाग़ में जो उथल-पुथल चल रही थी, उसे उस माहौल, स्वादिष्ट खाने और सुरीले गानों ने शान्त कर दिया। कल जल्दी उठना होगा, स्वयं को समझाते हुए मैं अपने कॉटेज की ओर आयी। साथ में अंजू थी, मेरी रूममेट! अंजू को नींद को लेकर कोई शिकायत नहीं थी। वह कहीं भी बिस्तर मिलने पर, कभी भी सो सकती थी। कभी-कभार मुझे ऐसे लोगों से ईर्ष्या होने लगती है, लेकिन अपने दिमाग़ का क्या किया जाये? उसे तो यूँ ही दौड़ने की, बेसिर पैर की बातों को लेकर सोचने की बुरी आदत जो है।

कॉटेज पहुँचकर, अंजू ने अपना गन जैसा बड़ा कैमरा पहले ठीक-ठाक सहेजकर रखा, वैसे भी यह फ़ोटोग्राफ़र जमात का अपने कैमरे के प्रति लगाव कुछ ज़्यादा ही रहता है। वे कैमरे को पत्नी-पति से भी ज़्यादा चाहते हैं। उसे सहेजना, सँभालना बड़ा काम होता है, लेकिन उससे भी बड़ा काम होता है, उसे ढोना। जीप, पैदल चलते समय, इसे हाथों में उठाकर कन्धों पर रखते हुए चलना बड़ा कठिन काम होता है और ये लोग बड़े चाव से उसे करते हैं, निभाते हैं, मैंने कपड़े बदल दिये, अलार्म लगाया और मैं दिनभर की बातें लिखने के लिए बैठ गयी। मैंने देखा, अंजू भी कपड़े बदलकर बिस्तर में घुस गयी थी। थोड़ी देर में ही उसके साँसों की धीमी लय मुझे सुनायी देने लगी, मैंने पेन बन्द कर दिया और मैं भी बिस्तर में घुस गयी।

सुबह के अलार्म के साथ उठना ज़रूरी था। क्योंकि भद्रावति से हमें कल सुबह निकलना था, बेंगलुरु एयरपोर्ट के लिए और एयरपोर्ट की भद्रावति से दूरी तक़रीबन 6 घण्टों की सड़क यात्रा थी। हमारी गाड़ियाँ सुबह हमें वहाँ से ले जानेवाली थी।

ताडोबा, चन्द्रपुर, नागपुर

07.01.2025 (शाम)

हमारी अगली जंगल सफारी ताडोबा, चन्द्रपुर की होगी, यह बात जब ज्ञात हुई तब से मैं ताडोबा में उलझ गयी थी और तैयारियाँ भी कर रही थी। 7 जनवरी 25 को हम ताडोबा के लिए निकलने वाले थे। तब तक 'ताडोबा क्या है?' यह जानकारी भी मैंने प्राप्त कर ली थी।

'ताडोबा-अंधारी व्याघ्र परियोजना' महाराष्ट्र का सबसे पुराना और बड़ा राष्ट्रीय उद्यान है, महाराष्ट्र के चन्द्रपुर जिले में स्थित इस व्याघ्र परियोजना को 'विदर्भ का आभूषण' कहा जाता है। हम बात कर रहे हैं, वर्ष 1935 की। जब यह जंगल चिमूर पहाड़ियों के इर्द-गिर्द फैला था और गोंड राजा के कब्जे में था, जहाँ शिकार पर पूरी तरह से पाबन्दी थी। लेकिन इस पाबन्दी में ताडोबा लेक और चिमूर पहाड़ियों का सिर्फ़ 45 वर्ग कि.मी. का क्षेत्र ही शामिल था। जब वर्ष,1955 में ताडोबा को 166.5 वर्ग कि.मी. के क्षेत्र के साथ राष्ट्रीय उद्यान घोषित किया गया, उसके बाद ताडोबा को व्यापकता प्रदान की गयी और क्षेत्र द्वारा नये पायदान को प्राप्त करते हुए वर्ष 1986 में अंधारी वन्य जीव अभयारण्य का निर्माण किया गया, 508.85 वर्ग कि.मी. के क्षेत्र के साथ! बाद में इन दोनों अभयारण्यों को एक साथ जोड़कर ताडोबा अंधारी व्याघ्र अभयारण्य बनाया गया। अब इस अभयारण्य ने 625.4 वर्ग कि.मी. के मुख्य (कोर) क्षेत्र के साथ-साथ 1101.6 वर्ग कि.मी. के बफर क्षेत्र को भी स्वयं में समाहित कर विशाल रूप ले लिया है।

जंगल विभाग ने इस विशाल क्षेत्र को तीन सीमाओं में विभाजित किया है, उत्तर में ताडोबा रेंज, दक्षिण में मोहरली रेंज और ताडोबा-अंधारी बाघ

परियोजना के दक्षिण पूर्व में कोलसा रेंज। ऐतिहासिक कहानी बताती है कि 'ताडोबा' यह नाम 'तारु' शब्द से आया है जो कि 'तारु देव' इस गोंड जनजाति के राजा के नाम से दिया गया है, जिसे भगवान के रूप में गोंड लोगों द्वारा पूजा जाता है। किंवदन्ती यह भी है कि बाघ के साथ हुई लड़ाई में उस राजा की रहस्यमय मौत हुई थी। उनका मन्दिर ताडोबा नदी के तट पर खड़े विशाल इमली के पेड़ के नीचे आज भी दिखाई देता है।

इस जंगल के बीचों-बीच अंधारी नदी बहती है। उसी के नाम से इस परियोजना के साथ 'अंधारी' शब्द जोड़ा गया है। ताडोबा लेक मुख्य क्षेत्र में है और वह इराई जलाशय तक आता है। वैसे चन्द्रपुर में गर्मी के क्या कहने? लेकिन ताडोबा की चिरस्थायी जल राशि वन्य जीवों को हर मौसम में काम आती है। गर्मी में तो वह जीवनदायिनी बन जाती है। इन प्राकृतिक जल स्रोतों के अलावा यहाँ सोलर पावर से बनाये गये मानव निर्मित अनेक जल स्रोत हैं। इसके अलावा जंगल में तेलिया लेक, कोलसा लेक और अंधारी नदी भी है।

दि. 7 जनवरी को दूरन्तो एक्सप्रेस से हम 12 लोग नागपुर के लिए रवाना हो रहे थे। हम बारह लोग छत्रपति शिवाजी टर्मिनस पर ही मिल गये। एक-दूसरे से परिचय हो गया, अभिजीत बाविस्कर, ज़रा और शैलेन भाई ये तीन लोग मेरे लिए नये थे। शेष सारे पुराने, एक-दूसरे से परिचित थे। गाड़ी आ गयी। गाड़ी थोड़ी देरी से ही चल रही थी लेकिन हम लोग बड़े ख़ुश थे, क्योंकि हम बारह लोगों को एक ही कम्पार्टमेंट में सीटें मिल गयीं थी। हमने गाड़ी में चढ़ते ही थोड़ी-सी बातचीत के बाद खाना खाना उचित समझा, चिराग़ पाव भाजी, वेज बिरयानी लेकर आया था। बहुत ही स्वादिष्ट था, खाना और अन्त में मसाला दूध, जिसमें काफ़ी ड्राई फ्रूट्स पड़े थे। खाने के साथ साथ और खाने के बाद भी बहुत देर तक हमारी गप्पें चल रही थीं। कहानियाँ सुनाई जा रही थी। एक कहानी थी, बाघ-बाघिन की, उनके बच्चों की तथा जंगल में आये अनुभव की। ग्रुप के तकरीबन सभी सदस्य वाइल्डलाइफ फ़ोटोग्राफ़र थें इसलिए सबका अपना-अपना अनुभव था और सबकी अपनी-अपनी बातें थी। खा-पीकर सभी लोग सोने के लिए चले गये। हमारे ग्रुप के बाला की भांजी शिवानी मेरी रूममेट होने वाली थी। वह मेरे बगलवाली बर्थ पर ही थी। बड़ी बातूनी और प्यारी लड़की थी। उसकी सकारात्मकता ने मुझे जीत लिया। हम

दोनों गप्पे हाँक रहे थे। इतने में शैलेंद्र कोठारी वहाँ आ गये और वह भी हमारी गप्प में शामिल हो गये, फिर क्या? भारतीय संस्कृति, परंपरा, मानसिकता आदि गंभीर बातों पर चर्चा छिड़ गयी। बात से बात निकलती गई और समय से गैप बढ़ती गई और कब डेढ़ बज गये, हमें पता ही नहीं चला। हम गप्पें ही हांक रहे थे। सुबह जल्दी उठना भी था अत: मैंने ही बातों को समेट लिया। शैलेनभाई को गुड नाईट कह दिया, वह अपनी बर्थ की और चले गये. हम दोनों भी अपनी अपनी बर्थ पर लेट गये। मुझे नींद नहीं आ रही थी। थकान थी फिर भी नींद नहीं आ रही थी। बीच-बीच में थोड़ी सी झपकी लग रही थी, 5-10 मिनट की लेकिन जो एक शान्त और स्वस्थ नींद की बात होती है, वह नहीं हो रही थी। हालाँकि मेरी आदतें भी ख़राब है, मुझे ट्रेन में नींद नहीं आती. यानी चलती या हिलती हुई किसी भी चीज़ के साथ मैं सो नहीं सकती. वैसे चारों ओर शान्ति थी। सिर्फ़ चलती सांसों तथा गाड़ी की अपनी लय की आवाज़ थी और कुछ भी नहीं था, बावजूद इसके नींद नहीं आ रही थी। इसी उधेड़बुन में सुबह हो गई थी। 6:00 बजे से चाय, नाश्तावालों की आवाज़ें आ रही थी लेकिन सबसे अच्छी बात यह थी कि गाड़ी समय पर थी और सुबह 7:45 बजे हम नागपुर पहुँच गये।

8.1.2025 (सुबह)

नागपुर रेलवे स्टेशन के प्लेटफ़ॉर्म पर उतरते ही अच्छा लगा, माहौल में ठण्ड थी लेकिन चुभती हुई ठण्ड नहीं थी। सुहानी ठण्ड थी। मैंने जैकेट चढ़ा लिया, अच्छा लगा। अभिजीत ने मेरा बड़ा बैग थाम लिया. बहुत दिनों बाद नागपुर आई थी। स्टेशन के बाहर हमें ताडोबा के हमारे रिसॉर्ट तक ले जाने वाली गाड़ियां खड़ी थी, हमारा इन्तज़ार कर रही थी। हमें 'जंगल मिडोज' इस रिसॉर्ट में जाना था। सामान गाड़ियों में लाद दिया गया लेकिन हमें बीच में ब्रेकफास्ट भी करना था। हमारे साथ दो और गाड़ियाँ थी।

एक गाड़ी में ज़रा, चिराग, वर्षा और शिवांग थे। दूसरी गाड़ी में करण, अभिजीत, शैलेन और महेश थें जबकि तीसरी गाड़ी में मैं, बाला, संजय दादा और शिवानी थी, गाड़ियाँ चलती रहीं। गाड़ियों में भी हमारी चर्चाएं चलती रही, हमारी गाड़ी में हम जंगल, कहानियाँ, अनुभव आदि की बातें कर रहे थे।

संजय दादा भी अपनी बात बता रहे थे क्योंकि वह हमारे ग्रुप के सबसे पुराने बर्ड वाचर अर्थात् पक्षी निरीक्षक थे।

इस यात्रा में बीच में रूककर हम सबने नागपुर में 'उत्तर-दक्षिण' नामक रेस्तरां में बेहतरीन नाश्ता किया और फिर हम ताडोबा की दिशा में रवाना हो गये. 11:00 बजे हम जंगल मिडोज पहुँच गये। हमारा स्वागत किया गया, शरबत देकर! हमें कॉटेज आबंटित किये गये। मुझे और शिवानी को आठ नम्बर का कॉटेज मिला। हमने कॉटेज में सामान रख दिया और फ्रेश हो गये. समय इतना भी नहीं था कि स्नान करके निकल जाये। वैसे भी स्नान करने के बाद सफारी पर जाने का कोई मतलब नहीं था। खुली जिप्सी में धूल से सनना तय था। इसलिए सिर्फ़ हाथ पैर धोकर हम फ्रेश हुए। खाना खाकर हमारी पहली सफारी के लिए हमें निकलना था।

12:00 बजे पहली सफारी के लिए हम निकलें, जंगल मिडोज अर्थात् हमारे रिसॉर्ट से पांगड़ी गेट 1 घण्टे की दूरी अर्थात 40-42 कि.मी. की दूरी पर था। रास्ते के बीच आने वाले जानवरों आदि से बचते हुए हम लगभग 1:30 बजे पांगडी गेट पर पहुँच गये, रास्ते में जंगल से सटे हुए अनेक गाँव तथा खेती और अन्य कार्यों में व्यस्त लोग दिखाई दिये। जंगली जानवरों के साथ उनका रूबरू होना हर दिन की बात रहती होगी। पांगडी गेट पर हमारी जिप्सी हमारा इन्तज़ार कर रही थी। अब जिप्सी में हमारा इक्वेशन थोड़ा बदल गया था। संजय दादा के बजाय करण मोटा हमारी जिप्सी में आ गया था। करण मोटा यानी हमारा को-ऑर्डिनेटर। बहुत ही दिलचस्प इन्सान। जंगल और जंगल परिवेश की जानकारी, जानवरों से सम्बन्धित विशिष्ट जानकारी, उनका कॉलिंग, उनकी आवाज़ों की विविधता आदि सब बातों के बारे में करण की जानकारी अधिकतम रहती है। गाईड, ड्राइवर के साथ भी उसके अच्छे सम्बन्ध रहते है, तो करण हमारा साथी बन गया।

हमने 2.10 को पांगड़ी गेट से जंगल में प्रवेश किया। बाघ देखना जिसे वाइल्ड लाइफ फ़ोटोग्राफ़र की भाषा में 'साइटिंग' कहते हैं, हर वाइल्डलाइफ फ़ोटोग्राफ़र की तीव्र इच्छा और महत्त्वाकांक्षा होती है। सफारी पर आने वाला हर व्यक्ति बाघ देखना चाहता है लेकिन फ़ोटोग्राफ़रों में यह इच्छा कुछ ज़्यादा प्रबल और तीव्र होती है। वर्तमान में ताडोबा से सम्बन्धित बाघ से जुड़ी हुई

अनेक रिल्स प्रचलित हो गयी थी, ताडोबा-अंधारी व्याघ्र परियोजना से जुड़े इस क्षेत्र में बाघों का सिलसिला कुछ ज़्यादा ही चलता है।

हम घूम रहे थे। धूप थी, लेकिन ठण्डी-ठण्डी हवाएँ भी चल रही थी, हम घूम रहे थे। अनेक क्षेत्रों से घूम घूम कर हम लौट रहे थे। शायद जंगल के सभी जानवर आज छुट्टी पर चले गये हैं, ऐसा लग रहा था क्योंकि हमें एक भी जानवर दिखाई नहीं दे रहा था। हमने वाटरबॉडीज के पास तीन-तीन बार अलग-अलग कोनों से जाकर देखा, एक मगरमच्छ दिखाई दिया जो बीच के एक छोटे-से ज़मीन के टुकड़े पर धूप खाने हेतु आकर बैठा था। वह इतने बेहतरीन तरीक़े से उस माहौल में मिलजुल गया था कि हमें दूरबीन का सहारा लेकर ही उसे देखना पड़ रहा था। थोड़ी देर में धूप खाने के बाद उसने अपना जबड़ा पूरी तरह से खोल दिया। शायद वह मुँह के ज़रिये ऊष्मा या ऊर्जा लेने का प्रयास कर रहा था। उसके दाँत भी हमें यहाँ से साफ़-साफ़ दिखाई दे रहे थें जो कि ख़ून से सने हुए थे। इसका मतलब अभी-अभी उसने कुछ शिकार किया था, उसे खा लिया था और अभी वह सुस्ताने के लिए, धूप खाने के लिए उस ज़मीन के टुकड़े पर आकर बैठ गया था। पानी से उसके फैले हुए मुँह में छोटे-छोटे कीड़े जा रहे थे, लेकिन उनका उसे कोई सरोकार नहीं था। वह आराम से फैला हुआ था।

रास्ते में हमने बहुत सारे पंछियों को देखा। आइबिस, कौआ, बत्तख, बगुला, सफ़ेद-काले हेरान, कितने पंछी-यहाँ से वहाँ तक फैले हुए थे, लेकिन पानी के शान्त प्रवाह पर उठने वाली तरंगों के अलावा वहाँ कुछ और आवाज़ सुनाई नहीं दे रही थी। हम लौटे, फिर कुछ सुना, फिर गये, फिर लौटे।

लौटते हुए हमारे सामने इंडियन बायसन जिसे गौर कहते हैं, का पूरा झुण्ड आ गया।

बहुत ही सशक्त, ताक़तवर जानवर! एक एक गौर का वज़न 1000-1200 किलो हो सकता था। तकरीबन 12-15 गौर का वह झुण्ड था, जिसमें छोटे-बड़े, बहुत बड़े, बिल्कुल छोटे ऐसे भी गौर शामिल थे। एक पुरुष गौर द्वारा स्त्री गौर को लुभाने की चेष्टा चल रही थी। पहले तो वह बड़े प्यार से उससे लिपट रहा था। लेकिन वह मान नहीं रही है, यह देखकर बाद में उसने उस पर आक्रमण करने का प्रयास किया। इस बड़े-से गौर की तुलना में वह

मादा गौर बहुत छोटी-सी थी, लेकिन पता नहीं क्यों वह उसके आक्रमण को धता बताते हुए छिटक रही थी। ऐसे दो-तीन बार हुआ और बाद में उस बड़े से नर गौर ने उसे फिर से लुभाने की कोशिश नहीं की।

हमारे यहाँ, हम मानव इस बात को क्यों नहीं अपनाते? क्यों यह बात हमारे यहाँ लागू नहीं होती? हम मानव में भी यह लागू होना चाहिए. यदि यह लागू होता है तो छोटी-छोटी बच्चियों, जवान लड़कियों या फिर बूढ़ी स्त्रियों पर भी होने वाली जबरदस्ती, अत्याचार या बलात्कार नहीं होंगे और यदि उस समझदार नर गौर की तरह पुरुष भी समझ जाते कि इस मामले में जबरदस्ती करना कदापि उचित नहीं है, तो मेरे ख़याल से आधी तकलीफ़ें और अत्याचार ख़त्म हो जायेंगे। वैसे आधी ही क्यों, पूरी समस्या से निजात मिल जायेगी।

गौर का वह झुण्ड जंगल की ओर जाने लगा, हम उन्हें जाते हुए देख रहे थे। खैर उन खेतों में से उनके साथ हम भी आगे बढ़ गये। जाते-जाते विभिन्न जल निकायों को और उनके साथ चलने वाले हिप्पो, चिड़ियाँ, उल्लू, गरुड़ जैसे पंछियों के अलावा हम हेरॉन और बत्तखों को भी देख रहे थे। बत्तखों के तो मज़े थे। पानी में तैरना, फिर से उछलना, बाहर आना और फिर से पानी में जाना, उड़ना, थोड़ा-सा आसमान में उड़ान भरना और फिर से लौटना, पानी के साथ ख़ुद को सहज लेना, वे अपने खेल में मगन थे।

हम फिर से मुख्य रास्ते पर आ गये और अचानक हमने देखा, हमारे सामने एक और जिप्सी रुकी हुई है और उस जिप्सी के सामने एक तेन्दुआ अपने ही रौब या मस्ती में चला जा रहा है, बिल्कुल आराम से! हमने उस गाड़ी से अपनी गाड़ी को आगे बढ़ाया। अब हमारी गाड़ी आगे थी और उसके पीछे-पीछे और दो गाड़ियाँ चलने लगी थी, शायद एक और गाड़ी हमारे पीछे पीछे आ गयी थी लेकिन तेन्दुए को किसी भी बात की कोई परवाह नहीं थी। वह बेख़बर अपनी ही धुन में चला जा रहा था। गाड़ियों से वह बिदक नहीं जाये, इसलिए सभी गाड़ियाँ उसके पीछे-पीछे धीरे-धीरे चल रही थी। कुल तीन गाड़ियाँ उसके पीछे थी, वह चलता जा रहा था। पाँच मिनट तक!

यह खेल चलता रहा, कोई भी आगे नहीं जा रहा था और हर कोई चाह रहा था कि तेन्दुआ पीछे मुड़कर देख ले, लेकिन वह तो अपनी मस्ती में था। पीछे मुड़ने का उसका कोई मूड नहीं था। वह वैसे ही चला जा रहा

था। अचानक एक मोड़ पर सामने से फॉरेस्ट विभाग का कोई कर्मचारी मोटरसाइकिल पर सवार होकर आता दिखाई दिया। वह बहुत दूर था लेकिन शायद तेन्दुए ने उसकी गाड़ी की आवाज़ से हुए भूमि के स्पंदन को महसूस किया होगा। उसने दायीं ओर मुड़कर देखा, अपनी राह तय की। बहुत सुन्दर तरीक़े से सूरज की पीली रोशनी में उसका साइड प्रोफाइल जो कि मन्त्रमुग्ध करनेवाला था, हमें दिखाई दिया और हमारे लिए वह दृश्य काफ़ी था। पल भर के लिए रुक कर आगे-पीछे देखकर उसने जंगल की ओर स्वयं को मोड़ लिया और वह तुरन्त जंगल में चला गया। हमारी आँखों से ओझल हो गया।

हमारा सफारी का समय ख़त्म हो रहा था। हमें भी वापस लौटना था। आज शायद बाघ दिखाई नहीं देगा, यह हमने जान लिया था। अभी लौटना था क्योंकि कल रात की यात्रा और अब तक की दौड़-धूप ने शरीर को भी थका दिया था। हालाँकि जिप्सी का सफर अच्छा होता है लेकिन उबड़-खाबड़ जंगल के रास्तों पर जिप्सी का उछलना-कूदना आपको भी उछलने-कूदने पर मजबूर करता है और शरीर के सभी अंजर-पंजर को ढीला कर देता है। हम थक गये थे। इसलिए अब लौटना भी ज़रूरी था, क्योंकि गेट से बाहर आने के बाद भी एक-डेढ़ घण्टे का सफर था, जंगल मिडोज तक पहुँचने का! हम लौटने लगे। सूरज की किरणें अब तक जंगल से ऊपर उठ गयी थी। जंगल पर शाम का धुँधलका छा रहा था! हमारा वापसी का सफ़र शुरू हुआ। बीस मिनटों में हम ताडोबा के बाहर पहुँच चुके थे, हमारी गाड़ियाँ हमारा इन्तज़ार कर रही थी।

ताडोबा में अन्य प्राणियों की संख्या वैसे तो ज़्यादा होगी, लेकिन वे बाहर कम दिखाई देते हैं, वे शायद सभी मुख्य (कोर) इलाके में ही रहते होंगे, जहाँ पर्यटन की अनुमति नहीं है, जबकि बफर इलाके में जानवरों की आवाज़ाही की काफ़ी कुछ सम्भावनाएँ होती है।

जंगल मिडोज तक पहुँचने का डेढ़ घण्टे का सफ़र भी दिलचस्प रहा, रात की स्याही पूरे माहौल पर फ़ैलने लगी थी। रास्ते पर दिये तो जलाये गये थे लेकिन घुप्प अँधेरे की वजह से पूरा रास्ता सिर्फ़ लबादा ओढ़कर खड़े हुए पेड़ों की डरावनी आकृतियों के साथ तय हो रहा था। यह यात्रा बड़ी रहस्यमय

होती है। विभिन्न आकृतियाँ अनेक प्रकार के एहसासों से आपको भर देती हैं। कभी आप डरते हैं, कभी सहमते हैं तो कभी अचरज से भर जाते हैं।

माहौल में ठण्ड अब धीरे-धीरे बढ़ रही थी, हाथ, ऊँगलियाँ अब थरथराने लगी थी। गाड़ी बन्द थी, लेकिन फिर भी ठण्ड का असर गाड़ी के अन्दर महसूस हो रहा था।

एक-डेढ़ घण्टे की वापसी यात्रा का समय, ठण्ड का एहसास, रास्ते की डरावनी आकृतियों, घना अँधेरा तथा गाड़ी में बैठे साथियों के साथ गप्पें हांकने में कब और कैसे बीत गया, पता ही नहीं चला। हम जंगल मिडोज तक पहुँचे तब तक 7.45-8.00 बज चुके थे।

आज ही हम नागपुर पहुँचे थे। रात्रि की यात्रा, आरामदेह होने के बावजूद भी मेरे लिए थकानेवाली थी, क्योंकि मेरी नींद नहीं पूरी हो पायी थी और नींद जब पूरी नहीं होती है तो वह अपना असर शरीर और मन पर भी दिखाती है, उस पर आने के तुरन्त बाद की सफारी, जिप्सी की उबड़-खाबड़ रास्तों की सफारी!

कॉटेज पहुँचते ही मैंने स्नान करना तय किया, शिवानी अपने मामा अर्थात बाला और अन्य लोगों से मिलने चली गयी। मैंने उसे चाबी लेकर जाने के लिए कहा। उसके जाते ही मैं बाथरूम में घुस गयी। थके-मांदे शरीर को गर्म पानी से किया गया स्नान बहुत पसन्द आया। जब मैं स्नान करके कमरे में आयी तब तक शिवानी लौटी नहीं थी, लेकिन मुझ पर एक ताज़गी सवार हो गयी थी। भूख भी लग रही थी। मैंने शिवानी को फ़ोन कर कहा कि वह खाने के लिए सीधे हॉल में आ जाये, बाद में स्नान करे।

मैं जब डायनिंग हॉल में पहुँची तब तक सभी लोग वहाँ पहुँच गये थे। हरेक ने अपनी अपनी जगह ले ली थी। जंगल मिडोज का डायनिंग हॉल यानि एक प्रदर्शनी जैसा माहौल। बहुत कुछ दिलचस्प बातें वहाँ प्रदर्शित की हुई दिखाई दे रही थी, लेकिन समय नहीं था। आँखों में नींद और पेट में भूख!

शिवानी भी वहाँ पहुँच गयी, सबके साथ छोटी-छोटी बातचीत करते हुए खाना खाकर सबसे 'गुड नाइट' करते हुए हम कॉटेज लौटे।

शिवानी का स्नान होना था। मैंने बेटी को फ़ोन लगाकर पाँच मिनट तक उससे बातचीत कर वहाँ के माहौल के बारे में बताया। शिवानी अब स्नान

करने के लिए जानेवाली थी, मैंने उसे भी 'गुड नाइट' कहा और सुबह का अलार्म लगाकर मैं बिस्तर पर लेट गयी। एक सुकून और शान्ति ने मुझे घेर लिया था। पता नहीं कब लेकिन शायद तुरन्त ही मैं नींद के आगोश में चली गयी।

09.01.2025 (सुबह)

सुबह 4:30 बजे हमें उठना था। मैंने अलार्म तो लगाया था। शिवानी का भी अलार्म बज उठा, और हम दोनों ब्रश वगैरह करके मुँह धोकर कमरे से बाहर निकल आये। जंगल मिडोज वाले चाय बनाकर हमारा इन्तज़ार कर रहे थे। हमने चाय पी और गाड़ी से निकल पड़ें। हमारी गाड़ी के शीशे तो बन्द थे लेकिन बाहर निश्चित रूप से ठण्ड थी और इस बात का अनुभव हमने तब किया था जब हम अपने कमरे से बाहर निकले और गाड़ी में सवार हुए थे। मुख्य रास्ते पर चलते हुए हमारे सामने से ही एक खरगोश उल्टा-सीधा उछलता हुआ निकला। पल भर के लिए मेरा दिल मुँह तक आ गया था क्योंकि वह बहुत ही उल्टा-सीधा उछल रहा था और हो सकता था कि वह हमारी गाड़ी के नीचे भी आ जाये, लेकिन गाड़ी चलाने का यहाँ एक नियम है कि रास्ते पर आप बहुत ज़्यादा तेज़ी से गाड़ी चला नहीं सकते। उस बात की अनुमति नहीं है, क्योंकि पूरा इलाका जंगलमय होने की वजह से रास्ते पर भी जानवरों का आना-जाना लगा रहता है। हमारे ड्राइवर ने हमें कहा था कि आप गाड़ी से बाहर देखते रहो, आपको बहुत सारे प्राणी देखने को मिलेंगे और उसकी बात सही थी। खरगोश को हम देखकर उसके बारे में सोच ही रहे थे कि इतने में एक बार्किंग डियर भागता हुआ जंगल की दिशा में जाते हुए हमने देख लिया। बड़ी तेज़ी से वह जंगल की दिशा में दौड़ रहा था कि जैसे कोई और जंगली जानवर उसका पीछा कर रहा हो।

गाड़ी के शीशे बन्द थे, लेकिन ठण्ड अपने आप में हम पर अपना असर दिखा रही थी। हमारा शरीर ठण्ड से सिकुड़ रहा था। जैसे-जैसे हम जंगल की दिशा में बढ़ रहे थे, कोहरा भी घना होता हुआ दिखाई दे रहा था। इतने में जंगल के बाहर ही एक सांभर हमें दिखाई दिया। बहुत ही ख़ूबसूरत-सा था और अपने सुन्दर सींगों को और ऊँचा करते हुए उसने अपनी गर्दन उठाकर

हमारी ओर देखा और देखता रहा, हम भी उसे देखते हुए आगे बढ़ गये। माहौल में तैरती शान्ति, सुकून और प्रदूषण-विहीन हवा ने हमें भी ऊर्जा से भर दिया था। पांगड़ी गेट तक पहुँचने के लिए हमें और दो एक गाँवों को पार करना ही था। एक नुक्कड़ पर हमने चाय की दुकान देखी और दो-तीन लोग चाय पीते हुए और कुछ खाते हुए भी दिखाई दिये। इतनी सुबह उठकर इतनी ठण्ड में लोग वहाँ आये थे। थोड़ा सा आगे बढे तो हमने देखा कि सूखी लकड़ियों को इकठ्ठा कर वहाँ आग जलायी हुई दिखाई दे रही थी और दो-तीन लोग आग की आँच से अपने बदन को सेंकते हुए, आँच लेते हुए दिखाई दे रहे थे।

इस यात्रा का अपना ही मज़ा था। हमें सुबह 6:30 बजे तक पांगड़ी गेट से अन्दर जाना था, लेकिन हम 12 मिनट देरी से पहुँचे थे। वहाँ पर हमारा ड्राइवर और गाईड तैयार खड़े थे। हम जिप्सी में सवार हो गये। ठण्ड बहुत थी। ठण्डी हवाएँ चल रही थी और जिप्सी उड़न छू हो रही थी, तेज़ी से! बाघ या बाघिन को देखना, उनका उद्देश्य था; उसे कैमरे में क़ैद करना उनका लक्ष्य था और यहीं वजह थी कि जिप्सी तेज़ी से जंगल का रास्ता तय कर रही थी और हम सब जंगल की ओर नज़रें गड़ाये बैठे थे।

जंगल का आज का हमारा रास्ता वैसा ही उबड़-खाबड़ था। सुबह के 7:00 बज गये थे और जंगल में धूप का छनना शुरू हो गया था। बड़ा-ही अद्भुत दृश्य था। धूप पेड़ों और पत्तों से होकर छन रही थी। ऐसा लग रहा था कि पेड़ के पत्ते धूप को छानकर उसे और शीतल कर जंगल में भेज रहे हैं। हम जिस रास्ते से जा रहे थे, उसी रास्ते पर बाघ के पग चिह्न ढूँढ़ने की कोशिश भी कर रहे थे। जहाँ-जहाँ भी जल स्रोत दिखाई दे रहा था या जहाँ-जहाँ हम जा रहे थे, वहाँ हम बाघ को ढूँढ़ने की कोशिश कर रहे थे, लेकिन हर बार जलाशय के पास जाकर हम खाली हाथ लौट रहे थे। यहाँ से बाघ गुज़रा था, ये उसके पगचिह्न हैं, यहाँ से बाघ गुज़रता था, यहाँ से बाघिन अपने बच्चों के साथ गुज़री थी, आदि बातें सुन-सुन कर हमने एक ही जगह के दो-दो चक्कर भी लगाए, लेकिन ना तो हमें कहीं बाघ दिखाई दिया और न ही बाघिन! हमने कुवानी और उसके बच्चों की कहानी सुनी, हमने शिवानी की कहानी भी सुनी, हमने ताडोबा की बाघिन महारानियों की अर्थात माया, माधुरी, सोनम, लारा,

तारा, मधु, छोटी तारा की कहानियाँ सुनी, हमने वागड़ो, मटकासुर, रावण, बलराम बाली, मोगली, रूद्र, भीम, रघु, चार्जर, युवराज, छोटा मटका की भी कहानियाँ सुनी, लेकिन सिर्फ़ कहानियाँ सुनी। अभी तक इनमें से किसी से भी हमारा साक्षात्कार नहीं हुआ था।

सुबह की ठण्डी हवाओं तथा तेज़ी से दौड़ती जिप्सी की वजह से लग रहा था कि शरीर का हर एक अंग जम-सा गया है, हथेलियाँ ठण्डी, पैरों में सिहरन, गर्म कपड़ों के पहनने के बावजूद कँपकँपी और ऊपर से नाराजगी, बाघ या बाघिन के न दिखने की! हमारा गाईड और ड्राइवर लंगूर द्वारा बाघ के आने या दिखने से दिया गया सावधान होने का इशारा, सांभर की चेतावनी सुनने हेतु तैयार बैठे थे, कान लगाकर! लेकिन कहीं से कोई हलचल या आवाज़ सुनाई नहीं दे रही थी।

हमने भारतीय भैसा यानी इंडियन बायसन अर्थात गौर को देखा, सांभर देखें। सुबह-सुबह उछल कूद करता हुआ खरगोश देखा जो कि और कुछ देर तक अपनी वह अज़ीब-सी उछल-कूद जारी रखता तो निश्चित रूप से हमारी गाड़ी के नीचे आता। वैसे भी कल शाम लौटते हुए हमने किसी और की गाड़ी के नीचे आकर मृत बन्दर के दबे हुए शरीर को देखा था। जो कि सिहरन पैदा करने वाला और दुखदाई था।

सुबह 9:45 बजे हमें ज्ञात हुआ कि कुवानी की बेटी यानी 18-19 माह की बाघिन जलाशय के पास की घास में शान्ति से बैठी है। हालाँकि वापस लौटने का समय नज़दीक आ रहा था लेकिन बाघिन को देखना भी था। अत: हम दौड़े, ड्राइवर ने गाड़ी इतनी तेज़ चलाई कि हम 10-15 मिनटों में वहाँ पहुँच गये। वहाँ पहुँच कर हमने उस जवान बाघिन को सुकून से घास में बैठे हुए देखा, हम बाग़-बाग़ हो गये लेकिन वह घास से उठकर हमें दर्शन देने के मूड में नहीं थी। अत: हमारी ओर से जितनी भी सम्भव थी, पुरजोर कोशिश की गयी। हम चाहते थे कि वह घास से उठ जाये और हमें दर्शन दे। बहुत देर तक हमने एंगल बदल-बदल कर देखा, लेकिन वह उठने के मूड में नहीं थी। 10 मिनट ऐसे ही गुज़र गये, हम वैसे ही खड़े थे, इन्तज़ार कर रहे थे। समय तेज़ी से गुज़र रहा था। हमें गेट की ओर लौटना भी था। और अन्तत: हमारे सब्र का फल हमें मिल गया। वह उठ गयी और जलाशय की ओर, उसके

किनारे से जाने के लिए मुड़ी। हम ख़ुशी से फूले नहीं समा रहे थे कि अब हमें उसे नज़दीक से देखने का मौक़ा मिलेगा। वह खड़ी हुई। बिलकुल 17-18 माहों की बाघिन। उसका साफ़ सुथरा, तेज चेहरा और चेहरे का आत्मविश्वास देखते ही बनता था। इतने में एक जिप्सी वहाँ से निकलने के लिए जल्दी से आगे बढ़ गयी। उस आवाज़ से या स्पन्दन से, पता नहीं, वह बाघिन तुरन्त फिर से घास में बैठ गयी। हमारी ख़ुशी अब फिर से मायूसी में बदलने लगी। लेकिन थोड़ी देर के लिए ही सही, बाघिन की झलक ही सही, हमने देख ली थी। हमें अच्छा लग रहा था। हालाँकि ग्रुप के फ़ोटोग्राफ़र नाराज थे, क्योंकि वे उसे अपने कैमरे में मनचाहा क़ैद नहीं कर पाये थे, लेकिन अब हमारे पास भी समय नहीं था क्योंकि सफारी का समय समाप्त हो रहा था और हमें गेट तक पहुँचने के लिए और 10-15 मिनट लगने वाले थे। अब हम उस बाघिन का और इन्तज़ार नहीं कर सकते थे, उतना समय नहीं था हमारे पास! इसलिए हम वहाँ से चल दिये।

लौटते हुए हम उस बेनाम बाघिन के बारे में ही बात कर रहे थे जो कि बहुत ही सुन्दर दिखाई दे रही थी, किसी महारानी की तरह, राजकुमारी की तरह! अब तक उसका नामकरण नहीं हुआ था। जंगल में बाघ या बाघिन के दो नाम होते हैं। एक जंगल विभाग द्वारा दिया गया, बिल्कुल रुखा सूखा सा-आँकड़ों वाला जैसे कि 243, टी-12, 13 वगैरह-वगैरह और एक ड्राइवर, गाईड या पर्यटकों द्वारा बाघ या बाघिन की विशिष्टता, विशेषता के मद्देनज़र दिया गया नाम जैसे कि माया, मटकासूर, वागोडा इत्यादि, लेकिन इस बाघिन का अब तक इन दोनों द्वारा नामकरण नहीं किया गया था। लेकिन उसका खड़ा होना, बैठना, अपने आप में एक अलग अनुभूति दे गया था हमें! हालाँकि हर बार जंगल में बाघ या बाघिन दिखाई दे, ऐसा सम्भव नहीं होता है लेकिन जंगल अपने आप में बहुत कुछ देता है, कुछ दिखता है, जंगल में गुज़रा हुआ आपका हर पल विशिष्ट और विशेष पल होता है। हर बार जंगल आपको कुछ नया और अद्भुत दिखाता ही है या फिर अलग एहसास दिलाता है, बल्कि उसके अलावा भी जंगल और जंगल के बाहर अनेक बातें होती रहती हैं, जिन्हें आँखों या शब्दों में पकड़ना असम्भव होता है, इसलिए कुछ बातें यूँ ही निकल जाती हैं, हमारी जानकारी से परे!

जंगल में बाघ-बाघिन या तेन्दुए के अलावा जब हम सही मायने में जंगल देखते हैं तब हम पंछियों को घोसला बनाते हुए देखते है, चमगादड़ों को पंख फैलाकर उड़ते हुए देख पाते हैं, मकड़ी को महीन जाल बुनते हुए देखते है, बाज को उड़ान भरते हुए देखते हैं...और बहुत कुछ...जिन्हें मैं शब्दों में बाँध नहीं सकती, लेकिन यह सब कब, जब बाघ, बाघिन, तेन्दुए के अलावा भी हमारी नज़र जंगल को देख पाये और यदि आप इस तरह से देख पाते हैं तब जंगल अपने एहसास आपके ऊपर उंड़ेल देता है और अनुभवों का एक अलग-सा जखीरा आपको लपेट लेता है।

हमें जंगल मिडोज में पहुँचने में लगभग डेढ़ घण्टा लग गया था। आने के बाद स्नान आदि निपटा कर हम सब लोग खाने के लिए डायनिंग हॉल में इकट्ठा हुए। जंगल मिडोज का माहौल बहुत अच्छा था। खाना परोसने वाले सभी लोग बड़े प्यारे थे और बड़े प्यार से परोस रहे थे। जंगल मिडोज का जो मालिक था, वह भी स्वयं जंगल प्रेमी था। यहीं पर हमारी मुलाकात जिग्नेश पटेल से हुई। जिग्नेश पटेल एक ऐसा व्यक्तित्व जो कि अपनी आरामदायी एमएनसी की नौकरी, कैरियर छोड़ इस जंगल में बस गया था, एक अच्छे प्राणी प्रेमी और जंगल प्रेमी के रूप में! जिग्नेश की कहानी थोड़ी अलग थी जो यहाँ मैं देना चाहूँगी। लेकिन ताडोबा को लेकर या ताडोबा के बाघों को लेकर उसका जो अध्ययन, अनुसंधान है वह तारीफ़-ए-क़ाबिल है, उसने इस मामले पर दो किताबें भी लिखी है। उसमें से एक किताब उसने मुझे भेंट भी की। बहुत ही सुन्दर किताब, बहुत ही बेहतरीन फ़ोटोग्राफ़ी और जानकारी। जिग्नेश का व्यक्तित्व भी बहुत शालीन और सोबर था। उसने बहुत अच्छी तरह से हम लोगों से बातें की। हमें बहुत सारी जानकारी दी।

जिग्नेश को उसकी प्रकाशित किताबें Tigers of Tadoba I and II तथा आने वाली किताब जो कि इन्हीं किताब श्रृंखला की तीसरी कड़ी होगी, के लिए शुभकामनाएँ देकर हमने उससे विदा ली।

जंगल मिडोज में आप काफ़ी चीज़ें देख सकते हैं। डायरी, ताडोबा से सम्बन्धित पुराने अंक, पुरानी किताबें जिसमें नक्शे, चित्र, जानकारी, आलेख काफ़ी कुछ बातें वहाँ आनेवाले पर्यटकों या जंगल प्रेमियों के लिए उपलब्ध

करायी गयी है और मेरे ख़याल से ये सब बातें जंगल से बेहद प्यार करने वाले लोग ही कर सकते हैं।

खाना अच्छा था, बहुत अच्छा था। हम लोगों ने दिल से खाना खा लिया और फिर अपने अपने कमरे की ओर चले, क्योंकि शाम को फिर एक बार हमें ताडोबा के लिए निकलना था। नयी आशा, नयी उमंग और नयी सोच के साथ, नये जंगल को देखने के विचार के साथ!

09.01.2025 (शाम)

इस बार हमें अली झँजा-नवेगाँव-नीम डेला इन तीन गेट में से नवेगाँव गेट से अन्दर जाना था। हम बिल्कुल अपराह्न 2.00 बजे नवेगाँव गेट से अन्दर चले गये। जिप्सी का वहीं ऊबड़-खाबड़ रास्ता था, लेकिन आज जंगल में बड़ी शान्ति थी। पता नहीं क्यों, लेकिन यह शान्ति मुझे अज़ीब-सा सुकून दे रही थी। गाड़ी में जंगल की इस शान्ति को लेकर चर्चा हो रही थी। तब मैं बिल्कुल शान्ति से बैठी थी और चलती गाड़ी के साथ आँखों से ओझल होने वाले पेड़ों, पत्तों, घास और रास्ते के बारे में सोच रही थी। जब आप शान्ति से बैठते हैं, जब चारों ओर शान्ति होती है, तब जंगल बोलने लगता है और सचमुच जंगल बोल रहा था, मुझसे बात कर रहा था। कह रहा था, 'क्यों आते हो आप लोग बार-बार यहाँ? क्या समझते हैं आप अपने आप को? इस तरह बार-बार आकर आप हमारी शान्ति को बिल्कुल भंग कर देते हो। हमारे पूरे प्राणी जीवन को बेचैन कर देते हो। उनके फ़ोटो खींच खींच कर आप उन्हें अपनी तरह की आदतों में डाल देते हो।' सच था जंगल का कहना और जब मैं इस बारे में सचमुच सोचने लगी तो मुझे लगने लगा कि हम सचमुच जंगल की शान्ति को भंग कर रहे हैं। प्राणियों के जीवन में अपने आने से तहलका मचा देते हैं, वैसे बिल्कुल तहलका तो नहीं तब भी उन्हें डिस्टर्ब जरुर करते हैं। अपनी ग़लती का एहसास होने के बाद फिर मैं जिप्सी में बड़ी शान्ति से बैठ गयी। जैसे-जैसे हम आगे बढ़ रहे थे, बहुत सुन्दर, घना जंगल जो बाँस, सागौन, जामुन, आम, अर्जुन, बबुल के पेड़ों से लदा हुआ था, हमारे सामने आता गया। वहाँ सब तरह के पेड़ थे और जंगल अपनी शान्ति और हरियाली से हमें सुकून दे रहा था। सुन्दर तो था ही वह जंगल, लेकिन घना भी था और

गहराई से भरपूर भी था। दो पहाड़ियों के बीच में होने की वजह से जो हरा घनापन लेकर जंगल पनप रहा था, उसमें सघनता के अलावा और कुछ आप सोच ही नहीं सकते। शान्ति इतनी असीम थी कि हवाएँ भी वहाँ सरसराहट से परे थी। दोपहर की कड़ी धूप होने के बावजूद भी वहाँ का माहौल ठण्डा था। रास्ते के दोनों ओर फैली पेड़ों की घनी छाँव और अनेक पौधों और घास से भरपूर माहौल...रास्ते में हमें बहुत मोटा-सा प्राणी यानी भारतीय बायसन अर्थात् गौर दिखाई दिया जिसे हमने पहले भी देखा था। उसका पूरा शरीर भारी था, जबकि नीचे जो पैर थे वे उसके शरीर की तुलना में बिल्कुल पतले से थे और उसके आधे पैर बिल्कुल सफ़ेद थे जबकि ऊपर का पूरा बदन और आधे पैर काले रंग में रंगे हुए थे। नीचे के उन आधे सफ़ेद पैरों से ऐसा लग रहा था कि गौर ने पैरों में मोजे पहन लिए हो। कितना ताक़तवर जानवर होता है, यह!

हमें बताया गया कि पहले यहाँ नवेगाँव नामक एक गाँव था, जिसे इन प्राणियों के लिए घास मिडोज तैयार करने हेतु यहाँ से उठाकर दूसरी ओर बसाया गया। फिर उस गाँव के इलाके को ग्रास मिडोज बनाया गया जो कि तकरीबन 500 से अधिक एकड़ में फैला हुआ है और एशिया का दूसरे क्रमांक का ग्रास मिडोज है। यह सिर्फ़ प्राणियों को पलने-बढ़ने के लिए बनाया गया है। यहाँ हमने पैराडाइज फ्लाइ कैचर को भी देखा जो कि पानी के अनेक सोतों को लेकर पानी के साथ-साथ चलता रहता है।

हालाँकि नवेगाँव गेट से अन्दर आकर भी हमें काफ़ी देर हो गई थी, लेकिन कोई ज़्यादा हलचल वाला मामला कहीं दिखाई नहीं दिया था। पता नहीं क्यों लेकिन आज भी पूरा क्षेत्र शान्त शान्त-सा था। ना कोई आवाज़, ना कोई अपडेट, ना कोई जानकारी। बाघ या बाघिन को लेकर कोई हलचल, कुछ सन्देश या अपडेट्स ऐसा कुछ भी मामला नहीं था। जिप्सी घूम रही थी, सांभर, सांभर का समूह, इंडियन बायसन, स्पॉटेड डियर, बार्किंग डियर सब दिखाई दे रहे थे, लेकिन और कुछ नहीं दिखाई दे रहा था। हमारे साथ जो फ़ोटोग्राफ़र थे, वे ज़्यादा परेशान थे लेकिन कुछ नहीं कर सकते थे।

वैसे यह जंगल शान्त है और यहाँ ज़्यादा संख्या में प्राणी नहीं है और यदि होंगे तो वे अन्दर जंगल के कोर एरिया में होंगे, यह मेरा मानना था।

हमारी सफारी का समय हो रहा था। हमने बाघ या बाघिन को नहीं देखा था, लेकिन इस यात्रा में बाघ-बाघिन के बारे में बहुत सारी जानकारी प्राप्त की थी।

बाघ-बाघिन के कान के पीछे सफ़ेद धब्बे होते हैं और वे धब्बे बिल्कुल उनकी आँखों जैसे दिखते है। यहीं वे सफ़ेद धब्बे हैं जिन्हें देखकर जंगल के अन्य जानवर सावधान हो जाते हैं और इन्हीं सफ़ेद धब्बों की वजह से ऊँची ऊँची घास में भी बाघिन के बच्चे उसके पीछे-पीछे आसानी से जा सकते हैं। बाघ या बाघिन को पानी बहुत पसन्द है और गर्मी में ठन्डे एहसास को पाने हेतु या बदन को ठण्डा करने हेतु वे अधिकतर पानी में जाना पसन्द करते हैं और कभी-कभार पानी से भी वे शिकार कर देते हैं या बहुत दूर तक तैरकर भी जा सकते हैं। दूसरी अहम् बात यह भी ज्ञात हुई कि जिस तरह इन्सान की उँगलियों के निशान अलग-अलग होते हैं और उसकी पहचान होती है, ठीक उसी तरह का काम बाघ या बाघिन के शरीर की सफ़ेद-काली धारियाँ करती हैं। इन्हीं सफ़ेद-काली धारियों की वजह से उनकी पहचान भी है और वे ऊँची घास में छुप भी जाते हैं तथा उनका निहित शिकार उन्हें आसानी से देख भी नहीं पाता।

सिर्फ़ एक बाघ प्रजाति को लेकर ये सब विशिष्ट जानकारियाँ मुझे ज्ञात हुई। अन्य जानवरों, पंछियों आदि के बारे में जानकारियाँ लिखने जाऊँ तो? मेरे लिए यह बहुत बड़ा सवाल था जिसका उत्तर ढूँढना उतना ही कठिन और सहज सम्भव नहीं था। मैंने बाघ से सम्बन्धित जानकारी से स्वयं को हटाकर जंगल की ओर ध्यान से देखना शुरू किया, मैं जंगल को पूरी तरह से देखना, महसूस करना चाहती थी। जंगल की घास, जंगल के पौधे, जंगल के बाँस, जंगल के पेड़, जंगल के पानी के सोते, जंगल के पंछी, जंगल का रास्ता, जंगल से मैं ख़ुश थी। मुझे आज बाघ दिखाई नहीं दिया था लेकिन मैंने आज जंगल देखा था, जंगल में भ्रमण किया था, जंगल को महसूस किया था और उसकी शान्ति में मैं सराबोर थी।

वापस लौटने का समय हो रहा था। शाम के 6:00 बजे गेट से बाहर निकलना था। हम में से कुछ लोग नाराज थे, थोड़े से ही सही! लेकिन यहाँ का सुन्दर जंगल नाराज़ होने का कोई कारण नहीं दे रहा था। सिर्फ़ हमने आज बाघ नहीं देखा था, लेकिन जंगल तो देखा था। हम जब जंगल मिडोज में

लौटे तो अँधेरा छा रहा था और फिर वह हमारी बॉन फायर की रात थी। हम लोगों ने लकड़ियों को जलाकर उसके इर्द-गिर्द इकट्ठा होकर गाने सुने, बातें की, गप्पें हांकी, गाने गायें। हमारे मित्र बाल सुब्रमण्यम बहुत अच्छे गायक हैं, उनसे गाना सुनना हमारे लिए किसी उपहार से कम नहीं था। लगभग घण्टे भर के लिए बाला गा रहे थे। चिराग़ और शिवांग ने भी अपना योगदान दिया। उस संगीतमय माहौल को साथ लेकर और फिर सुबह जल्दी अर्थात 4.00 बजे जागने के लिए खाना खाने के बाद हम अपने-अपने कमरे में बन्द हो गये।

10.01.2025 (सुबह)

करण ने हमें बताया था कि आज हमें नीमडेला गेट से जाना था, लेकिन ऐन वक़्त पर करण ने हमें बताया कि नहीं; आज हमें नवेगाँव गेट से ही अन्दर प्रवेश करना है और हम उस नवेगाँव गेट से ही सुबह बिल्कुल 6:30 बजे अन्दर दाखिल हो गये।

जंगल बहुत शान्त था। हमारी गाड़ी के अलावा हमारे रास्ते पर और कोई वाहन नहीं था। परिणामस्वरूप वहाँ कोई आवाज़ नहीं थी। जंगल अपनी एक असीम शान्ति और ताजगीभरी सुन्दरता को लेकर धीरे-धीरे जाग रहा था। जैसे कोई सुन्दरी रात भर सोने के पश्चात् अलसाई मुद्रा में सुबह जाग जाती है। अपनी नींद पूरी होने के पश्चात प्रसन्न चेहरे से उठने का प्रयास तो वह करती है, तथापि आलसवश बिस्तर से उठना नहीं चाहती। नींद की एक मीठी खुमारी लेकर वह बिस्तर पर ही लेटी रहती है, जंगल का वही हाल था। सब कुछ शान्त शान्त-सा, अपने में पर्याप्त-सा, सन्तुष्ट-सा जंगल जाग रहा था।

शायद ठण्ड के दिन थे इसलिए जंगल को जगने में भी देर हो रही थी। पंछियों का कलरव शुरू नहीं हुआ था लेकिन धीरे-धीरे जैसे हम जंगल के भीतर जाने लगे, पंछियों की आवाज़ें आने लगी। अलग-अलग आवाज़ें, अलग-अलग सुरों में, अलग-अलग ताल और लय को लेकर! कभी मिठास से भरी हुई, तो कभी थोड़ी सी तीखी! उन आवाज़ों को बयां करना किसी के लिए भी सम्भव नहीं था। कोई भी प्रतिभाशाली कलाकार या बर्ड वाचर उन आवाज़ों को पहचान कर उनका परिचय करवा नहीं सकता था, क्योंकि इतनी विविधता, इतनी विभिन्नता थी कि उसे पहचान कर बयां करना, दोनों बातें असम्भव-सी लग रही थी।

सुकून भरे जंगल से गुज़रते हुए हम जंगल में और भीतर, और अन्दर जा रहे थे। जंगल बेहद सुन्दर, सलोना, शान्त, हरा भरा, पानी के सोतों से गीला और भीगा-भीगा-सा था। आज हमने आते हुए रास्ते में मगरमच्छ, भालू, भारतीय गौर, सांभर, चित्तेदार हिरण आदि को देखा। जंगल में जाते हुए इन सब को देखते हुए हम आगे बढ़ रहे थे। इतने प्राणियों को हम देख रहे थे, लेकिन अभी तक हमें बाघ नहीं दिखाई दिया था। कल शाम की सफारी भी बाघ के दर्शन के बगैर खाली-खाली थी। हम बाघ देख नहीं पाये थे। पता नहीं क्यों लेकिन बाघ दिखायी न देने पर यह खालीपन मुझमें भी क्यों आ रहा था?

हम पेड़ों, पंछियों, अन्य जानवरों को देखते हुए जंगल में घूम रहे थे। बड़ा अच्छा लग रहा था। मेरे लिए तो यह बहुत सुकूनभरा समय था, क्योंकि मुम्बई की आपाधापी से परेशान मेरी आत्मा को इस जंगल ने बहुत शान्ति और सुकून दिया था। मैं तो यूँ ही चलती जाती थी, जंगल के नये-नये रंगों, जंगल की आभा को देखती जाती थी, लेकिन इतने में हमारे गाईड को ज्ञात हुआ कि कहीं बाघ है और फिर इतना सुनने के बाद हमारे ड्राइवर ने गाड़ी को तेज़ी से मोड़ते हुए हमें कहा कि 'हम ढंग से हैंडल पकड़ कर बैठे रहें'।

अब हमारे ड्राइवर की जिप्सी हवा से बातें करने लगी थी। हालाँकि जंगल में गाड़ी की रफ़्तार कितनी होनी चाहिए इसके भी कुछ नियम जंगल विभाग द्वारा दिये जाते हैं लेकिन जब बाघ साईटिंग की बात होती है, तब किस तरह से इन नियमों को बगल देकर बाघ को देखना होता है यह बात यहाँ के सब लोग अच्छी तरह से जानते हैं। हम बड़ी तेज़ी से गुज़र रहे थे, जहाँ बाघ है उस दिशा की ओर...और इतने में थोड़ी दूरी पर एक जिप्सी खड़ी दिखाई दी हमें। हमारी जिप्सी की गति धीमी हो गयी। उस खड़ी जिप्सी के आगे ही हमने देखा, एक मज़बूत कद-काठी वाला बाघ रास्ते पर चल रहा था। वह अपनी ही धुन में चला जा रहा था। उसका कहीं ध्यान नहीं था, उसके लिए कोई अहम् नहीं था। गाईड ने हमें बताया कि वही 'छोटा मटका' है, अर्थात् उस बाघ का नाम 'छोटा मटका' है और वह मटकासूर नामक बाघ का बेटा है और फिलहाल उसे 'ताडोबा का राजा' कहा जाता है। हमें ज्ञात हुआ कि उस 'छोटा मटका' और उसकी बाघिनों ने ही ताडोबा के बाघों की संख्या, उनके बच्चों के रूप में बढाई है। छोटा मटका यूँ ही चला जा रहा था। अब हमारे पीछे भी गाड़ियों की

संख्या बढ़ रही थी। जिसे भी पता चला था कि छोटा मटका वहाँ उस इलाके में रास्ते पर चल रहा है, वे सब वहाँ आ रहे थे। हालाँकि रास्ता बहुत संकरा था। वह उसी संकरे रास्ते पर चल रहा था और हमारी जिप्सी उसके पीछे-पीछे चल रही थी। अब हमारी जिप्सी के पीछे अन्य जिप्सियों की कतार लग गयी थी। हालाँकि सभी फ़ोटोग्राफ़र यानी वाइल्ड लाइफ फ़ोटोग्राफ़र उसका 'हेड ऑन' दर्शन करना चाहते थे। हेड ऑन यानी सामने से, उसे देखना चाहते थे लेकिन रास्ता संकरा होने की वज़ह से और एक ओर छोटा मटका के होने से यह सम्भव नहीं हो पा रहा था।

वह ताक़तवर जानवर था। उसकी मज़बूती उसके हर क़दम के साथ और मिट्टी में उठने वाले उसके हर पगचिह्न के साथ आराम से दिखाई दे रही थी। उसके शरीर पर जो काले रंग की लाइनें थी, वे उसकी पहचान थी। जब उसने एक बार मुड़ के हमारी जिप्सी की ओर देखा, तब उसका वह रोबदार चेहरा देखकर मालूम हुआ कि यह राज करने वाला बाघ है। उसकी दमदार सुन्दरता के हम कायल होते जा रहे थे। वह चल रहा था, हम उसे देख रहे थे। बस्स! हम उसे देख ही रहे थे। इतने में एक जिप्सी ने स्वयं को आगे ठेला और उसे देखते ही धीमे-धीमे तरीक़े से रास्ते पर चलने वाला छोटा मटका, अचानक बायीं ओर मुड़ गया, फिर वह रुका नहीं। वहाँ से मुड़कर वह पानी की दिशा में चलने लगा और उसकी हलचल के अनुसार गाड़ियाँ भी तदनुसार फैलने लगीं।

छोटे मटके ने शायद बहुत खाया था। उसका पेट पूरी तरह से भरा हुआ दिखाई दे रहा था। इसका मुख्य उद्देश्य रहा होगा, कहीं जाकर इत्मीनान से आराम फरमाना, छोटा मटका बहुत ही ताक़तवर जानवर है, सक्षम है और वह ताडोबा में बाघों की संख्या बढ़ाने वाला बाघ है। रास्ते पर से वह बायीं ओर मुड़कर पानी के पास आया। उसने एक बार भी ना तो आगे-पीछे देखा, ना दायें-बायें देखा। वह बिल्कुल आराम से चलते हुए इस तरह से जा रहा था कि उसके सिवाय उस रास्ते पर अन्य कोई मौजूद नहीं है। उसकी चाल में एक रंग था, एक रूप था और अपनी एक निरन्तरता थी। वह सीधे पानी में चला गया। बड़े से पाषाण के पीछे वह हमारी नज़रों से ओझल हो गया।

यहाँ रास्ते पर अब चर्चा और विमर्श होने लगा था कि क्या छोटा मटका

पानी से बाहर निकलेगा या वहीं रह जायेगा? क्या वह पानी में बैठेगा और वहीं पर आराम फरमायेगा? हम सोच रहे थे, अलग-अलग तरीक़े से! हमने जिप्सी को आगे बढ़ाकर, आगे जाकर देखा, छोटा मटका पानी में बैठा था। अब वह पानी से उठेगा नहीं, ऐसा हमें लगा और हम लोगों ने वापस जाने का मन भी बना लिया, लेकिन 5 मिनट में ही छोटा मटका पानी से बाहर निकला और फिर चलने लगा, एक ही दिशा में! आगे अब यह कहाँ जायेगा? हम अनुमान लगा तो रहे थे, लेकिन अब हमारे पास भी समय नहीं बचा था। वह कहाँ जायेगा, किस तरह से जायेगा, किस ओर जायेगा, इसका इन्तज़ार हम नहीं कर सकते थे, हमें लौटना था।

छोटा मटका आज जिसे 'ताडोबा का राजा' कहा जाता है, उसने अनेक सालों से अन्य बाघों को लड़ाई में हराकर उन्हें लहूलुहान कर अपना साम्राज्य तैयार किया है। उसने कितने बाघों को हराया, किस तरह से उनसे लड़ाइयाँ की, कितनी बाघिनों के साथ उसने सम्बन्ध बनाये, मेट किया और कितने बच्चों को जन्म देने का कारण बना आदि कहानियाँ तो हमने बहुत सुनी थी और उसमें से कितनी सत्य और सही थी, इसका जवाब हमारे पास नहीं था। लेकिन एक बात सच थी कि उसका 'छोटा मटका' यह नाम उसके शरीर के आकार के साथ मेल नहीं खा रहा था। मटकासूर जैसे सबसे पुराने बाघ और छोटी तारा बाघिन के इस राजसी बेटे ने अलिझँझा और नवेगाँव के क्षेत्र को अपनाया और वह उसका राजा बन गया है। वैसे उसे ताडोबा का भी राजा कहा जाता है, लेकिन एक बात उतनी ही सत्य और वास्तव हैं कि छोटा मटका बहुत ही ताक़तवर और बहुत ही मज़बूत बाघ है और उसने सही मायने में अपना साम्राज्य ताडोबा में स्थापित किया है जो कि अपने आप में एक कहानी या किंवदन्ती बनकर रह गया है।

छोटा मटका को लेकर यदि सभी कहनियाँ बताने जायेंगे तो पूरी किताब बन सकती है माया की तरह! लेकिन हमें लौटना था। अत: समय की पाबन्दी के मद्देनज़र हम लौटने लगे। आज हम मोहर्ली गेट पर आ गये जो कि ताडोबा का मुख्य और पुराना गेट है। यहीं पर हमने बाघों से सम्बन्धित जानकारी देनेवाली प्रदर्शनी देखी और तक़रीबन आधा घण्टा वहाँ बिताकर हम जंगल मिडोज लौट आये।

जंगल मिडोज लौटने के बाद फ्रेश होकर मैंने और शिवानी ने कुछ गप्पें हाँकी। उसके भावी जीवनसाथी के बारे में यूँ ही बातचीत हो गयी, फिर हम कमरे को समेटने लगे। कमरे को समेटने के पश्चात् थोड़ी देर के लिए मैं और शिवानी लेट गयें, सुस्तायें।

10.01.2025 (शाम)

खाना वगैरह खाकर थोड़ी गप्पें हाँककर हम सफारी पर निकल पड़े। हम नवेगाँव गेट से अपराह्न 2:00 बजे अन्दर जंगल में दाखिल हो गये, फिर शुरू हुई जंगल की यात्रा और इस यात्रा में जब हम आगे-आगे चलने लगे तो जंगल भी हमारे साथ चलने लगा। हम घूम रहे थे, हर एक रास्ते से अपनी पहचान बना रहे थे और एक नये रास्ते पर हमने जब जिप्सी के ज़रिये चलना शुरू किया तो सामने ही एक स्लॉथ बियर (सुस्त भालू) आराम से चलते हुए रास्ते के बीचोंबीच डोल रहा था। वह बहुत आराम से अपनी मस्ती में चल रहा था। ज़मीन से अपनी नाक रगड़ के कुछ सुन या पता नहीं, शायद सूँघ भी रहा था। जब हम वहाँ आये तो उसने हमारी ओर देखा, लेकिन उससे उसे कोई फ़र्क़ नहीं पड़ा। वह वैसे ही चल रहा था, अपनी ही मस्ती में! हालाँकि यह थोड़ी-सी अलग बात थी, क्योंकि भालू कभी गाड़ी के इतना नज़दीक नहीं आता, लेकिन यह तो मस्त और अलमस्त था। वह सूँघते हुए, चलते हुए, हमारी ओर बिल्कुल ध्यान दिये बग़ैर चलता जा रहा था। दो-तीन जगह उसने अपने नाखूनों को भी आजमाया। फिर वह चलने लगा। थोड़ा अन्दर-बाहर करते हुए वह हमारी गाड़ी के पीछे-पीछे सूँघते हुए चलने लगा। हमारे गाईड और ड्राइवर दोनों आश्चर्यचकित थे, क्योंकि पहली बार उन्होंने सुस्त भालू को इस तरह बोल्ड हरकतें करते हुए देखा था। उसके साथ हमारी यह यात्रा लगभग 10-15 मिनट तक चल रही थी। उस वक़्त उस रास्ते पर हमारी इकलौती गाड़ी चल रही थी। फिर हमारा ड्राइवर उसकी बगल से होते हुए गाड़ी को आगे लेकर आया।

अब वह हमारी गाड़ी के पीछे था और हम पलटकर उसकी ओर ही देख रहे थे। हमारा ध्यान उसकी ओर केन्द्रीत था। वह बिल्कुल गाड़ी से सटकर, उसके साथ चल रहा था। हम गाड़ी आगे लेकर आये थे और आगे धीरे-धीरे

चलने लगे थे। लेकिन उससे उसे कोई फ़र्क़ नहीं पड़ा था। वह अपनी ही धुन में था, सोच में था, खोज में था। हम देख रहे थे। अचानक उसने एक पेड़ के तने पर चढ़ने का प्रयास किया, दो-तीन बार! लेकिन वह पेड़ पर चढ़ नहीं पाया। अन्ततः वह सीधे तने को पकड़कर खड़ा रहा। उसकी यह हरकत बिल्कुल अलग-सी थी। किसी नटखट बच्चे जैसी! सीधा होकर वह फिर से नीचे ज़मीन पर चलने लगा, वैसी ही धीमी गति से, थोड़ी देर वह ऐसे ही चलता रहा। फिर रास्ते के दूसरी ओर खड़े एक पेड़ के तने से सलटकर उल्टी ओर से अर्थात पीठ की ओर से सटकर खड़ा होकर उसने उस पेड़ के तने की खाल से अपनी पीठ खुजलाई। यह पीठ खुजलाने का उसका अन्दाज़ भी अलग था। वह अपने स्वयं के शरीर को झूला रहा था। वह एक अद्भुत करिश्मा कर रहा था। बिलकुल किसी छोटे बच्चे जैसा। इसे अद्भुत इसलिए कह रही हूँ, क्योंकि हमने जितने भी लोगों से इस बात का बाद में जिक्र किया, उन सब लोगों ने कहा कि भालू कभी इतने बोल्ड तरीक़े से सामने नहीं आता और यदि आता है और कोई उसे देख रहा है तो ऐसी हरकतें भी कभी नहीं करता। हमारे लिए यह दृश्य बड़ा अद्भुत, रोमांचक और दिलचस्प था। एक अद्भुत नजारा हमने देखा था, भालू की अलग-सी भंगिमाएं देखी थी, अलग-सी हरकतें देखी थी, जो हमें अच्छी लगी थी। लगभग आधा घण्टा हम भालू के साथ थे, फिर हम वहाँ से चल दिए। जंगली जानवरों की इन नयी भंगिमाएँ, करिश्माई अदाओं के एक नये अध्याय के हम साक्षी रह चुके थे। यह हमेशा के लिए याद रखनेवाला, संजोया जानेवाला अनुभव था।

बाघ को लेकर कोई समाचार नहीं था। हम घूम रहे थे, जंगल का लुत्फ़ उठा रहे थे। जब हम इराई के बैक वाटर की तरफ जा रहे थे, तब एक बाज अपने नाखूनों में साँप को फँसा कर उड़ते हुए हमें दिखाई दिया। वह बड़ी तेज़ी से किसी पेड़ को ढूँढ़ रहा था, जहाँ बैठकर वह उस साँप को अपना खाना बना सके।

लेकिन उड़ते-उड़ते बांबू की झाड़ियों के धक्के से उसके पंजे में फँसा हुआ साँप नीचे घास में गिर गया, बाज के लिए यह सदमा-सा था। सामने ही फैले हुए पेड़ की शाखा पर जाकर बाज ने उस साँप को अपनी आँखों से देखना, ढूँढ़ना शुरू किया। हमने भी गाड़ी का इंजन बन्द कर पेड़ के सामने

ही अपना ठिकाना बना लिया। हम इन्तज़ार कर रहे थे, चाह रहे थे कि बाज साँप को ढूँढ़कर उठाये, लेकिन शायद बाज को साँप दिखाई नहीं दे रहा था या उसके लिए उसे ढूँढ़ना सम्भव नहीं हो पा रहा था। बहुत देर तक वह यूँ ही शाखा पर बैठा रहा। हम भी बड़ी देर तक उसे देखते रहे लेकिन हम और कितनी देर तक वहाँ बैठे रहते? इसलिए हम भी वहाँ से निकल पड़े। बाज को हमने उसके हालातों पर छोड़ दिया। रास्ते में बैक वाटर के किनारे पर एक मगरमच्छ को हमने आराम फरमाते हुए देखा और फिर हम वहाँ से भी चल दिये।

ताडोबा में बाँस बड़े पैमाने पर पाया जाता है। बाँस बहुत ही उपयोगी पेड़ है। कहा जाता है कि बाँस पर 40 सालों में एक बार ही फूल आते हैं और फूल आने के पश्चात बाँस ख़त्म हो जाता है, मर जाता है, सूख जाता है। प्रकृति भी कितना अज़ीब खेल खेलती है, नहीं? शायद फूल आने पर बाँस का समय पूरा होता होगा। पेड़ या पौधे को फूल आना यानी पुनर्निर्माण की शुरुआत, नये जीवन का आरम्भ। किसी पेड़ के लिए फूल आना बहुत ख़ुशी की बात होती है, क्योंकि फूल के बाद फल, फल के बाद बीज और बीज के बाद फिर से पुनर्निर्माण, यही तो चक्र है प्रकृति का! लेकिन बाँस के लिए यह फूल आना, बेहद ख़ुशी और मृत्यु दोनों का एक साथ आना है। प्रकृति का खेला, कितना निराला। मैंने फूल आने के पश्चात् सूखे हुए बाँस के फूलों को देखा, वे भी सूख गये थे, बाँस के साथ-साथ। छोटे-से गोल फूल, लकड़ी को समेटे हुए।

बीच में वायरल हुई रील की वजह से वर्तमान में ताडोबा में मोबाइल पर पाबन्दी है, लेकिन ताडोबा में जीपीएस काम करता है। हर गाईड-ड्राइवर के लिए यह आवश्यक और अनिवार्य किया गया है। ड्राइवर या गाईड अपने मार्ग से भटके नहीं या फिर प्राणियों के क्षेत्र या हिस्से में अतिक्रमण नहीं करें, इसलिए यह जीपीएस का उपाय अपनाया गया है। ताडोबा में कोर (मुख्य) और बफर, ऐसा कुल मिलाकर 20 गेटों या प्रवेश द्वारों का साम्राज्य फैला हुआ है। रामड़ेगी, नीमडेला, नवेगाँव, अलीझंजा, कोलार चौरादेव, मदनापुर, कोलारा, पलसगाँव, शिरक़ाडा, खुटवंडा, मोहार्ली, जूनोना, देवाडा-आड़ेगाव, आगरजरी, मामला, केसला, पेठ जरी, जरी, अस्वल चूहा और पांगडी कुल मिलाकर 20 प्रवेशद्वार है यहाँ!

कोर जोन के चार प्रवेशद्वार हैं, मोहार्ली, कोलार, नवे गाँव और खुटवंडा। खुटवंडा के अलावा सभी कोर जोन के बफर जोन हैं। यहाँ तकरीबन सौ-सवा सौ बाघ हैं। सबसे ज़्यादा बाघ, ताडोबा में ही पाये जाते हैं।

ताडोबा में माया बाघिन का बड़ा साम्राज्य रहा, उसकी बड़ी लीलाएँ रहीं, उसकी माया भी रहीं। ताडोबा को व्याघ्र परियोजना बनाने में माया का अहम् योगदान रहा। माया की कहानी यदि मैं बताने जाऊँ तो यह डायरी ना होकर माया के ऊपर लिखा गया उपन्यास हो जायेगा। लेकिन माया, 'माया' है। ताडोबा की किंवदन्ती, माया को टालकर हम आगे कैसे बढ़ सकते हैं?

लीला बाघिन और हिलटॉप मेल बाघ की यह बेटी! माया अपनी दो बहनों और एक भाई के साथ बड़ी हुई। लेकिन जब ये बच्चे 22 माह के थे, तब अचानक उनकी माँ लीला गायब हो गयी और स्मार्ट, बोल्ड एंड ब्यूटीफुल माया ने माँ की टेरिटरी अपने क़ब्ज़े में कर ली, हालाँकि आसान नहीं था, यह सबकुछ लेकिन माया ने अपना साम्राज्य प्राप्त कर लिया था, जो बेहद हसीन था। यहाँ ताडोबा तालाब था, जिसमें मगरमच्छों के साथ मछलियाँ विपुल मात्रा में थी। ताडोबा तालाब के अलावा पांढरपौनी, ऐनबोडी, चिखलवाडी, आंबेवाडी जैसे जलाशय भी हैं। जलाशयों के चारों ओर बाँस की झाड़ियाँ थी, सुनहरी घास थी, जहाँ आराम से शिकार हेतु ताक में बैठना आसान था। यहाँ घास का मैदान होने की वजह से अनेक प्राणियों की आवाज़ाही रहती है जो कि बाघ को शिकार करने के लिए आसान मौक़ा उपलब्ध करवाता है। अपनी टेरिटरी में अपने मूत्र के ज़रिये अपनी गन्ध को छोड़कर माया अपनी टेरिटरी में घूमती रहती थी और पर्यटकों के लिए एक मॉडल बनकर अपने नखरे, भंगिमाएँ दिखाती थी। उसकी पर्यटकप्रियता इतनी बढ़ गयी थी कि पी-2 इस नाम से जाने जानेवाली वह, अपने बायें गाल पर अंग्रेज़ी 'एम' अक्षर के त्रिशूल जैसे आकार की वजह से 'माया' बन गयी। (हालाँकि उसकी अधिकृत पहचान थी, टी-12)। ताडोबा और कोलारा रेंज के सभी कर्मचारियों तथा वहाँ आनेवाले सभी पर्यटकों के लिए चर्चा और बातें करने हेतु उस वक़्त एक ही विषय रहता था—माया, उसके कारनामें, उसकी भंगिमाएँ और उसका प्रेम! माया ने कभी नज़दीक आकर भी किसी पर हमला नहीं किया और न ही किसी पर अपना पंजा उठाया, क्योंकि माया सही मायने ममतामयी थी। उसने कभी

पर्यटकों को कोई तकलीफ़ नहीं दी और अपने बच्चों को उसने सही प्रशिक्षण दिया, उनका लालन-पालन किया, लेकिन उसके प्राकृतिक अधिवास में जो आये और जिनसे उसे लगा कि धोखा है, उसने बख़्शा नहीं। माया के नाम पर तीन लोगों की बलि लेने का भी अलग-सा रिकार्ड दर्ज़ है। अब इसमें मानव की ग़लती कितनी और माया के तेवर कितने, यह अनुसन्धान का मामला हो सकता है। माया ने छोटा मटका पर भी अपनी धाक जमाकर रखी थी। माया और उसके बच्चों द्वारा साथ-साथ जो पल बिताये गये और जिन फ़ोटोग्राफ़रों ने अपने कैमरे में उन पलों को क़ैद किया, उन पर एक व्याघ्र गीत भी बन गया था। भारत के डाक टिकट पर भी माया अपने बच्चे के साथ आयी, अपने बच्चों की सुरक्षा हेतु पाँच-पाँच बाघों को अपनी टेरिटरी में झुलानेवाली और अपना साम्राज्य कायम रखनेवाली माया की कहानी, निश्चित रूप से किसी महारानी या सम्राज्ञी से कम नहीं है।

हालाँकि बाघों का जीवन 15-16 सालों का ही होता है, लेकिन बाघ बडा चालाक और ताक़तवर जानवर होता है, 900 या 1000 कि.ग्रा.के बायसन का शिकार भी वह आसानी से बायसन के घुटने तोड़कर करता है। बहुत ही चालाक, होशियार जाना जाने वाला जानवर है यह! बाघिन भी अपने बच्चों के लिए एक सही माँ साबित होती है। वह अपने बच्चों का लालन-पालन और भरण-पोषण बड़ी मुस्तैदी और सावधानी से करती है। उनके लिए शिकार करती है, किस तरह से शिकार करना है, उन्हें प्रशिक्षण देती है और अपनी सुरक्षा किस तरह से करनी है, इस बारे में भी उन्हें ज्ञान देती है। वह बच्चों को अपने नियन्त्रण में रखती है और समय आने पर बच्चों के लिए अपना क्षेत्र भी छोड़ देती है। जबकि अन्य बाघ, बाघिन से मेट करने यानी उसके साथ सम्बन्ध बनाने हेतु (जब तक बच्चे होते हैं, बाघिन किसी भी बाघ पर भरोसा नहीं करती और न ही उसे पास फटकने देती है) उसके बच्चों को भी मार डालते हैं। यहाँ बाघिन की ज़िम्मेदारी कुछ ज़्यादा ही बढ़ती है, क्योंकि बाघ, बाघिन से ज़्यादा ताक़तवर और सुदृढ़ रहता है और उसके साथ बच्चों की सुरक्षा के लिए भिड़ जाना बाघिन के लिए बहुत बड़ा जोख़िम उठाने जैसा होता है, लेकिन बाघिन यह जोख़िम उठाती है। बाघिन को कम से कम एक, दो, तीन, चार और बहुत कम मामलों में एक साथ पाँच बच्चे भी होते हैं और

जब एकाध बाघिन को पाँच बच्चे या चार बच्चे हो जाये तो उन बच्चों की भूख, उनकी देखभाल, उनकी सुरक्षा आदि बातें इतनी जोख़िमभरी होती हैं कि उन्हें झेलना, निभाना, बाघिन के लिए कितना मुश्किल होता होगा, इसकी सिर्फ़ कल्पना ही हम कर सकते हैं।

बहुत ही सुन्दर जानवर है, बाघ! इन्सान से कई गुना ज़्यादा देखने की शक्ति इसके पास होती है। ठेठ नज़र से देखना, अपने होने का एहसास दिलाना, अधिकार जतलाना, दहशत बनाना और उसे क़ायम रखना, आदि अनेक गुण और ऐसा ही सब कुछ एक बाघ में होता है।

कुल मिलकर बाघ से सम्बन्धित जानकारी, माया की माया भरी दुनिया से शब्दों के ज़रिये रुबरु होकर हमारी आज की सफारी ख़त्म हो गयी थी। आज हमें जंगल मिडोज में जाकर अपनी पैकिंग करनी थी, क्योंकि कल की सुबह की सफारी के साथ हमें दूसरे रिसॉर्ट में शिफ्ट होना था, जो कि ताडोबा से सिर्फ़ 15-20 मिनट की दूरी पर ही था और हमारी बीच की यात्रा का समय बचानेवाला था।

11.01.2025 (सुबह)

हमने अपना निवास स्थान बदला था। अब हम तेलिया रिसॉर्ट में आये थे और यह रिसॉर्ट ताडोबा से नज़दीक था। हमें यहाँ पहुँचने के लिए सिर्फ़ 15 या 20 मिनट लगने वाले थे, इसलिए हमें अब जंगल मिडोज की तरह 2 घण्टे पहले निकलने की ज़रूरत नहीं पड़ने वाली थी। अत: हम आराग से सुबह 5:30 बजे निकले। इस बार हमारा प्रवेश देवडा-आड़ेगाँव गेट से था। गाईड ने हमें बताया कि छोटी मधु और उसके तीन बच्चे हम देख सकते हैं, क्योंकि वह बाहर निकली है, बच्चों के साथ! हालाँकि गाईड की बात सही मानी जाये तो भी कभी-कभार ये बातें वास्तविकता में नहीं उतरती, क्योंकि ज़रूरी नहीं कि जंगली जानवर या जंगली प्राणी हम मानवों की इच्छा के अनुसार काम करें, हमारे अनुमान के अनुसार चलें, फिर भी हम बड़ी आशा लेकर चल दिये।

जंगल झीनी-झीनी चदरिया में छुपा-सा सो रहा था। जंगल पर कोहरा छाया हुआ था। बड़ा सुहावना दृश्य था। पेड़, पौधे, घास सब कुछ एक नयी आभा लेकर चमक रहे थे। पेड़ों की हरियाली का हरापन इतना हरा भरा था कि

लग रहा था प्रकृति ने अपने गले में पन्नों से बनी माला पहनी हो। 'क्यों तुम बार बार आकर मुझे तंग कर रहे हो?' शायद यही सवाल जंगल हमारी ओर उछाल रहा था और हमारे पास इसका कोई जवाब नहीं था। हम मुस्कुराकर सिर्फ़ यही कहना चाहते थे कि 'हे जंगल, हम तुमसे बेहद प्यार करते हैं, तुम्हें चाहते हैं और भीतर से तुम्हें देखने के लिए, तुम्हें और अधिक जानने, पहचानने और महसूस करने के लिए हम बार-बार यहाँ आना चाहते हैं और यह बात हर बार हो, इसलिए हम लालायित रहते हैं।'

पता नहीं जंगल को हमारा आना, हमारा कहना, कितना पसन्द आया हो या जंगल हमें कितना नापसन्द करता हो, लेकिन हमें जंगल से बेहद प्यार था, है और रहेगा। और यहीं वजह थी कि हम बार-बार जंगल की ओर निकल पड़ते थे, निकल पड़ते हैं और निकल पड़ते रहेंगे।

हम चले जा रहे थे। रास्ते में हमने साही या शल्यक को देखा। यह एक अज़ीब-सा जानवर है, जिसके बदन से जैसे तीर चिपके रहते हैं। अपनी सुरक्षा हेतु यह प्राणी उन तीरों का इस्तेमाल करता है। थोड़ा-सा गोल मटोल सा दिखने वाला यह जानवर अपने पूरे बदन पर इन तीरों को चिपका कर चलता रहता है, ऐसा लगता है। अर्थात् यह प्रकृति द्वारा उसकी सुरक्षा हेतु किया गया प्राकृतिक प्रावधान है और जब भी साही या शल्यक को कोई तकलीफ़ देने या चोट पहुँचाने की सोचता है, तब यह अपने शरीर से इन तीरों को उसकी ओर छोड़ देता है और अपनी सुरक्षा करता है। उसके ये तीर बड़े नुकीले होते हैं और सामने वाले को लहूलुहान करने का काम करते हैं। लेकिन इस वक़्त वह बड़ा जल्दी में था, शायद इसलिए रास्ता पार करते दौड़ते हुए हमारी आँखों के सामने वह जंगल के दूसरी ओर चला गया।

रास्ते में हमने जंगली मुर्गा-मुर्गियों को भी देखा, हालाँकि जंगली मुर्गा और मुर्गियाँ हमारे आमतौर के अर्थात् घरेलु मुर्गा और मुर्गियों की तरह रंगीन नहीं होते हैं। उनमें दो-तीन ही रंग होते हैं। काला, सफ़ेद, थोड़ा-सा भूरा और बीच में कहीं लाल, लेकिन बहुत कम मात्रा में। उनका घबराहट में जंगल में दौड़ना बड़ा मज़ेदार दिखायी दे रहा था।

ताडोबा का यह जंगल तेन्दूपत्ता के वृक्षों के लिए भी जाना जाता है। यहाँ तेन्दूपत्ता के वृक्षों की संख्या ज़्यादा है। महुआ के पेड़ भी हैं लेकिन तेन्दूपत्ता

ज़्यादा मात्रा में यहाँ पलता, बढ़ता है। भारत में मध्य प्रदेश, उत्तर प्रदेश, विंध्य की पहाड़ियों में तेन्दूपत्ता बड़ी मात्रा में पाया जाता है। हालाँकि आदिवासियों के लिए तेन्दूपत्ते का यह वृक्ष कल्पवृक्ष जैसा काम करता है। तेन्दूपत्ते गहरा हरा रंग और काली-सी छटा लिए हुए होते हैं और इनका तना और शाखाएँ काली होती हैं। तेन्दू पत्तों से आदिवासियों को रोजगार तो मिलता ही है, क्योंकि इसके पत्तों से बीड़ी बनाने का काम बहुत बड़े पैमाने पर आदिवासियों द्वारा किया जाता है।

साथ ही सरकार द्वारा भी तेंदू पत्ता को रोजगार उत्पन्न करने तथा आजीविका हेतु बढ़ावा दिया जाता है। तेन्दूपत्ता के फलों को 'टेमरु' फल कहा जाता है जो कि शुरू में हरे रंग का होता है और पकने के बाद लाल-पीला हो जाता है। इस फल का गुदा बहुत स्वादिष्ट होता है और लोगों द्वारा बड़े चाव से खाया जाता है। यह फल औषधि भी होता है और बहुत सारी बीमारियों में कारगर सिद्ध होता है। धनेश (हॉर्नबिल) और चमगादड़ का यह बहुत पसन्दीदा फल है। इसके बीज से तेल भी निकाला जाता है। हालाँकि यह क्षेत्र बहुत बड़ा यानी 15000 वर्ग किमी. का है, जो कि बहुत बड़े ज़मीनी क्षेत्र को कवर करता है और इसमें विभिन्न प्रकार के पेड़ दिखाई देते हैं। क्रोकोडाइल बार्क यानी मगरमच्छ की खाल जैसा जिसका तना है, ऐसा वृक्ष, जिसे टर्मिनालिया टोमेंटोसा भी कहा जाता है, यहाँ बड़ी मात्रा में पाया जाता है। यह अनोखा पेड़ ऑक्सीजन के साथ पानी भी देता है। इसके तने में पानी का भण्डार होता है। साथ में बबुल, अर्जुन, पलाश आदि पेड़ भी यहाँ पाये जाते हैं। इसी यात्रा में हमने फिर एक बार एक बहुत बड़े मोटे-तगड़े मगरमच्छ को पानी के बाहर आकर शान्ति से बैठे हुए, धूप खाते हुए भी देखा।

हम आगे बढ़ रहे थे। अब तक बाघ या बाघिन से आज के दिन में, हमारा सामना नहीं हुआ था लेकिन हमें इस बात का बेसब्री से इन्तज़ार था। हम बात ही कर रहे थे कि एक मोड़ पर सामने से अपने तीन बच्चों के साथ चलती हुई बाघिन हमें दिखाई दी, हमें अपनी आँखों पर विश्वास नहीं हो रहा था और साथ में हमारी ख़ुशी का भी कोई ठिकाना नहीं था। भगवान जब देता है तो छप्पर फाड़ के देता है, जैसी स्थिति से हमारा साक्षात्कार हो गया था। हम आश्चर्यचकित थे और भावविभोर भी! कुछ सोचा नहीं था और अचानक जो

मिल जाता है, वहीं हमारी स्थिति थी। वे बिल्कुल हमारे सामने से आ रहे थे और हम उन्हें देख रहे थे। गाईड ने बताया कि यह छोटी मधु है और उसके साथ उसके तीन बच्चे हैं। बच्चे बड़ी उछलकूद कर रहे थे, खेल रहे थे, एक-दूसरे के साथ मस्ती मार रहे थे और छोटी मधु अपनी ही धुन में, लेकिन बच्चों का ख़याल रखते हुए बिल्कुल सड़क के किनारे से चल रही थी। आज हम अंबाझरी क्षेत्र में थे और अपनी शिकार करने के पश्चात् बच्चों को खिला-पिलाकर मधु शायद आराम फरमाने हेतु कहीं ऐसी जगह ढूँढ रही थी या जाना चाहती थी, जो उसके लिए तथा उसके बच्चों के लिए सुकूनभरा और सुरक्षित हो।

वैसे भी बाघिन जंगल की संरक्षक होती है। जंगल को बढ़ावा देने वाली, उसे फलने-फूलने देनेवाली! जब बाघिन मादा बच्चों को जन्म देती है, तब जंगल ख़ुश हो जाता है। क्योंकि उससे जंगल में बाघों की संख्या बढ़ती हैं और जंगल में बाघिनों द्वारा यह काम बख़ूबी निभाया जाता है। ताडोबा में भी यदि आप देखते हैं, तो बाघों की संख्या बहुत कम है, जबकि बाघिनों की संख्या ज़्यादा है और ये बाघिनें एक बार में 2-3 बच्चों को ज़न्म देती हैं, जिनमें मादा बच्चों की संख्या ज़्यादा होती है और ये मादा बच्चे जब बाघिनें बन जाती हैं तो वहीं परंपरा वे आगे बढ़ाती हैं, बाघों की संख्या बढ़ाने में सहायक सिद्ध होती है। बाघिन अपने बच्चों का बहुत ख़याल रखती हैं, उन्हें खिलाती-पिलाती है, उनका पालन-पोषण करती हैं, उन्हें बड़ा करती है और यदि आवश्यकता पड़ी तो बेटी के लिए अपना क्षेत्र भी छोड़ देती है या फिर उसे नया क्षेत्र बना कर देती है। बेटे के लिए यह बात लागू नहीं होती है। बेटे को वह अपना क्षेत्र नहीं देती। उसे वह अन्य बाघ या बाघिन को हराकर प्राप्त करना पड़ता है।

मधु, बच्चों के साथ जिस तरह से आगे बढ़ रही थी, हमारी जिप्सी भी उतनी ही धीमी गति से उनके पीछे-पीछे जा रही थी। हम नहीं चाहते थे कि मधु या उसके बच्चों को हमारी जिप्सी या उसकी आवाज़ से या फिर हमारी आवाज़ से कोई तकलीफ़ हो, उनका ध्यान बँट जाये, इसलिए हम बड़ी सावधानी से जिप्सी को पीछे-पीछे ले जा रहे थे। बच्चों को उस कूदते-फाँदते, खेलते हुए मूड में देखना अपने आप में बहुत बड़ी बात थी। एक विलक्षण दृश्य था वह! बच्चों की वे अदाएँ, उनका नटखटपन, उनकी मस्ती, एक-दूसरे के साथ उनका झूठ-मूठ का लड़ना, फिर आगे-पीछे दौड़ना, बड़ा सुहावना

था। लेकिन यह सब चार-पाँच मिनटों की ही बात थी। दूर से दूसरी एक जिप्सी आती हुई दिखाई दी, उसकी आवाज़ सुनाई दी और मधु ने अपनी विशिष्ट गुर्राहट से बच्चों को कुछ इशारा किया और उसने तुरन्त अपनी दायीं ओर से जंगल की दिशा में प्रस्थान किया, उसके पीछे-पीछे उसके तीनों बच्चों ने उसका अनुसरण किया। उस दूसरी जिप्सी के वहाँ पहुँचने तक मधु अपने तीनों बच्चों के साथ जंगल में गायब हो चुकी थी।

हमारा भी समय पूरा हुआ था, लेकिन निकलते हुए मधु और उसके बच्चों ने हमें पाँच मिनटों का ही सही जो एक बेहतरीन नज़ारा दिया था, वह हमारे मानस पटल पर हमेशा के लिए अंकित हो गया था।

11.01.2025 (शाम)

यह हमारी सातवीं सफारी थी। दोपहर का खाना खाकर मैं और शिवानी अपने कमरे में आये, कल सुबह की सफारी के बाद हमें दोपहर 12.30 बजे तक नागपुर के लिए निकलना था। इसलिए थोड़ा-सा बैग-वैग को समेटना था। हमने वह कर दिया और फिर अपने-अपने बेड़ पर लेटकर हम बातें करने लगें। शिवानी बहुत बातूनी लड़की है और उसके बारे में सबसे अहम् बात यह है कि वह बहुत सकारात्मक और ज़िन्दगी के मज़े लेने वाली लड़की है।

हालाँकि उसकी शादी भी तय हुई है और उसके साथ बातें करते हुए ज़िन्दगी के बारे में, जीवन के बारे में, उसकी भविष्यगत योजनाओं और उसके भावी पति के बारे में, उसके विचारों को जानना अपने आप में एक अनुभव था। हम बातें करते रहे और पता नहीं कितना समय बीत गया, जब हमने घड़ी देखी तो ज्ञात हुआ कि हमारी सफारी का समय हो रहा है। लेकिन इस बार हम देवाड़ा-आडेगाँव गेट से सिर्फ़ 10-15 मिनट की दूरी पर थे इसलिए ज़्यादा चिन्ता करने की कोई आवश्यकता नहीं थी। खाना खाने के बाद 1.30 बजे तैयार होकर हम निकले। गाड़ियाँ हमारा इन्तज़ार कर ही रही थी। 2.00 बजे तक हम आडेगाँव गेट पर पहुँच चुके थे। फिर अपनी अपनी जिप्सी में सवार होकर हम चलने के लिए निकले। हालाँकि इस बार हमारे साथ हमारा साथी, समन्वयक और इस टूर का नेता करण नहीं था। कुछ महत्त्वपूर्ण व्यक्तिगत काम की वजह से उसे कल ही मुम्बई लौटना पड़ा था और इस बार अपना

दायित्व वह चिराग़ को सौंप गया था। चिराग़ को तो मैं पिछली दो-तीन सफारियों से जानती थी। बहुत ही नेक और अच्छा लड़का। अपने जुनून और व्यवसाय तथा परिवार को भी उतनी ही तवज्ज़ो देने वाला यह लड़का अपनी ज़िम्मेदारी को बख़ूबी समझने वाला था। इसलिए हमें अपने पूरी सफारी को लेकर कोई चिन्ता नहीं थी। हम आराम से अपनी जिप्सी में सवार होकर निकल पड़े। इस बार हमारे साथ संजय दादा थे जो कि अपने बर्ड वाचिंग के लिए जाने जाते हैं। फिर क्या, सफारी के साथ-साथ विभिन्न विषयों को लेकर बातों का ऐसा सिलसिला चल पड़ा, जो थमने का नाम ही नहीं ले रहा था। जिप्सी चलती जा रही थी। अब तक की सफारियों में हमने बाघ, बाघिन, उनके बच्चों तथा अन्य जानवरों को देख लिया था, तो एक सन्तुष्टि थी। इन सफारियों ने हमें अपने मन मुताबिक जंगल का दर्शन भी करवाया था। विभिन्न जानवरों के साथ जंगल के रंगों को हमने देख लिया था और हमारे लिए यह बिल्कुल सन्तुष्टि का माहौल था। संजय दादा और बाला, हम दोनों अर्थात् मुझे और शिवानी को ताडोबा के पूर्व बाघ राजा वागड़ो की कहानी बता रहे थे। वागड़ो का आकार कितना बड़ा था, किस तरह से उसका आतंक था और किस तरह से साइटिंग के लिए वह एक बेहतरीन बाघ था, ये सब बातें दोनों हमें बता रहे थे। उन्होंने बताया कि वागड़ो अपनी चार बेटियों अर्थात् सनम, लारा, गीता और मोना को साथ लेकर घूमा करता था। हालाँकि जंगल के समग्र फूड चेन में बाघ और सिंह को सबसे श्रेष्ठ माना जाता है, क्योंकि वे सभी जानवरों को मार कर खाते हैं। सबसे अहम् बात यह है कि वे आपस में लड़ते हैं, एक-दूसरे को मारते भी है। यहाँ 'जिसकी लाठी उसकी भैंस' यही बात काम करती है। वागड़ो बाघ और माधुरी बाघिन की जोड़ी ताडोबा में काफ़ी प्रसिद्ध थी। वागड़ो एक पति और पिता के रूप में बेहतरीन ढंग से अपनी भूमिका निभाता था। अपनी पार्टनर यानी माधुरी के लिए उसने अपनी टेरिटरी छोड़ दी थी और अपनी चार बेटियों अर्थात सनम, लारा, गीता और मोना को साथ लेकर घुमाने के साथ साथ माँ की तरह उनका ख़याल भी रखता था। कहा जाता है कि वागड़ो शाम को उचित समय पर आकर बिल्कुल पानी की टंकी पर बैठकर पर्यटकों को दर्शन दिया करता था। वागड़ो और माधुरी ने ताडोबा में बाघों की संख्या बढ़ाने में काफ़ी योगदान दिया, जब वे बूढ़े हो गये

तब माधुरी ने अपना क्षेत्र छोड़ दिया और वागड़ो उसके पीछे-पीछे चला गया। उसने अपनी मर्ज़ी से अपनी टेरिटरी छोड़ी, उसे किसी ने हराया नहीं, लेकिन बाद में पता नहीं, क्या हुआ, किस तरह से उनका साथ रहा, उनके साथ क्या हुआ, कुछ पता नहीं चला।

ताडोबा में जो बाघ पाये जाते हैं, वे सब बंगाल टाइगर प्रजाति से हैं। ये बाघ अपने बड़े आकार और शाही उपस्थिति को लेकर जाने जाते हैं। ये बंगाल टाइगर कहीं भी, कैसे भी रह सकते हैं। सायबेरिया की ठण्ड से लेकर रणथम्भौर की जलती हवाएँ हो, भूटान की हिमालयी कन्दराएँ हो या सुन्दरबन के जंगल हो, वे कहीं भी स्वयं को ढाल लेते हैं। खाने-पीने के मामले में भी इनके ज़्यादा नखरें नहीं होते। चित्तेदार हिरण, सांभर, लंगूर, बार्किंग हिरण, गौर, जंगली सुअर, नील गाय, भैंसा, पालतू गाय, भैस, बैल, बकरियाँ कुछ भी हो, वे उनका शिकार कर अपना उदर निर्वाह कर लेते हैं।

लेकिन बाघ के दुश्मन भी बहुत होते हैं। बाघ का सबसे बड़ा दुश्मन इन्सान है, जो कि उसे पकड़कर, मारकर, उसकी हत्या कर उसके शरीर के हर एक अंग को बेचता और खरीदता है, उसका व्यापार करता है। विश्व भर में बाघ के दाँतों से लेकर पूंछ तक सभी अंगों, हिस्सों का व्यापार चलता है।

बाघों की पोचिंग अर्थात् शिकार यह बहुत बड़ा मामला जंगलों, अभयारण्यों में चलता है। बीच में, एक ऐसी कहानी सुनने में आयी थी, हालाँकि उसे कहानी कैसे कहा जाये? वह तो वास्तविकता थी। राजस्थान के एक बहुत बड़े शिकारी को पकड़ लिया गया था, बाघ के शिकार के मामले में! उसे सजा हुई, जेल हुई लेकिन वह बड़े जोर शोर से कहता रहा कि "मुझे छोड़ दो, मैं फिर से बाघ को मारूँगा", अर्थात् बाघों को इतना संरक्षण होने के बावजूद उस बन्दे की इतनी हिम्मत कैसे होती है कि वह फिर से बाघ को मारने की बात करता है, उसके शिकार करने की बात करता है? इसका मतलब उसे बहुत बड़ा सपोर्ट, राजनीतिक समर्थन कहीं ना कहीं से प्राप्त है। इसका दूसरा अर्थ यह भी है कि बाघ के दुश्मन भी बहुत होते हैं। बाघ की खाल, उसके नाखून, दाँत सब कुछ बाज़ार में इतने महँगे रूप से बेचे जाते हैं या खरीदे जाते हैं कि बाघ का शिकार बहुत चुनौती भरा मामला होने के बावजूद ऐसे बहुत सारे शिकारी हैं जो बाघ के पीछे लगे रहते हैं और किसी न किसी तरह से उसका शिकार

करते हैं। बड़े ही चालाक, निर्मम और उस्ताद लोग रहते हैं। हालाँकि ये पन्ना में, पन्ना यानी मध्य प्रदेश का अभयारण्य जिसमें पहले बाघ ज़्यादा संख्या में नहीं थे, लेकिन एक दक्षिण भारतीय व्यक्ति ने संपूर्ण पन्ना को समग्र रूप से बदल दिया और पन्ना में आज बाघ ज़्यादा संख्या में पाये जाते हैं। लेकिन ऐसे लोग उँगलियों पर गिने जा सकते हैं।

हालाँकि किसी भी जंगल का पूरा क्षेत्र पर्यटकों के लिए कभी खुला नहीं होता है। जंगल का सिर्फ़ 20% क्षेत्र पर्यटकों की लिए खुला रहता है और बाकी 80% सिर्फ़ प्राणियों के लिए होता है और पर्यटकों के बिना चलता रहता है, यह बड़ी अच्छी बात है। लेकिन इतना सब कुछ होने के बावजूद, इतनी ख़बरदारी लेने के बावजूद भी बाघ का शिकार करने के पीछे बहुत सारे लोग लगे रहते हैं। उनमें गाँव वालों, पुलिस वालों, जंगल विभाग आदि सभी लोगों का संयुक्त सहयोग या यूँ कहिए गठबन्धन रहता ही है। जंगल विभाग भी कभी-कभार उसमें शामिल रहता है, जैसे कि रखवाला ही चोर हो। राजनीतिक हस्तक्षेप भी यहाँ बड़े पैमाने पर चलता है। इस तरह से यदि देखा जायें तो माया का भी शिकार हुआ होगा, ऐसा माना जाता है। मुन्ना नामक बहुत बढ़िया और बेहतरीन बाघ था, उसके बारे में भी यही माना जाता है और एशिया के सबसे बड़े बाघ के रूप में जाने जाने वाले जय को भी इसी तरह से मारा गया या फिर उसका शिकार किया गया, ऐसा माना जाता है; क्योंकि वह अचानक जंगल से गायब हो गया था और उसका कोई अता-पता नहीं चला था, ना ही उसकी मृतदेह या हड्डियाँ कहीं मिली थी।

आज शायद हमें सिर्फ़ जंगल को अनुभव करना था। इसलिए जंगलभर घूमने के बावजूद हमारे हाथों कुछ ज़्यादा नहीं आया था, लेकिन जो भी बातें हुई थी, जो भी वास्तविकता हमारे समक्ष आयी थी, वे बहुत दु:खदायी थी। लौटते हुए दिल भारी-भारी-सा और मन नासाज़ था। एक-दूसरे के साथ बात करने का भी दिल नहीं कर रहा था। इतने शाही जानवर के सौन्दर्य के साथ ऐसी दुष्टता, ऐसा व्यापार? जिसका अन्जाम सिर्फ़ जंगल की सुन्दरता को बिगाड़कर प्रकृति को अस्थिर करना है। इन्सान इतना स्वार्थी कैसे हो सकता है? मैं सोच रही थी, लेकिन उसका कोई जवाब मुझे मिल नहीं पा रहा था। मैंने आँखें मूँद ली।

बीस मिनटों में हम तेलिया रिसॉर्ट पहुँच चुके थे। आज हमारे पास ज़्यादा समय था। स्नानादि से निपटकर हम सबने बाहर खुले में मिलने की योजना बनाई। वहीं पर लकड़ियाँ इकट्ठा कर आग जलायी गयी। फिर एक-डेढ़ घण्टे तक गप्पें हाँकने का एक अनूठा दौर चला।

हर कोई अपने अनुभव, ज़िन्दगी के बारे में बता रहा था। हरेक का काम करने का क्षेत्र अलग था, लेकिन हर एक जंगल प्रेमी था। इसलिए ख़ूब बातें चलीं, ख़ूब मज़ाक़ भी हुआ और रात के 11.00 बजे हम अपने-अपने कमरे की ओर चल दिये, कल हमारी सफारी का अन्तिम दौर था।

12.01.2025 (सुबह-आगरजरी)

हमने ठीक 6:30 बजे आगरजरी गेट से ताडोबा में प्रवेश किया, जंगल के लिए यह समय कुछ ज़्यादा जल्दी वाला नहीं था। लेकिन माहौल ख़ुशनुमा था। जंगल में थोड़ा-सा उजाला हुआ था, लेकिन किसी जिद्दी, हठधर्मी बच्चे की तरह जंगल अभी कोहरे की पतली चद्दर ओढ़ कर सोया हुआ था। वैसे वह कब का जाग गया था लेकिन उठने का उसका मन नहीं हो रहा था। उसे पता था, सूरज बाबा जैसे-जैसे उजाला बढ़ाते जायेंगे, उसे चुपचाप उठकर अपने काम में लगना होगा। अन्यथा बहुत बड़ी डाँट उसे पड़ने वाली थी, या फिर सज़ा भी मिल सकती थी, प्रकृति माँ से। उसने अनमने भाव से कोहरे की चद्दर को पैरों तले खिसका दिया, फिर भी जागने, उठने का उसका मन नहीं कर रहा था। लेकिन अब उठना ही था। 7:00 बजने आये थे। जंगल पर सूरज का उजाला फैल रहा था। जंगल नींद से जागकर, आलस को पैरों तले खिसका कर उठ गया।

हम भी अब जंगल के अन्दर, अन्दर और अन्दर जा रहे थे। रास्ते में भारतीय गौर, जंगली मुर्गियाँ, हिरण, सांभर आदि बहुत से प्राणी दिखाई दे रहे थे। हर कोई अपने काम में मगन था। सब की सुबह हो गयी थी। वे घूमने चले थे, चरने लग गये थे। आज हमारा भी ताडोबा में सफारी का यह अन्तिम दिन था और अन्तिम सफारी थी। लगातार सात सफारियाँ हमने कर ली थी और यह आठवीं सफारी थी। हम थोड़े थक भी गये थे, लेकिन उत्सुकता थोड़ी भी कम नहीं हुई थी। आज भी ऐसा लग रहा था कि सामने से बाघ या बाघिन

आ जाये, हम उसका दर्शन करें, उसकी सुन्दरता को देखें, उसके राजसी ठाठ बाट से रूबरू हो जायें और फिर अपनी इस सफारी के उन यादगार पलों को अपने साथ लेकर जायें।

हम घूम रहे थे और अचानक सन्देश आया कि बिजली बाघिन के तीनों बच्चे झाड़ियों में एक साथ बैठकर आगरजरी में खेल रहे हैं। उनकी माँ कहाँ है, इसका तो कोई पता नहीं था लेकिन शायद वह शिकार करने के लिए अंबाझरी क्षेत्र में गयी होगी और बच्चों को उसने यहाँ सुरक्षित इन झाड़ियों में रखा होगा। समाचार मिलते ही हमारी जिप्सी ने उस ओर रुख कर लिया। थोड़ी ही देर में हम वहाँ पहुँच गये। हमसे पहले चार-पाँच गाड़ियाँ वहाँ खड़ी थी और हमने देखा, सामने झाड़ियों में बाघिन के दो बच्चे अपनी ही दुनिया में मगन होकर खेल रहे थे। झाड़ियों की एक ओर और एक बच्चा बिल्कुल आराम से बाँबू की जड़ों से सट कर लेटा हुआ था और वे दोनों उसकी दूसरी ओर, दूसरे बाँबू के पास खेल रहे थे। एक अपनी पीठ के बल पर चारों टाँगों को ऊपर उठाकर दायें-बायें करवट लेकर मस्ती में डोल रहा था। उसके एक हाथ में एक लम्बी सी हड्डी थी। शायद उसकी माँ ने जो शिकार लाकर वहाँ रखा था, उसके खाने के पश्चात् यह हड्डी वहाँ शेष रही होगी। वह उस हड्डी के साथ बिल्कुल मज़े से खेल रहा था और उसकी बहन उसका साथ दे रही थी। बड़ा ही लुभावना दृश्य था। जैसे कुछ छोटे बच्चे अपनी ही धुन में मगन होकर खेलते रहते हैं। उन्हें दुनिया जहाँ से कोई लेना-देना नहीं होता, उन्हें कोई फ़र्क नहीं पड़ता कि कौन उन्हें देख रहा है, कौन उनकी ख़बर ले रहा है, कौन उनकी फ़ोटो खींच रहा है आदि-आदि, वे सिर्फ़ खेल रहे थे, लापरवाह, बेपरवाह तरीक़े से और अपने में मगन होकर! शायद उन्हें भी यह एहसास दिलाया गया होगा कि सफारियों से उन्हें कोई हानि नहीं होनेवाली है।

जो बच्चा वहाँ बाँबू की जड़ों के पास अलग-थलग लेटा हुआ था, उसने भी थोड़ी देर के पश्चात् अपना वह स्थान छोड़ दिया और वह ऊपरी ओर आने लगा, हालाँकि वह उस जगह से बाहर निकल रास्ता पार कर इस ओर आना चाहता था। लेकिन पता नहीं क्या बात हुई कि वह झाड़ियों के बिल्कुल किनारे तक आ गया और वहीं कुछ पलों के लिए ठिठककर फिर से अन्दर चला गया, जहाँ से वह लौटा था। जिस किनारे तक वह आया था, वहीं पर एक

जिप्सी खड़ी थी लेकिन उसने उसकी ओर देखा तक नहीं, जैसे उनसे उसे कोई लेना-देना नहीं था। झाड़ियों के उस किनारे तक आने के बाद शायद हो सकता है, उसे अपनी माँ की बात, हिदायत, सावधानी का इशारा, कुछ तो याद आया होगा या फिर शायद उसने सोचा होगा कि इन दोनों को छोड़कर मैं कहाँ जाऊँ और वह फिर लौट आया होगा। फिर से वह दूसरी ओर जाकर, लेट कर इन दोनों की मस्ती देखने लगा। हालाँकि ये दोनों बहुत मूड में थे और बहुत अच्छी तरह से किन्हीं शरारती बच्चों की तरह एक-दूसरे के साथ खेल रहे थे। दूसरा उसकी पूँछ पकड़ कर खींच रहा था जबकि पहला उसके कान काट रहा था। फिर दोनों उस हड्डी को ऊपर उठाकर दाँतों से चबा रहे थे और यह इन तीन बच्चों का, नहीं-नहीं दो बच्चों का जो शरारतनामा चल रहा था, वह हम लोग बड़ी दिलचस्पी से, चाहत से देख रहे थे। हमें पता था कि उनकी माँ कभी भी वहाँ आ सकती है, लेकिन हमें यह भी पता चला कि ये बच्चे भी बहुत देर तक यहीं पर बैठे हैं, यहीं पर खेल रहे हैं। इसका मतलब था, बाघिन को अंबाजरी में अब तक कोई शिकार नहीं मिला था और शिकार करने के लिए वह बच्चों को यहाँ छोड़कर दूसरे इलाके में गयी थी, जहाँ उसे आसानी से शिकार मिल सके। आधे घण्टे से हम उन तीनों को देख रहे थे। अब तो शान्त बैठा हुआ बच्चा भी उन दोनों के खेल में शामिल हो गया और जो धींगामुश्ती शुरू हो गयी, वह अविस्मरणीय थी। उन तीनों की वह धींगामुश्ती देखने लायक थी। वे आवाज कर रहे थे, एक-दूसरे को चपत लगा रहे थे, एक-दूसरे को चाट रहे थें, एक-दूसरे के बदन पर लेट रहे थे। बहुत ही भावनात्मक, बहुत ही मासूम माहौल था। आप जब किसी बाग या बगीचे में जाते हैं, तो वहाँ छोटे-छोटे बच्चे खेलते रहते हैं। वे बच्चे एक-दूसरे को जानते हो या उनका आपस में परिचय हो, यह बात ज़रूरी नहीं होती, लेकिन वे बिल्कुल उन्मुक्त भाव से खेलते हैं। उनके खेल में जो मासूमियत होती है, वही मासूमियत इन तीनों की भंगिमाओं में हमें दिखाई दे रही थी, आधा घण्टा हो गया था। उसके बाद और 5-7 मिनट भी बीत गये लेकिन ना तो बच्चे खेलने से थक रहे थे, ना ही उनकी माँ लौटने का कोई अन्देशा दे रही थी और ना ही वहाँ से लौटने का हमारा मन कर रहा था। कुछ लोगों ने बड़े अच्छे से उनकी धींगामुश्ती, उनके प्यार और अपनत्व को अलग-अलग ढंग से नोट कर लिया। किसी ने कैमरा या विडियो

का इस्तेमाल किया, किसी ने आँखों का इस्तेमाल किया, तो हम जैसे लोगों ने दिल और दिमाग़ का इस्तेमाल करते हुए शब्दों का साथ ले लिया। आधा-पौने घण्टे से ज़्यादा समय कैसे बीता पता ही नहीं चला। हमारी वापसी का समय हो गया था। लेकिन वहाँ से लौटने का मन नहीं कर रहा था। लग रहा था इस मासूमियत को अपने जीवन में, यूँ ही अपने जेहन में संजोकर रखा जाये। आँखों में उन्हें उतार लिया जाये और जब भी अपने बचपन की याद आये, बचपन को देखने का मन करे तब उन दृश्यों को फिर से अपने सामने खोल दिया जाये। वैसे भी हम लोग बचपन को बचपन में ही छोड़ देते हैं और बहुत जल्दी बड़े हो जाते हैं। हमें बड़ा होने का चस्का बचपन में ही लग जाता है। वर्तमान में सोशल मीडिया ने बच्चों को बचपन से पहले ही बड़ा होने का अभिश्राप दिया है। वैसे भी हमारा माहौल, हमारा परिवेश हमें इतना समय नहीं देता कि हम अपने बचपन को पूरी तरह से जी लें, उसके मज़े लूटें और फिर बड़े होने की ज़िम्मेदारियों को वहन करते हुए आगे बढ़ते जायें, लेकिन वैसा कुछ नहीं होता। ये सब बातें कहने के लिए होती हैं। मानव ने स्वयं को इतनी बातों से लाद दिया है, इतनी ज़िम्मेदारियों से भर दिया है कि वह बिना कुछ कहे, बिना कुछ समझे या बिना कुछ सोचे अपनी ज़िम्मेदारियों को निभाने में आधे से ज़्यादा ज़िन्दगी ख़त्म कर देता है। वह पैसा कमाता रहता है और जब काम और ज़िम्मेदारियों से उसे मुक्ति मिलती है, जब उसे पैसा मिलता है तब वह सोचता है कि अभी वह घूमेगा, फिरेगा। जो-जो बातें उसने नहीं की है, उन सब को अन्जाम देगा। लेकिन ऐसा कुछ नहीं होता। जब पैसा होता है तो समय नहीं होता और जब समय होता है तब शरीर साथ नहीं देता। इसलिए मैं यहीं कहूँगी कि अपनी सोच को ज़िन्दा रखिए, शरीर को स्वस्थ रखिए और इन बाघों के बच्चों जैसे स्वयं को स्वस्थ और मासूम रखकर ज़िन्दगी का लुत्फ़ उठाइए।

हम लौटने लगे, बाघिन के उन तीन बच्चों ने हमारा दिन क्या, पूरी सफारी को सार्थक बना दिया था और हमारी ताडोबा की इस अन्तिम सफारी को भी सार्थकता प्रदान की थी। बड़ा ही सुकूनभरा माहौल था। दिल अन्दर ही अन्दर ख़ुश था, क्योंकि उसने आज एक साथ तीन जवान बाघों को देखा था।

अब वापस लौट कर पैकिंग वगैरह करके हमें 12:30 बजे रिसॉर्ट छोड़ना था। हमारी गाड़ियाँ रिसॉर्ट के बाहर हमारा इन्तज़ार कर रही थी। जब हम

रिसॉर्ट लौटे तब तकरीबन 11:30 बज गये थे। आगरजरी से फिर एक बार हम सीधे मोहार्ली गेट तक आये। वहाँ जो सोविनियर्स की दुकानें थी, वहाँ से हमने कुछ ख़रीदारी की, फिर हम अन्दर जो प्रदर्शनी वाला क्षेत्र था, उसे भी देखकर आ गये, बहुत ही जानकारी पूर्ण बातें वहाँ दर्शायी गयी थी।

मुझे तो वैसे भी जंगल या प्राणियों के बारे में इतनी जानकारी नहीं थी, हाँ, दिलचस्पी ज़रूर थी। लेकिन इन सफारियों और उसके बाद के उस माहौल ने मुझे काफ़ी कुछ दिया था। वहाँ हमने तकरीबन एक घण्टा गुज़ार दिया था। जंगल और प्राणियों के बारे में काफ़ी कुछ जानकारी मिली और सबसे अहम् बात यह रही कि वहाँ हमने माया का पुतला जो मोहार्ली गेट के सामने ही लगाया गया है, उसके तीन बच्चों के साथ, उसे देखा। बहुत ही सुन्दर पुतला है, जीवन्त लगता है।

वहाँ से लौटकर, हमने अपने-अपने कमरे में जाकर पहले स्नान कर लिया और फिर पैकिंग से निपट कर हमने अपने-अपने बैग को जिस गाड़ी से हम निकलने वाले थे, उस गाड़ी में लाद दिया। आज भी तीन गाड़ियाँ थी। शैलेन भाई को एयरपोर्ट के लिए निकलना था क्योंकि उन्हें अपने काम की वजह से मुम्बई जल्दी पहुँचना था। हमारी गाड़ियाँ साथ-साथ निकलीं, बीच में रुककर हमने खाना खाया। बहुत ही लज़ीज़ खाना चिराग़ के नेतृत्व में हमने खाया। जिसे जो चाहिए था, उसने उसे मँगा लिया, जिसे जो चाहिए था, उसने खा लिया। फिर एक-दूसरे से गले मिलकर एक-दूसरे को बाय-बाय करते हुए हम सब अपने गन्तव्य के अनुसार, रेलवे स्टेशन की ओर मुड़ने लगे। हालाँकि शैलेन भाई के अलावा हम सबको लौटना था मुम्बई के लिए और सबके टिकट भी थे, लेकिन मुझे और दो दिन नागपुर में रुकना था। कुछ कार्यक्रम थे। मुझे मेरे गन्तव्य तक छोड़कर सबने मुझसे विदाई ली। जंगल की हरियाली को अपनी आँखों के सामने लहराते हुए छोड़कर हम वास्तविकता की अपनी दुनिया में लौटने लगे थे जो कि अच्छा तो था, लेकिन कुछ हद तक मुझे अच्छा भी नहीं लग रहा था।

वापस तो लौटना ही था, अपनी वास्तविकता की ओर और मुम्बई के सीमेंट कंक्रीट के जंगल की ओर, जहाँ हमारा अपना घर और रोजी-रोटी थी लेकिन यादों, जेहन और आँखों में सिर्फ़ जंगल झिलमिला रहा था।

❑❑